JN182145

新・判例ハンドブック

【刑法各論】

高橋則夫
十河太朗　編

日本評論社

はしがき

本書は、刑法総論・各論の学習用判例解説書である。本書の前身である『判例ハンドブック刑法総論』、『判例ハンドブック刑法各論』（いずれも初版一九八三年）の基本方針を踏襲しつつ、掲載判例の大幅な入替えを行った。

本書の特徴を一言でいえば、「コンパクトながらも充実した判例解説書」である。

判例の学習において重要なのは、単に結論や判決・決定文を機械的に覚えることではなく、事実関係と併せて裁判所の判断を理解し、どこにポイントがあるのかを知ることである。そのため、本書は、最初に当該事件の論点を「問題の所在」として示した上で、「事実」、「裁判所の見解」を挙げ、その後、「解説」において判例の意義を客観的な観点から説明するというスタイルをとっている。これにより、各判例の内容やポイントを効率的に学習することができるだろう。また、判例の学習においては、なるべく多くの裁判例に接し、判例の全体的な動向を知ることも重要である。そこで、本書は、総論二〇三件、各論一七五件という多数の裁判例を取り上げることにした。

同時に、初学者を含めた読者が分量的にも内容的にも手軽に判例を学べるよう、一判例一頁での掲載とし、簡潔で分かりやすい解説を心がけた。コンパクトなサイズであるから、持ち運びも容易だろう。読者の方々には、講義を聴くときや自習をするとき、基本書や六法の横にいつも本書を置き、必要に応じてその都度、判例の内容を本書で確認するという習慣をつけてほしい。そうすれば、刑法各論に関する理解が格段に深まるはずである。

本書のもう一つの特徴は、錚々たる執筆陣である。学界の第一線で活躍されている研究者の方々に執筆をお願いし、その結果、本書は極めて充実した内容となった。学習上必要な内容を限られた字数の中に過不足なく収めることは非常に難しい作業であるが、執筆者の先生方は、無理な注文に的確に応えてくださった。編者として各位に心より感謝申し上げる次第である。

本書は、高橋則夫先生との共同の編集によるものである。また、日本評論社編集部の小野邦明氏には、資料の準備や原稿内容の確認等お世話になった。この場を借りて深く御礼申し上げる。

二〇一六年七月

編者を代表して　十河太朗

目次

はしがき

●第一章／個人法益に対する罪

Ⅰ　生命・身体に対する罪――岩間康夫 20

① 偽装心中と殺人罪――最2判昭和33年11月21日刑集一二巻一五号三五一九頁
② 自殺関与罪と殺人罪の限界――福岡高宮崎支判平成1年3月24日高刑集四二巻二号一〇三頁
③ 胎児性致死傷／チッソ水俣病事件――最3決昭和63年2月29日刑集四二巻二号三一四頁
④ 暴行の意義――最3決昭和39年1月28日刑集一八巻一号三一頁
⑤ 傷害の意義(1)――大判明治45年6月20日刑録一八輯八九六頁
⑥ 傷害の意義(2)――最3決平成24年1月30日刑集六六巻一号三六頁
⑦ 暴行によらない傷害――最2決平成17年3月29日刑集五九巻二号五四頁
⑧ 同時傷害の特例の適用範囲――最1判昭和26年9月20日刑集五巻一〇号一九三七頁
⑨ 危険運転致死傷罪の成否――最2決平成18年3月14日刑集六〇巻三号三六三頁
⑩ 赤色信号を「殊更に無視し」の意――最1決平成20年10月16日刑集六二巻九号二七九七頁
⑪ 凶器の意義――最3判昭和47年3月14日刑集二六巻二号一八七頁

⑫ 凶器準備集合罪の罪質／清水谷公園事件──最1決昭和45年12月3日刑集二四巻一三号一七〇七頁
⑬ ひき逃げと遺棄罪──最2判昭和34年7月24日刑集一三巻八号一一六三頁
⑭ 堕胎医の保護責任──最3決昭和63年1月19日刑集四二巻一号一頁

Ⅱ 人格的法益に対する罪

佐藤陽子・加藤正明 34
⑮ 監禁罪の保護法益(1)──京都地判昭和45年10月12日刑月二巻一〇号一一〇四頁
⑯ 監禁罪の保護法益(2)──最1決昭和38年4月18日刑集一七巻三号二四八頁
⑰ 監禁致傷罪の成否──最2決平成24年7月24日刑集六六巻八号七〇九頁
⑱ 脅迫罪における害悪の告知──最2判昭和35年3月18日刑集一四巻四号四一六頁
⑲ 親権者による未成年者略取──最2決平成17年12月6日刑集五九巻一〇号一九〇一頁
⑳ 被拐取者の「安否を憂慮する者」の意義──最2決昭和62年3月24日刑集四一巻二号一七三頁
㉑ 夫婦間の強姦──広島高松江支判昭和62年6月18日判時一二三四号一五四頁
㉒ 強制わいせつ罪の主観的要件──最1判昭和45年1月29日刑集二四巻一号一頁
㉓ 強制わいせつ致傷罪の成否──最1決平成20年1月22日刑集六二巻一号一頁
㉔ 囲繞地の意義／東大地震研事件──最1判昭和51年3月4日刑集三〇巻二号七九頁
㉕ 住居侵入罪の保護法益──最2判昭和58年4月8日刑集三七巻三号二一五頁
㉖ 建造物侵入の意義──最1決平成19年7月2日刑集六一巻五号三七九頁
㉗ 集合住宅の共用部分への立入り(1)／自衛隊立川宿舎事件──最2判平成20年4月11日刑集六二巻五号一二一七頁
㉘ 集合住宅の共用部分への立入り(2)／亀有マンション事件──最2判平成21年11月30日刑集六三巻九号一七六五頁
㉙ 医師が鑑定の過程で知り得た秘密──最2決平成24年2月13日刑集六六巻四号四〇五頁

㉚ 公然の意義――最1判昭和34年5月7日刑集一三巻五号六四一頁
㉛ 法人に対する侮辱罪――最1決昭和58年11月1日刑集三七巻九号一三四一頁
㉜ 事実の摘示と公共の利害／月刊ペン事件――最1判昭和56年4月16日刑集三五巻三号八四頁
㉝ 真実性の錯誤／夕刊和歌山時事事件――最大判昭和44年6月25日刑集二三巻七号九七五頁
㉞ 公務に対する業務妨害(1)――最2決平成12年2月17日刑集五四巻二号三八頁
㉟ 公務に対する業務妨害(2)／新宿駅西口「動く歩道」事件――最1決平成14年9月30日刑集五六巻七号三九五頁
㊱ マジックホンの設置と偽計業務妨害罪――最3決昭和59年4月27日刑集三八巻六号二五八四頁
㊲ 虚偽の犯罪予告と偽計業務妨害――東京高判平成21年3月12日判タ一三〇四号三〇二頁
㊳ 信用の意義――最3判平成15年3月11日刑集五七巻三号二九三頁

Ⅲ 財産に対する罪

(1) 窃盗罪――田山聡美 58
㊴ 窃盗罪の保護法益――最3決平成1年7月7日刑集四三巻七号六〇七頁
㊵ 窃盗罪と委託物横領罪の限界――東京高判昭和59年10月30日判時一一四七号一六〇頁
㊶ 窃盗罪と占有離脱物横領罪の限界――最3決平成16年8月25日刑集五八巻六号五一五頁
㊷ ゴルフのロストボールの占有――最3決昭和62年4月10日刑集四一巻三号二二一頁
㊸ 封緘物の占有――最1判昭和32年4月25日刑集一一巻四号一四二七頁
㊹ 死者の占有――最2判昭和41年4月8日刑集二〇巻四号二〇七頁
㊺ 窃盗の意義(1)――最2決平成19年4月13日刑集六一巻三号三四〇頁
㊻ 窃盗の意義(2)――最1決平成21年6月29日刑集六三巻五号四六一頁

㊼ 使用窃盗と不法領得の意思――最2決昭和55年10月30日刑集三四巻五号三五七頁
㊽ 返還意思と不法領得の意思――広島地判昭和50年6月24日刑月七巻六号六九二頁
㊾ 犯行隠ぺい目的と不法領得の意思――東京地判昭和62年10月6日判時一二五九号一三七頁
㊿ 毀棄目的と不法領得の意思――最2決平成16年11月30日刑集五八巻八号一〇〇五頁
51 情報の不正入手と窃盗罪／新薬産業スパイ事件――東京地判昭和59年6月28日刑月一六巻五＝六号四七六頁
52 窃盗罪の既遂時期――東京高判平成4年10月28日判タ八二三号二五二頁
53 親族相盗例における身分関係――最2決平成6年7月19日刑集四八巻五号一九〇頁

(2) 不動産侵奪罪――品田智史 73

54 不動産侵奪罪における占有の意義――最1決平成11年12月9日刑集五三巻九号一一一七頁
55 不動産侵奪罪における侵奪の意義――最2決平成12年12月15日刑集五四巻九号一〇四九頁

(3) 強盗罪――品田智史 75

56 強盗罪における暴行脅迫の意義――最1判昭和23年11月18日刑集二巻一二号一六一四頁
57 ひったくりと強盗罪――札幌地判平成4年10月30日判タ八一七号二一五頁
58 財物奪取後の暴行と強盗利得罪――最1決昭和61年11月18日刑集四〇巻七号五二三頁
59 暴行後の領得意思(1)――大阪高判平成1年3月3日判タ七一二号二四八頁
60 暴行後の領得意思(2)――東京高判平成20年3月19日高刑集六一巻一号一頁
61 強盗利得罪における処分行為の要否――最2判昭和32年9月13日刑集一一巻九号二二六三頁
62 被相続人の殺害――東京高判平成1年2月27日高刑集四二巻一号八七頁
63 暗証番号の聞出し――東京高判平成21年11月16日判時二一〇三号一五八頁

64 事後強盗罪における窃盗の機会の継続性――最2判平成16年12月10日刑集五八巻九号一〇四七頁
65 事後強盗罪の予備――最2決昭和54年11月19日刑集三三巻七号七一〇頁
66 強盗致死傷罪の成否――最2判昭和24年5月28日刑集三巻六号八七三頁
67 強盗殺人罪の未遂――大判昭和4年5月16日刑集八巻二五一頁

(4) 詐欺罪――伊藤 渉 87

68 不法原因給付と詐欺罪――最3判昭和25年7月4日刑集四巻七号一一六八頁
69 国家的法益と詐欺罪――最1決昭和51年4月1日刑集三〇巻三号四二五頁
70 騙取の意義――最2判昭和26年12月14日刑集五巻一三号二五一八頁
71 欺く行為の意義――最2判平成26年3月28日刑集六八巻三号五八二頁
72 財産的損害(1)――最2決昭和34年9月28日刑集一三巻一一号二九九三頁
73 財産的損害(2)――最1判平成13年7月19日刑集五五巻五号三七一頁
74 自己名義の預金通帳の取得――最3決平成19年7月17日刑集六一巻五号五二一頁
75 搭乗券の取得――最1決平成22年7月29日刑集六四巻五号八二九頁
76 誤振込み――最2決平成15年3月12日刑集五七巻三号三二二頁
77 無銭飲食・宿泊――最1決昭和30年7月7日刑集九巻九号一八五六頁
78 債務の履行・弁済の一時猶予――最2判昭和30年4月8日刑集九巻四号八二七頁
79 キセル乗車――大阪高判昭和44年8月7日刑月一巻八号七九五頁
80 訴訟詐欺――最1判昭和45年3月26日刑集二四巻三号五五頁
81 自己名義のクレジットカードの不正使用――東京高判昭和59年11月19日判タ五四四号二五一頁
82 他人名義のクレジットカードの不正使用――最2決平成16年2月9日刑集五八巻二号八九頁

⑧③ クレジット契約の締結／釜焚き事件――最2決平成15年12月9日刑集五七巻一一号一〇八八頁
⑧④ コンピュータ詐欺(1)――東京高判平成5年6月29日高刑集四六巻二号一八九頁
⑧⑤ コンピュータ詐欺(2)――東京地判平成7年2月13日判時一五二九号一五八頁
⑧⑥ 電子マネーの取得――最1決平成18年2月14日刑集六〇巻二号一六五頁
(5) 恐喝罪――伊藤　渉 106
⑧⑦ 権利行使と恐喝罪――最2判昭和30年10月14日刑集九巻一一号二一七三頁
⑧⑧ 恐喝罪における処分行為・不法の利益――最2決昭和43年12月11日刑集二二巻一三号一四六九頁
(6) 横領罪――穴沢大輔 108
⑧⑨ 不法原因給付と横領罪――最2判昭和23年6月5日刑集二巻七号六四一頁
⑨⓪ 盗品の売却代金の着服――最3判昭和36年10月10日刑集一五巻九号一五八〇頁
⑨① 使途を定められて寄託された金銭――最2判昭和26年5月25日刑集五巻六号一一八六頁
⑨② 不動産の二重譲渡と横領罪――福岡高判昭和47年11月22日刑月四巻一一号一八〇三頁
⑨③ 不実の抵当権設定仮登記と横領罪――最2決平成21年3月26日刑集六三巻三号二九一頁
⑨④ 横領罪における不法領得の意思――最3判昭和24年3月8日刑集三巻三号二七六頁
⑨⑤ 横領罪における不法領得の意思／國際航業事件――最2決平成13年11月5日刑集五五巻六号五四六頁
⑨⑥ 横領後の横領――最大判平成15年4月23日刑集五七巻四号四六七頁
⑨⑦ 情報の不正入手と横領罪／新潟鉄工事件――東京地判昭和60年2月13日判時一一四六号二三頁
⑨⑧ 未成年後見人による横領と親族相盗例――最1決平成20年2月18日刑集六二巻二号三七頁
⑨⑨ 横領罪と背任罪の区別(1)――大判昭和9年7月19日刑集一三巻九八三頁

⑩⓪ 横領罪と背任罪の区別――最2判昭和33年10月10日刑集一二巻一四号三二四六頁
⑩① 逃げた鯉の領得と遺失物横領罪――最3決昭和56年2月20日刑集三五巻一号一五頁

(7) 背任罪――穴沢大輔 121

⑩② 「他人の事務」の意義――最3決昭和38年7月9日刑集一七巻六号六〇八頁
⑩③ 二重抵当と背任罪――最2判昭和31年12月7日刑集一〇巻一二号一五九二頁
⑩④ 任務違背行為の意義／北海道拓殖銀行事件――最3決平成21年11月9日刑集六三巻九号一一一七頁
⑩⑤ 背任罪における財産上の損害／信用保証協会事件――最1決昭和58年5月24日刑集三七巻四号四三七頁
⑩⑥ 背任罪における図利加害目的／平和相互銀行事件――最1決平成10年11月25日刑集五二巻八号五七〇頁
⑩⑦ コンピューター・プログラムの不正入手／綜合コンピューター事件――東京地判昭和60年3月6日判時一一四七号一六二頁
⑩⑧ 不正融資の借り手側の責任――最3決平成15年2月18日刑集五七巻二号一六一頁

(8) 盗品に関する罪――岡本昌子 128

⑩⑨ 盗品の同一性――最1判昭和24年10月20日刑集三巻一〇号一六六〇頁
⑪⓪ 盗品等であることの知情の時期――最1決昭和50年6月12日刑集二九巻六号三六五頁
⑪① 有償処分あっせん罪の成否――最1決平成14年7月1日刑集五六巻六号二六五頁

(9) 毀棄・隠匿罪――岡本昌子 131

⑪② 建造物の他人性――最3決昭和61年7月18日刑集四〇巻五号四三八頁
⑪③ 建造物の意義――最1決平成19年3月20日刑集六一巻二号六六頁
⑪④ 落書きと建造物損壊罪――最3決平成18年1月17日刑集六〇巻一号二九頁

●第二章／社会法益に対する罪

Ⅰ　公共危険罪――星周一郎　134

⑮ 複合建造物における現住建造物の一体性／平安神宮事件――最3決平成1年7月14日刑集四三巻七号六四一頁
⑯ 建造物の現住性――最2決平成9年10月21日刑集五一巻九号七五五頁
⑰ 放火罪の既遂時期――最1判昭和25年5月25日刑集四巻五号八五四頁
⑱ 耐火構造のマンションと放火罪――最2決平成1年7月7日判時一三二六号一五七頁
⑲ 公共の危険の意義――最3決平成15年4月14日刑集五七巻四号四四五頁
⑳ 公共の危険の認識――最1判昭和60年3月28日刑集三九巻二号七五頁
㉑ 電車転覆致死罪の成否／三鷹事件――最大判昭和30年6月22日刑集九巻八号一一八九頁
㉒ 往来の危険の意義――最1決平成15年6月2日刑集五七巻六号七四九頁

Ⅱ　偽造罪――成瀬幸典　142

㉓ 通貨偽造罪における行使の目的――最3判昭和34年6月30日刑集一三巻六号九八五頁
㉔ 写真コピーの文書性――最2判昭和51年4月30日刑集三〇巻三号四五三頁
㉕ 偽造の意義――大阪地判平成8年7月8日判タ九六〇号二九三頁
㉖ 事実証明に関する文書の意義――最3決平成6年11月29日刑集四八巻七号四五三頁
㉗ 通称の使用――最2判昭和59年2月17日刑集三八巻三号三三六頁

⑱ 同姓同名の使用――最1決平成5年10月5日刑集四七巻八号七頁
⑲ 架空名義の履歴書作成――最1決平成11年12月20日刑集五三巻九号一四九五頁
⑳ 代表名義の冒用――最2決昭和45年9月4日刑集二四巻一〇号一三一九頁
⑱ 資格の冒用――最2決平成15年10月6日刑集五七巻九号九八七頁
⑱ 名義人の承諾――最2決昭和56年4月8日刑集三五巻三号五七頁
⑱ 無効な養子縁組によって得た戸籍上の氏名の使用――東京地判平成15年1月31日判時一八三八号一五八頁
⑱ 補助公務員の文書作成権限――最1判昭和51年5月6日刑集三〇巻四号五九一頁
⑱ 虚偽公文書作成罪の間接正犯――最2判昭和32年10月4日刑集一一巻一〇号二四六四頁
⑱ 運転免許証の携帯運転と偽造公文書行使罪――最大判昭和44年6月18日刑集二三巻七号九五〇頁
⑱ 無権限による手形の作成――最3決昭和43年6月25日刑集二二巻六号四九〇頁
⑱ 印章と記号の区別――最3判昭和30年1月11日刑集九巻一号二五頁

III 風俗に対する罪――渡邊卓也 158

⑱ わいせつの意義／「四畳半襖の下張」事件――最2判昭和55年11月28日刑集三四巻六号四三三頁
⑱ わいせつ物の意義／アルファネット事件――最3決平成13年7月16日刑集五五巻五号三一七頁
⑱ 販売の目的の意義――最3決平成18年5月16日刑集六〇巻五号四一三頁
⑱ 常習賭博罪における常習性――最2決昭和54年10月26日刑集三三巻六号六六五頁

●第三章／国家法益に対する罪

Ⅰ　公務の執行に対する罪――渡邊卓也　162

⑭³ 職務行為の適法性／佐賀県議会乱闘事件――最大判昭和42年5月24日刑集二一巻四号五〇五頁
⑭⁴ 適法性の判断基準――最1決昭和41年4月14日判時四四九号六四頁
⑭⁵ 「職務を執行するに当たり」の意義／熊本県議会事件――最1決平成1年3月10日刑集四三巻三号一八八頁
⑭⁶ 公務執行妨害罪における暴行の意義――最1判昭和41年3月24日刑集二〇巻三号一二九頁
⑭⁷ 公務執行妨害罪における暴行の程度／湊川公園事件――最3判昭和33年9月30日刑集一二巻一三号三一五一頁
⑭⁸ 強制執行妨害と債務名義の存在――最2判昭和35年6月24日刑集一四巻八号一一〇三頁
⑭⁹ 偽計競売入札妨害罪の成否――最2決平成10年7月14日刑集五二巻五号三四三頁
⑮⁰ 「差押えの表示」の存在――最1決昭和62年9月30日刑集四一巻六号二九七頁

Ⅱ　司法作用に対する罪――大山　徹　170

⑮¹ 逃走罪の既遂時期――福岡高判昭和29年1月12日高刑集七巻一号一頁
⑮² 加重逃走罪の着手時期――最3判昭和54年12月25日刑集三三巻七号一一〇五頁
⑮³ 刑法一〇三条にいう「罪を犯した者」の意義――最3判昭和24年8月9日刑集三巻九号一四四〇頁
⑮⁴ 身代わり犯人と犯人隠避罪――最1決平成1年5月1日刑集四三巻五号四〇五頁
⑮⁵ 犯人の死亡と犯人隠避罪の成否――札幌高判平成17年8月18日高刑集五八巻三号四〇頁

⑯ 犯人に対する犯人隠避教唆――最1決昭和60年7月3日判時一一七三号一五一頁
⑰ 共犯者による犯人蔵匿罪――旭川地判昭和57年9月29日刑月一四巻九号七一三頁
⑱ 参考人の隠匿と証拠隠滅罪――最1決昭和36年8月17日刑集一五巻七号一二九三頁
⑲ 参考人の虚偽供述と証拠偽造罪――千葉地判平成7年6月2日判時一五三五号一四四頁
⑳ 偽証の意義――大判大正3年4月29日刑録二〇輯六五四頁
⑯ 犯人による偽証教唆――最2決昭和28年10月19日刑集七巻一〇号一九四五頁
⑯ 証人等威迫罪における威迫の意義――最3決平成19年11月13日刑集六一巻八号七四三頁

III 汚職――齋藤彰子 182

⑯ 職権濫用罪の要件／宮本身分帳閲覧事件――最2決昭和57年1月28日刑集三六巻一号一頁
⑯ 職権濫用の意義／盗聴事件――最3決平成1年3月14日刑集四三巻三号二八三頁
⑯ 値上がり確実な未公開株式と賄賂の目的物／殖産住宅事件――最2決昭和63年7月18日刑集四二巻六号八六一頁
⑯ 社交儀礼と賄賂――最1判昭和50年4月24日判時七七四号一一九頁
⑯ 転職前の職務に関する賄賂罪の成否――最2決昭和58年3月25日刑集三七巻二号一七〇頁
⑯ 「職務に関し」の意義(1)／大学設置審事件――最1決昭和59年5月30日刑集三八巻七号二六八二頁
⑯ 「職務に関し」の意義(2)／ロッキード事件丸紅ルート――最大判平成7年2月22日刑集四九巻二号一頁
⑰ 「職務に関し」の意義(3)――最1決平成17年3月11日刑集五九巻二号一頁
⑰ 再選後の職務と賄賂罪の成否――最3決昭和61年6月27日刑集四〇巻四号三六九頁
⑰ あっせん収賄罪の成否／ゼネコン汚職政界ルート事件――最2決平成15年1月14日刑集五七巻一号一頁
⑰ 「請託」の意義――最3判昭和27年7月22日刑集六巻七号九二七頁

⒄ 賄賂罪における追徴価額の算定基準時——最大判昭和43年9月25日刑集二二巻九号八七一頁
⒅ 共犯者が共同して収受した賄賂の追徴方法——最3決平成16年11月8日刑集五八巻八号九〇五頁

凡　例——15
判例索引——195

凡　例

▽判例の引用方法

・「最大判昭和50・9・10刑集二九巻八号四八九頁」とあるのは、「昭和五〇年九月一〇日最高裁判所大法廷判決、最高裁判所刑事判例集昭和五〇年度二九巻八号四八九頁（通し頁）」を指す。なお、例えば「最決」の「決」は決定の略である。また、大法廷判決（決定）は「最大判（決）」、小法廷判決（決定）は「最1判（決）」のように表記した。

・その他、東京地判→東京地方裁判所判決、大阪高決→大阪高等裁判所決定、札幌地小樽支判→札幌地方裁判所小樽支部判決のごとくである。

▽登載判例集は、次のように略記した。

刑（民）集＝最高裁判所刑事（民事）判例集
高刑（民）集＝高等裁判所刑事（民事）判例集
下刑（民）集＝下級裁判所刑事（民事）判例集
集刑（民）＝最高裁判所裁判集刑事（民事）
高刑速＝高等裁判所刑事裁判速報集
刑集＝大審院刑事判例集
刑録＝大審院刑事判決録
裁判例＝大審院裁判例（法律新聞別冊）
刑月＝刑事裁判月報
家月＝家庭裁判月報
判時＝判例時報
判タ＝判例タイムズ
判特＝高等裁判所刑事判決特報

判評＝判例評論
商事＝商事法務
金判＝金融・商事判例
・なお、解説本文において、例えば（67判決）とあるのは、本書掲載判例のうち裁判例番号67のものを指す。
▽文献（雑誌・単行本等）

百選Ⅰ、Ⅱ	刑法判例百選Ⅰ、Ⅱ（第七版） ＊末尾の数字は、掲載判例の項目番号を指す。また、現段階で最新版の「第七版」については、特にこれを表記せず、第一版～六版については、例えば「百選Ⅱ（六版）」と表記した。
医事百	医事法判例百選
環境百	環境法判例百選〔第二版〕
金商百	金融商品取引法判例百選
警研	警察研究
刑ジャ	刑事法ジャーナル
警論	警察学論集
現刑	現代刑事法
甲南	甲南法学
最判解○年度	最高裁判所判例解説
昭和（平成）○年重判	昭和（平成）○年度重要判例解説（ジュリ臨増） ＊末尾の（　）内は、掲載判例の法分野名、項目番号を指す。
ジュリ	ジュリスト
論ジュリ	論究ジュリスト
曹時	法曹時報
大コンメ	『大コンメンタール刑法』（青林書院）
高橋各論	高橋則夫『刑法各論〔第二版〕』（成文堂、二〇一三年）

判セ　判例セレクト
判プラ　『判例プラクティス・刑法Ⅱ各論』（信山社、二〇一二年）
ひろば　法律のひろば
法教　法学教室
法セ　法学セミナー

▽法令等

・本文において、例えば「四五条」などとして、法律名が省略されているものは、刑法の条文を指す。
・刑法以外の法令等で略記をしたものは次の通りである。

遺失物　遺失物法
会社　会社法
自動車運転死傷行為処罰法　自動車の運転により人を死傷させる行為等の処罰に関する法律
道路　道路法
盗犯　盗犯等ノ防止及処分ニ関スル法律
民　民法

新・判例ハンドブック　刑法各論

偽装心中と殺人罪

1 最2判昭和33・11・21刑集一二巻一五号三五一九頁

追死の意思のないことを隠して相手を自殺させた者は殺人罪の間接正犯となるのか、あるいは自殺関与罪にとどまるのか。

事実　被告人甲男はA女との関係を清算しようと思い苦慮していたところ、A女が心中を申し出たのをいいことに、追死する意思がないにもかかわらず追死するように装ってA女にその旨誤信させた上、A女に青化ソーダを渡して嚥下《えんげ》させ、その中毒により死亡させた。

裁判所の見解　上告棄却。「本件被害者は被告人の欺罔の結果被告人の追死を予期して死を決意したものであり、その決意は真意に添わない重大な瑕疵ある意思であることが明らかである。そしてこのように被告人に追死の意思がないに拘らず被害者を欺罔し被告人の追死を誤信させて自殺させた被告人の所為は通常の殺人罪に該当する」。

解説　二〇二条前段の自殺関与罪が成立するためには、被害者の自死行為が少なくともその意味を理解しながら自発的になされる必要があるが（この点、暴行・脅迫を交えた執拗な要求により自死を余儀なくされた被害者が自動車ごと漁港に転落したという事案につき、最3決平成16・1・20刑集五八巻一号一頁は殺人罪の成立を認めたが、このように自死を強制した場合は、問題なく（殺人罪の）間接正犯が肯定できよう。被害者の意思が抑圧されているからである。最1決昭和58・9・21刑集三七巻七号一〇七〇頁、最1決平成13・10・25刑集五五巻六号五一九頁、及び2判決参照）、その際、自分が死亡することとさえ正しく認識できていれば十分とすべきか、あるいは自死の動機に瑕疵がある場合も「自殺」が否定され、それに関与した者はむしろ殺人罪の（被害者を道具とした）間接正犯となるべきか。具体的には「自殺」の動機について被害者に錯誤があった場合が問題とされ、その典型がいわゆる偽装心中である。この場合にも自己の生命という法益が消滅することについて認識した上での同意であれば有効であるとする見解（法益関係的錯誤説等）も学説では有力であるが、判例は法益処分の動機が適正に形成されていない以上、「その決意は真意に添わない重大な瑕疵ある意思である」として、同意による違法減少作用を否定するのである。これを行為者側に即して見れば、自殺誘発行為に違法性阻却（減少）を認めるためには手段の相当性をも必要とする行為無価値論的発想と言えるが、追死意思の偽装程度でその意味における不相当な手段と評価すべきなのかについては、検討を要する。この点、欺罔行為により相手方の債務履行時期を早めた事案で、なおも詐欺罪不成立の余地を認めた73判決が参考になろう。

▼**評釈**――佐伯仁志・百選Ⅰ1

関連条文　一九九条・二〇二条

自殺関与罪と殺人罪の限界

2 福岡高宮崎支判平成1・3・24高刑集四二巻二号一〇三頁

関連条文 一九九条・二〇二条

欺罔を伴いつつ自死を強制ないしは誘導した場合、行為者はなおも自殺関与罪により処罰されるのか、あるいは、殺人罪（の間接正犯）に問擬されるのか。

事　実　被告人甲はA（当時六六歳の女性）からの借金を返済する目途が立たなかったため、Aを自殺させようと考え、Aが出資法違反の犯人として厳しい追求を受ける旨の虚構の事実に基づき威迫し、さらにAを長期間連れ回し、その間執拗に自殺を勧めるなどした結果、Aは現状から逃れるためには自殺するほかないと誤信し、自らマラソン乳剤原液約一〇〇ccを嚥下《えんげ》して死亡した。

裁判所の見解　控訴棄却（確定）。「自殺とは自殺者の自由な意思決定に基づいて自己の死の結果を生ぜしめるものであり、自殺の教唆は自殺者をして自殺の決意を生ぜしめる一切の行為をいい、その方法は問わないと解されるものの、犯人によって自殺するに至らしめた場合、それが物理的強制によるものであるか心理的強制によるものであるかを問わず、それが自殺者の意思決定に重大な瑕疵を生ぜしめ、自殺者の自由な意思に基づくものと認められない場合には、もはや自殺教唆とはいえず、殺人に該当するものと解すべきである。」それにより、（二項強盗による）強盗殺人罪の成立が認められた。

解　説　本件は1判決と共通の論点に関する事件であるが、自死の動機に関する欺罔が威迫を伴いつつなされた点で、1判決の偽装心中とは異なる。古くは広島高判昭和29・6・30高刑集七巻六号九四四頁が、「犯人が威迫によって他人を自殺するに至らしめた場合、自殺の決意が自殺者の自由意思によるときは自殺教唆罪を構成し進んで自殺者の意思決定の自由を阻却する程度の威迫を加えて自殺せしめたときは、もはや自殺関与罪でなく殺人罪を以て論ずべきである」と判示していた（被告人の暴行・脅迫が被害者の意思の自由を失わしめる程度のものとは認められないとして、自殺教唆罪）。本判決は「意思決定に重大な瑕疵」との表現をとっているが、本件ではそもそも被害者の意思決定の自由自体が奪われていたと言ってよい。同種の事案（但し、欺罔なし）に関する近時の判例として、被害者に対し暴行、脅迫を交えつつ、岸壁上から車ごと海中に転落して自殺することを執拗に要求してそれを決行させた事案につき「被害者に命令して車ごと海に転落させた被告人の行為は、殺人罪の実行行為に当たる」とした最3決平成16・1・20刑集五八巻一号一頁がある（さらに、神戸地判平成27・11・13 LEX/DB25447741及び神戸地判平成28・2・12 LEX/DB25447878も参照）。

▼**評釈**――安達光治・百選Ⅰ 2

胎児性致死傷……チッソ水俣病事件

3　最3決昭和63・2・29刑集四二巻二号三一四頁

胎児の時期に実行行為による作用を受け、その結果傷害を被りながら「人」として出生し、あるいはその傷害により出生後死亡した場合、（業務上）過失致死傷罪（さらには殺人罪、傷害〔致死〕罪等）が成立するか。

事実　化学製品製造会社の水俣工場がメチル水銀を含有する工場排水を水俣湾に排出したことにより、同湾で捕獲された魚介類を摂食した多数の周辺住民にいわゆる水俣病が発生し、そのうち、Aは魚介類を摂食した母親を介し胎児の段階で水俣病に罹患し、出生から一三年弱経過後に死亡した。同社の当時の代表取締役社長甲及び水俣工場長乙が、排水の流出を継続させた業務上の過失により起訴された。

第一審は「人に対する致死の結果が発生した時点で客体である『人』が存在するの……をもって足りる」とし、他方控訴審は、本件業務上過失排水行為によるAの侵害は「いわゆる一部露出の時点まで、継続的に母体を介して及んでいた」として、「もはや人に対する過失傷害として欠くるところがない」と述べ、いずれもAに関する甲・乙の業務上致死罪の成立を認めた。

裁判所の見解　上告棄却。「現行刑法上、胎児は、堕胎の罪において独立の行為客体として特別に規定されている場合を除き、母体の一部を構成するものと取り扱われていると解されるから、業務上過失致死罪の成否を論ずるに当たっては、胎児に病変を発生させることは、人である母体の一部に対するものとして、人に病変を発生させることにほかならない。そして、胎児が出生し人となった後、右病変に起因して死亡するに至った場合は、結局、人に病変を発生させて人に死の結果をもたらしたことに帰するから、病変の発生時において客体が人であることを要するとの立場を採ると否とにかかわらず、同罪が成立するものと解するのが相当である。」

解説　最高裁の判示は母体と胎児が別個の生命体である事実を無視している。それは長島裁判官の補足意見が明記するように、あたかも方法の錯誤に関する法定的符合説に依拠しているように見えるが、少なくとも過失犯でこのような問題設定をすることはできないし、第一審が採用する、結果発生時に「人」が存在していれば十分とする見解と同様、そもそも作用の対象が「人」ではなかった点の問題性を糊塗している。かくして学説では、胎児への攻撃は専ら堕胎罪による対処に委ね、このような胎児性致死傷について「人」を客体として掲げる諸罪の成立（少なくとも既遂犯として）を否定する説が多数を占めている。

▼**評釈**——小林憲太郎・百選Ⅰ3、川口浩一・環境百114、平良木登規男・昭和63年重判（刑法2）

関連条文　二一一条

暴行の意義

4 最3決昭和39・1・28刑集一八巻一号三一頁

関連条文　二〇八条・二〇五条

有形力（物理力）が相手方の身体に作用を及ぼさなくても暴行は認められるか。

事　実　被告人甲は自宅で酒をあおって酩酊していると内妻Aが帰宅したので、当たり散らしたところ、Aが外出しようとしたため、それを止めるべく、傍にあった日本刀を抜いて数回振り回しているうち、その切先がAの腹部に突き刺さり、その結果右腎肝刺創に基づく失血により死亡させた。

原審が暴行の故意による傷害致死罪の成立を是認したのに対し、弁護人は上告趣意において「ただAの眼前で上下に数回振ったただけであってAの身体に対して抜き身を振るという犯意はない」と主張した。

裁判所の見解　上告棄却。「原判決が、判示のような事情のもとに、狭い四畳半の室内で被害者を脅かすために日本刀の抜き身を数回振り廻すが如きは、とりもなおさず同人に対する暴行というべきである旨判断したことは正当である」。

解　説　本件の場合、振り回していた日本刀が最終的には被害者の身体に刺さったのであるから、その所為は客観的に見て暴行（人の身体に対する不法な有形力の行使）と言わざるをえないが、甲がAの目前で（脅迫として）刀を振り回すだけのつもりであったということならば、これ自体が暴行と評価されない以上は、暴行の故意さえ否定され、せいぜい（重）過失致死罪しか認められないこととなる。しかし、本決定はこの（被告人の認識した限りでの）日本刀振り回し行為を暴行と評価したわけであるが、その理由については特段述べていない。学説では、有形力の作用が現に客体に及ばない限りは暴行を認めない見解も有力であるが、裁判例ではそのようなケース（自動車の接近等）についても、暴行の存在が肯定されている。本件の場合は、そもそも当該有形力が相手方の身体に向けられていたのかが争点となったのであるが、狭い場所で数回振り回す（すなわち、刀が相手方の身体に接触する可能性大）という客観的事情から、対身体性を肯定したと言える（なお、被害者の身辺で大太鼓、鉦等を連打した行為を暴行とした最2判昭和29・8・20刑集八巻八号一二七七頁も参照）。

他方、たとえ身体に向けられた有形力でも塩を振りかける（福岡高判昭和46・10・11刑月三巻一〇号一三一一頁参照〔肯定〕）ような軽微なものでも暴行罪を認めてよいのか、また、傷害の危険が要求されるべきかについて、学説では見解が対立している（裁判例では、有形力が相手方に作用しない場合に暴行を認めるための理由として、傷害の危険が援用されることがある）。

▼**評釈**――岩間康夫・百選Ⅰ4

傷害の意義(1)

5 大判明治45・6・20刑録一八輯八九六頁

関連条文 二〇四条

傷害は人の生理的機能の攪乱に限らず、身体の外貌の不良な変更をも含むべきか。

事実　被告人甲男はA女と親密な関係にあったところ、A女が突然他者と結婚することになったため、甲男は憤慨し、所持していた剃刀によりA女の頭髪を根元より切断した。原判決はこの行為を傷害罪に問擬した。

裁判所の見解　破棄自判。大審院は、傷害罪は他人の身体に対する暴行によってその生活機能の毀損すなわち健康状態の不良変更を惹起することにより成立するものであり、毛髪・ひげの類は身体の一部として法の保護する対象にはなるが、不法にこれを裁断しもしくは剃去する行為は直ちに健康状態の不良変更を来たすものは言えないと判示して、暴行罪の成立にとどめた。

解説　傷害の意義については、基本的に①人の生理的機能の障害と解する説と②人の身体の完全性と解する説とが対立しているが、判例は本判決をはじめ、ほぼ一貫して①の立場に立つと言えよう（最近では6決定）。したがって、女性の毛髪の切除はそれにより生理的機能に異常を来たさない以上は、単なる暴行にとどまることになる。もっとも他方で、同種事案につき②説を採った上で、「頭髪は人体の中枢をなす頭脳を外力から防護する生活機能をもっているほか、これにより身体の完全性が保持されているものということができる。……女性の頭髪は、前記のごとき生活機能をもつほか、女性の社会生活上重要な要素を占めている女性の容姿にとって、まさに生命ともいうべきものとして古くから大切に扱われてきているところであって、本件のように女性を虐待し、その自由意思によらないで頭髪の全部を根本からしかも不整形に切除、裁断するような行為は、刑法二〇八条の単純暴行の罪に止まるものではなく、進んで同法二〇四条の傷害の罪にあたるものと解すべきである」とした裁判例もある（東京地判昭和38・3・23判タ一四七号九二頁）。

他方、判例は生理的機能の障害（健康状態の不良変更）にあたる限りは、たとえそれが軽微であってもかまわないとしている。例えば、最3決昭和32・4・23刑集一一巻四号一三九三は胸部の疼痛に関し、「軽微な傷でも、人の健康状態に不良の変更を加えたものである以上、刑法所定のいわゆる傷害に該当するものであ」ると判示する。

そうであれば、このような意味での傷害すらもたらされない身体外貌の変更が二〇八条の法定刑の上限（二年の懲役）を超える刑罰に値するのか、疑問である。従って、本判決は妥当といえよう。

▼**評釈**——柑本美和・判プラⅡ14

傷害の意義(2)

6 最3決平成24・1・30刑集六六巻一号三六頁

関連条文 二〇四条

強盗致傷罪等における傷害の解釈は傷害罪における傷害概念に影響を及ぼしうるか。

事実 被告人甲は、①大学病院内で睡眠薬の粉末を秘かに混入した洋菓子を同病院の休日当直医のAに食べさせた結果、Aは約六時間にわたり意識障害及び筋弛緩作用を伴う急性薬物中毒に陥り、②同病院の研究室において、医学研究中であったBが飲みかけの缶入り飲料に同様の睡眠薬の粉末及び麻酔薬を秘かに混入し、それを飲用したBに約二時間にわたり意識障害及び筋弛緩作用を伴う急性薬物中毒の症状が生じた。

裁判所の見解 上告棄却。「所論は、昏酔強盗や女子の心神を喪失させることを手段とする準強姦において刑法二三九条や刑法一七八条二項が予定する程度の昏酔を生じさせたにとどまる場合には強盗致傷罪や強姦致傷罪の成立を認めるべきでないから、その程度の昏酔は刑法二〇四条の傷害にも当たらないと解すべきであり、本件の各結果は傷害に当たらない旨主張する。しかしながら、……被告人は、病院で勤務中ないし研究中であった被害者に対し、睡眠薬等を摂取させたことによって、約六時間又は約二時間にわたり意識障害及び筋弛緩作用を伴う急性薬物中毒の症状を生じさせ、もって、被害者の健康状態を不良に変更し、その生活機能の障害を惹起したものであるから、いずれの事件についても傷害罪が成立すると解するのが相当である。所論指摘の昏酔強盗罪等と強盗致傷罪等との関係についての解釈が傷害罪の成否が問題となっている本件の帰すうに影響を及ぼすものではな」い。

解説 本件においても最高裁は、大審院時代以来採られている（5判決参照）傷害の定義（健康状態の不良変更、生活機能の障害）を提示した上、それぞれ約六あるいは二時間にわたる意識障害及び筋弛緩作用を伴う急性薬物中毒の症状がそれにあたることを理由に、傷害罪の成立を認めている。身体的症状が持続的に生じているのであるから、これらが傷害概念から除外するのは、逆に問題であろう。

上告趣意が援用した見解は、有力学説によってつとに示されているところであるが、最高裁はそのような見解の当否には立ち入らずに（ただし、以前の判例は一八一条の傷害に関し、二〇四条と別異に解する必要はないとしている、例えば最3決昭和32・4・23刑集一一巻四号一三九三参照。さらに、最3判昭和24・7・26裁集刑一二号八三一頁によれば、「メンタム一回つけただけで」治った程度の傷害だけでも強姦致傷の罪が成立）、そのような問題は本件における傷害罪の成否とは無関係だとしているが、妥当である。

▼**評釈**――甲斐克則・百選Ⅰ5、辰井聡子・平成24年重判（刑法4）、小林憲太郎・判セ二〇一二年（刑法5）

暴行によらない傷害

7 最2決平成17・3・29刑集五九巻二号五四頁

関連条文 二〇四条

暴行以外の手段による場合における傷害概念の射程

事　実　被告人甲は、自宅台所の隣家に面した窓の一部を開け、窓際及びその付近にラジオ及び複数の目覚まし時計を置き、約一年半の間にわたり、隣家のAらに向けて、連日ラジオの音声及び目覚まし時計のアラーム音を大音量で鳴らし続けるなどしたため、Aは精神的ストレスにより、全治不詳の慢性頭痛症、睡眠障害、耳鳴り症の傷害を負った。

裁判所の見解　上告棄却。「以上のような事実関係の下において、被告人の行為が傷害罪の実行行為に当たるとして、同罪の成立を認めた原判断は正当である。」

解　説　傷害を人の生理的機能における障害（健康状態の不良変更）と見る際、生理的機能は身体的なものと精神的なものとに分けられる。そのうち、身体的生理機能が乱された場合を傷害と解することには異論がないが、精神的・心理的機能の低下・悪化をも傷害と見てよいか。その判定が必ずしも容易ではないこともあって、問題とされ、中には精神的・心理的機能に関しては傷害概念から除外する見解も主張される。しかし、通説は精神的・心理的機能の妨害も傷害として把握しているところ、近時最高裁も、被害者に「一時的な精神的苦痛やストレスを感じたという程度にとどまらず、いわゆる再体験症状、回避・精神麻痺症状及び過覚醒症状といった医学的な診断基準において求められている特徴的な精神症状が継続して発現していることなどから精神疾患の一種である外傷後ストレス障害（以下「PTSD」という。）の発症が認められた」ことから「上記認定のような精神的機能の障害を惹起した場合も刑法にいう傷害に当たる」と認めている（17決定）。

本件の場合、被害者には慢性頭痛症等の身体的症状が発生しているので（その程度は軽微であってもかまわないとするのが判例。最3決昭和32・4・23刑集一一巻四号一三九三参照）、もし精神機能の障害は「傷害」ではないとする立場によっても、傷害罪の成立に異論はないであろう。

なお、このような精神的「傷害」は暴行によらない行為によって生じることが多いが（本件もその一例と言える）、（裁）判例における暴行によらない傷害の例としては、性交による性病の感染（最2判昭和27・6・6刑集六巻六号七九五頁）や、頻繁に無言電話・嫌がらせ電話等をかけ続け、相手を精神衰弱症（東京地判昭和54・8・10判時九四三号一二二頁）やPTSD（富山地判平成13・4・19判タ一〇八一号二九一頁、東京地判平成16・4・20判時一八七七号一五四頁）に陥らせるといったものがある。

▼**評釈**――島岡まな・百選Ⅰ6、内海朋子・ジュリ一三三〇号、山口厚『新判例から見た刑法〔三版〕』一四七頁

同時傷害の特例の適用範囲

8 最1判昭和26・9・20刑集五巻一〇号一九三七頁

同時傷害の特例は、傷害罪の他、傷害致死罪（あるいはその他の結果的加重犯たる致死傷罪）にも適用されるべきか。

事実　被告人甲・乙・丙は旅館八畳の間で飲酒していたところ、甲が別室に来ていた町役場の税務係職員Aのもとに行き、Aと徴税問題で論争となり、甲はAの頭部を手拳で殴打した。その様子を見た乙・丙は甲に加勢し（但し、三名の現場共謀は認定されていないようである）、いずれも履いていた靴でAの頭部顔面等を蹴り、Aは蝴蝶骨亀裂骨折による頭部腔内出血により死亡した。しかし、甲・乙・丙のいずれの暴行によりAの死亡結果が発生したのかが確定できなかった。

裁判所の見解　上告棄却。「原判決は本件傷害致死の事実について被告人外二名の共同正犯を認定せず却つて二人以上の者が暴行を加え人を傷害ししかもその傷害を生ぜしめた者を知ることできない旨判示していること原判文上明らかなところであるから、刑法二〇七条を適用したからといつて、原判決には所論の擬律錯誤の違法は存しない。」

解説　二人以上の暴行により被害者が死亡したが、死亡と誰の暴行との間に因果関係が存するのかが明らかでない場合にも同時傷害の特例を適用し、全員に傷害致死罪の共同正犯の責を負わせてよいのか。本判決はそれを肯定したが、その詳しい理由づけは不明なままであった。しかし最近になり、最3決平成28・3・24裁時一六四九号六頁が同種事案につき本判決を引用しながら、「共犯関係にない二人以上による暴行によって傷害が生じ更に同傷害から死亡の結果が発生したという傷害致死の事案において、刑法二〇七条適用の前提となる前記の事実関係（各暴行が当該傷害を生じさせ得る危険性を有すること及び各暴行が同一の機会に行われたものであること―引用者注）が証明された場合には、各行為は、同条により、自己の関与した暴行が死因となった傷害を生じさせていないことを立証しない限り、当該傷害について責任を負い、更に同傷害を原因として発生した死亡の結果についても責任を負うというべきである」と、死亡結果についてまで共同正犯の罪責を負わせるメカニズムを説明している。学説では、二〇七条（同時傷害の特例）が二〇四条（傷害罪）及び二〇五条（傷害致死罪）の後に置かれていることから、傷害致死罪にも本特例の適用対象だとする積極説も従前より見られるが、他方で、本特例が「疑わしきは被告人の利益に」の原則に抵触することに鑑み、傷害罪のみに適用を限定すべきと主張する見解も有力である。また、最高裁判例でも、強盗致死傷罪等についてまで本特例を適用したものは見られない。

関連条文　二〇七条・二〇五条

▼**評釈**――安田拓人・法教四三〇号

危険運転致死傷罪の成否

9 最2決平成18・3・14刑集六〇巻三号三六三頁

関連条文 自動車運転死傷行為処罰法二条

赤色信号殊更無視類型の危険運転致死傷罪は、直接にはその前段階における他の交通違反から事故が発生した場合にも成立するのか。また、「重大な交通の危険を生じさせる速度」の意義。

事実　被告人甲は乗用車を運転し、交差点の手前で先行車両の後方に一旦停止したが、信号機が青色に変わるのを待ち切れず、交差点を右折するため、信号の赤色表示にかまわず発進し、対向車線に進出して時速約二〇kmの速度で交差点に進入しようとしたところ、交差点を左折してきたトラックと、交差点入口手前で衝突し、トラックの運転者及び同乗者がそれぞれ加療約八日間を要する傷害を負った。

裁判所の見解　上告棄却。「被告人が対面信号機の赤色表示に構わず、対向車線に進出して本件交差点に進入しようとしたことが、それ自体赤色信号を殊更に無視した危険運転行為にほかならないのであり、このような危険運転行為により被害者らの傷害の結果が発生したものである以上、他の交通法規違反又は注意義務違反があっても、因果関係が否定されるいわれはないというべきである。」

解説　本件では事故が、直接には対向車線への進出という赤色信号無視とは別個の交通違反から事故が発生していることから、赤色信号殊更無視による傷害結果作出（刑法旧二〇八条の二第二項後段、現行・自動車運転死傷処罰法二条五号）とは言えないのではないかが争われたが、最高裁は、対向車線への進出自体が赤色信号の殊更無視にあたるとして、この主張を斥けた。これにより、赤色信号が表示された交差点に進入しきらない段階でも、赤色信号殊更無視による本罪が成立しうることが確認されたと言えよう。

また、本件では時速約二〇km程度の、さほど高いとは言えない速度で「重大な交通の危険を生じさせる速度」が認められた（同様の速度でこれを認めたものとして、東京高判平成16・12・15東高刑時報五五巻一～一二号一一三頁）。最近の裁判例では、例えば東京高判平成22・12・10判タ一三七五号二四六頁がこの速度につき、「速度が速すぎるため自車を道路の状況に応じて進行させることが困難な速度をいい……」と説明し、東京高判平成22・9・28判タ一三五二号二五二頁によれば、走行中の短時間の速度であっても、道路の状況に応じて進行することが困難な状態になればこの速度に該当するとしている。

▼**評釈**――本庄武・百選Ⅰ7、葛原力三・平成18年重判（刑法5）、松宮孝明・判セ二〇〇六年（刑法7）

赤色信号を「殊更に無視し」の意

10 最1決平成20・10・16刑集六二巻九号二七九七頁

関連条文　自動車運転死傷行為処罰法二条

危険運転致死傷罪の「赤色信号……を殊更に無視し」とは、赤色信号であることの確定的な認識がなくても、およそその表示を意に介しないで進行することで足りるのか。

事実　被告人甲は、普通乗用自動車を運転し、パトカーで警ら中の警察官に赤色信号無視を現認され、追跡されて停止を求められたが、そのまま逃走し、信号機により交通整理の行われている交差点を直進するに当たり、対面信号機が赤色信号を表示していたにもかかわらず、その表示を認識しないまま、同交差点手前で車が止まっているのを見て、赤色信号だろうと思ったものの、パトカーの追跡を振り切るため、同信号機の表示を意に介することなく、時速約七〇㎞で同交差点内に進入し、折から同交差点内を横断中の歩行者をはねて死亡させた。

裁判所の見解　上告棄却。「赤色信号を『殊更に無視し』とは、およそ赤色信号に従う意思のないものをいい、赤色信号であることの確定的な認識がない場合であっても、信号の規制自体に従うつもりがないため、その表示を意に介することなく、たとえ赤色信号であったとしてもこれを無視する意思で進行する行為も、これに含まれると解すべきである。」

解説　本決定は危険運転致死傷罪の赤色信号殊更無視類型（刑法旧二〇八条の二第二項後段、現行・自動車運転死傷行為処罰法二条五号）における「殊更無視」の意義について最高裁が初めて判断を示したものである。本件被告人は赤色信号の表示を認識しないまま交差点内に進入したため、およそ「無視」していないのではないかとの疑問が弁護側から示されたのに対し、最高裁は「たとえ赤色信号であったとしてもこれを無視する意思」という、いわば推定的・条件付無視でも十分とし、この規定が信号による交通規制に対する無思慮な危険速度走行一般を捕捉するとの解釈を示したのである。これは元々立案当局の見解でもあったが、他方で、単なる信号見落としや信号表示の赤色への変わり際における未必的認識のケースは除外されるべきとの意識も、法案を解説する諸文献において示されていた。「殊更でない」無視との識別のためには、進行速度等の客観的な運転態様と関連づけて意味内容が補充される必要があろう（本類型のさらなる成立要件である「重大な交通の危険を生じさせる速度」についても比較的緩やかに解されていることにつき、9決定参照）。

▼**評釈**――照沼亮介・平成20年重判（刑法6）、星周一郎・判セ二〇〇九年（刑法7）、本庄武・速報判例解説六号

凶器の意義

11 最3判昭和47・3・14刑集二六巻二号一八七頁

関連条文 二〇八条の二

凶器準備集合罪における「凶器」の定義（特に「用法上の凶器」の限界）。

事　実　暴力団の幹部である被告人らが、同組と反目関係にあった他の組の組員らが襲撃してきた際にはこれを迎え撃ち、彼らの生命、身体に対し共同して害を加える目的で、拳銃、拳銃用実包、日本刀及びタンプカー一台などを準備して集合した。原判決は、被告人らをいずれも有罪とした第一審判決を維持した。

裁判所の見解　上告棄却。「原審認定の具体的事情のもとにおいては、右ダンプカーが人を殺傷する用具として利用される外観を呈していたものとはいえず、社会通念に照らし、ただちに他人をして危険感をいだかせるに足りるものとはいえないのであるから、原判示ダンプカーは、未だ、同条にいう『兇器』にあたらないものと解するのが相当である。」但し、ダンプカー以外の道具については「凶器」（現行二〇八条の二の文言）性が肯定され、本罪の成立自体は是認された。

解　説　凶器準備集合・結集罪にいう「凶器」は、本来殺傷するために作られた「性質上の凶器」（例・銃砲刀剣類）と、そうでない物が殺傷に用いられる場合の「用法上の凶器」とに区分され、後者の範囲をいかに画定するかが問題となっている。この点、すでに12決定が「長さ一メートル前後の角棒は、その本来の性質上人を殺傷するために作られたものではないが、用法によつては人の生命、身体または財産に害を加えるに足りる器物であり、かつ、二人以上の者が他人の生命、身体または財産に害を加える目的をもつてこれを準備して集合するにおいては、社会通念上人をして危険感を抱かせるに足りるものであるから、刑法二〇八条の二にいう『兇器』に該当するものと解すべきである」と説明し、用法上の凶器についても共同加害目的がある以上、危険感の作出可能性ありとしていた。しかし、本判決はダンプカーにつき、その外観を根拠に、危険感の作出可能性を否定した。これは本罪の社会的法益に対する罪（公共危険罪）としての側面を重視したものとも言いうるが、自動車が「走る凶器」と称された時代もあるように、個人の生命等への作用という点、また行為者の使用目的に鑑みれば、なお「凶器」と位置づけることも可能ではなかったかと思われる（最2判昭和52・5・6刑集三一巻三号五四四頁は、大学での集会・デモ行進において、闘争等の際に使用するため用意された「角材の柄付きプラカード」を「兇器」と認めている）。

▼**評釈**——十河太朗・百選Ⅰ（五版）7、大谷實＝上田健二・法セ二二二四号

凶器準備集合罪の罪質……清水谷公園事件

12 最1決昭和45・12・3刑集二四巻一三号一七〇七頁

関連条文 二〇八条の二

凶器準備集合罪の保護法益。また、同罪は状態犯か、継続犯か。さらに、加害行為に関する犯罪との罪数。

事実 被告人ら東京都学生自治会連合の学生約五〇名が、全日本学生自治会総連合の学生の身体に対し共同して害を加える目的をもって、それぞれ角棒を携行準備して集合した際、被告人らにおいても同様の目的のもとに、角棒各一本を所持してこれに加わった。

裁判所の見解 上告棄却。「兇器準備集合罪は、個人の生命、身体または財産ばかりでなく、公共的な社会生活の平穏をも保護法益とするものと解すべきであるから、右『集合』の状態が継続するかぎり、同罪は継続して成立しているものと解するのが相当である。」

解説 凶器準備集合・結集罪（二〇八条の二）は、本決定も述べるように、個人の生命、身体、及び財産といった法益への加害行為の予備段階を処罰するという性格と共に、社会生活の平穏をも保護するという社会的法益に対する罪としての側面をも併せ有するものと解されているが、学説では前者の個人的法益に対する罪としての性格を強調する見解が有力であるのに対し、判例はむしろ後者の側面を重視した解釈をしているように見受けられる。すなわち、最1判昭和58・6・23刑集三七巻五号五五五頁は本罪の保護法益に関し、本決定を引用した上でさらに、「同罪はいわゆる抽象的危険犯であって、いわゆる迎撃形態の兇器準備集合罪が成立するためには、必ずしも相手方からの襲撃の蓋然性ないし切迫性が客観的状況として存在することは必要でなく、兇器準備集合の状況が社会生活の平穏を害しうる態様のものであれば足りるというべきである」とし、また本決定は、本罪成立後加害行為が実行された場合でもなお本罪の継続的成立可能性を認め、最1決昭和48・2・8刑集二七巻一号一頁は、本罪とその継続実行中になされた暴力行為等処罰に関する法律一条違反の罪につき、本罪が公共的な社会生活の平穏をも保護法益とするものであることに鑑み、両罪を併合罪とした。それに対し、個人的法益に対する罪の側面を重視する学説からは、本罪の抽象的危険犯という位置づけや迎撃形態の場合に相手方からの襲撃可能性を不要とする結論に批判が向けられ、また本罪と加害行為に関する犯罪とを牽連犯と解している。

なお、本決定はさらに、集団参加後に凶器を準備するか共同加害目的を有するに至った場合も「集合」にあたる旨判示している。

▼**評釈**――増井敦・百選Ⅰ8、沢登佳人・昭和45年重判（刑法3）

ひき逃げと遺棄罪

13　最2判昭和34・7・24刑集一三巻八号一一六三頁

関連条文　二一八条

過失により通行人に重傷を負わせた自動車運転者が被害者を自車で運んだ上、路上に放置して逃げ去った場合、運転者に（いかなる根拠により）保護責任が課されるか。

事実　被告人甲は午後八時頃自動車を運転して繁華街の車道上を通行中不注意により、前方を横断しようとしたAに自動車を接触転倒させ、重傷を負わせた。甲はAを一旦自車に乗せたが、八時三〇分頃、他の場所で被害者を降雪中の車道上に降ろし、「医者を呼んで来てやる」と嘘をついて放置したまま自動車で走り去った。

裁判所の見解　上告棄却。「本件の如く自動車の操縦中過失に因り通行人に自動車を接触させて同人を路上に顚倒せしめ、約三箇月の入院加療を要する顔面打撲擦傷及び左下腿開放性骨折の重傷を負わせ歩行不能に至らしめたときは、かかる自動車操縦者は法令により『病者ヲ保護ス可キ責任アル者』に該当するものというべ」きである。

解説　いわゆるひき逃げの場合、被害者を保護すべき刑法上の作為義務がおよそ、そしていかなる発生根拠によって認められうるのかが問題となる。最近の判例・学説によれば、本件の場合、危険な（過失による）先行行為及び保護の引き受け（その結果としての「排他的支配」）といった根拠が複数並立的に挙げられることになろうが（最2決平成17・7・4刑集五九巻六号四〇三頁も「自己の責めに帰すべき事由により患者の生命に具体的な危険を生じさせた上、患者が運び込まれたホテルにおいて、被告人を信奉する患者の親族から、重篤な患者に対する手当を全面的にゆだねられた立場にあった」と判示）、当時の最高裁は道路交通取締法二四条、同法施行令六七条（救護義務及び報告義務）違反という「法令」（形式的三分説にいう）に根拠を求め、また交通事故による負傷者を二一八条における「病者」と評価した。

本件の甲は一旦自車に引き入れたAを結局降雪中の車道に降ろして放置している。いずれにせよ、二一八条にいう「遺棄」には要保護者と場所的離隔を生ぜしめる一切の所為が含まれることには異論がないが、本判決は「刑法二一八条にいう遺棄には単なる置去りをも包含すと解すべく」とも判示しているから、この論点に関して伝統的見解（遺棄を「移置」と「置去り」に分け、二一七条の遺棄は移置のみを指すとする）に依拠しつつ、甲の所為を「置去り」と評価したと言えよう。本件の場合、甲が事故現場からAを運搬した時間（車内に約三〇分）ばかりでなく、その距離もさほどではなく（大阪市の梅田から中津まで）、その途上での心変わりと見られることから、「移置」とまでは評価すべきでなかろう。

▼**評釈**――名和鐵郎・百選Ⅰ（四版）9

堕胎医の保護責任

14 最3決昭和63・1・19刑集四二巻一号一頁

関連条文 二一九条

堕胎手術を実施した医師は出生した乳児の生命を保護すべき作為義務を（いかなる発生根拠により）負うか。

事実 産婦人科医師甲は、妊婦の依頼を受け、自ら開業する医院で妊娠第二六週に入った胎児の堕胎を行い、それにより出生した未熟児A（推定体重一〇〇〇グラム弱）に、保育器等の未熟児医療設備の整った病院の医療を受けさせれば、Aが短期間内に死亡することはなく、むしろ生育する可能性のあることを認識し、かつ、右の医療を受けさせるための措置をとることが迅速容易にできたにもかかわらず、Aを保育器もない自己の医院内に放置したまま、生存に必要な処置をとらなかった。Aは出生の約五四時間後、死亡した。

裁判所の見解 上告棄却。「右の事実関係のもとにおいて、被告人に対し業務上堕胎罪に併せて保護者遺棄致死罪の成立を認めた原判断は、正当としてこれを肯認することができる。」

解説 本件の甲はすでにAに対して業務上堕胎罪にあたる妊娠中絶を行なっており、その生命を抹殺するつもりであったが、およそそのような者に、生まれてきた「人」の生命保護を義務づけることができるのであろうか。しかし、最高裁は本件甲に保護責任を認めている（もっとも、その根拠については言及なし）。考えられる作為義務の発生根拠としては、危険な先行行為（堕胎）及び排他的支配くらいであろう（甲は出生時の保護を引き受けたわけではない。熊本地判昭和35・7・1下刑二巻七・八号一〇三一頁参照）。上述の疑問に鑑みれば、むしろここでは、甲によるAという生命体の抹殺行為が母体からの一部露出直後の時点まで継続していたと見うる場合には、あらためて一部露出後の「人」に対する故意による殺害の余地を認め、甲の行為態様いかんでは、作為による殺人罪に問擬する構成も検討に値しよう。

本決定は甲の認識内容としてではあるが、出生したAに病院の医療を受けさせれば短期間内に死ななかったことを、本件不保護とA死亡との因果関係の内容と見ているようにも思われるが、仮にそうだとすれば、「救命は合理的な疑いを超える程度に確実であった」ことを要求する最3決平成1・12・15刑集四三巻一三号八七九頁との関係が問題となりうる。

なお、第一審は甲に認められた業務上堕胎罪、保護責任者遺棄致死罪、及び死体遺棄罪を併合罪としたが、この点にも本決定は特段の異議を唱えていない。

▼**評釈**――奥村正雄・百選Ⅰ9、佐伯仁志・判セ一九八八年（刑法6）、川口浩一・医事百（初版）39

監禁罪の保護法益(1)

15　京都地判昭和45・10・12刑月二巻一〇号一一〇四頁

関連条文　二二〇条

監禁罪の保護法益たる行動の自由は、その前提として保護客体に行動の意思ないし能力があることを要するか。

事　実　被告人甲は、昭和四五年五月一日午後六時過ぎごろ、被害者宅に侵入し、Aを脅迫して金品を強奪しようとしたが、Aが息子B（当時生後一年七月）をその場に残したまま屋外に逃げ出したためその目的を遂げなかった。その後、警察官によって同家が取り囲まれたことを知るや、甲は、Bを人質にして逮捕を免れようと企て、同日午後六時三〇分頃、Bを同家二階奥六畳の間に連れて行き、警察官らに対し、「近づくと子供を殺すぞ」と申し向けて外部との交通を遮断し、歩きまわる同児を手や足で押えて、同部屋の片隅に留めおくようにするなどして、同日午後一一時ごろまでの間、同部屋からBの脱出を不能にさせた。弁護人は、監禁罪は人の行動の自由を侵害する行為であるが、Bは、本件犯行当時生後一年七月を経たばかりの幼児であって、行動の自由の前提要件とされる行動の意思が認められないから、監禁罪の客体とはならないと主張した。

裁判所の見解　有罪・確定。人の行動の自由を保護する監禁罪において、全然任意的な行動をなしえない者、例えば、生後間もない嬰児などは監禁罪の客体となりえないのは当然であるが、自然的、事実的意味において任意に行動しうる者であれば、幼児のような意思能力を欠如している場合も、なお、監禁罪の客体となりうる。

解　説　本判決は、二つの点で重要な判断をしている。第一に、逮捕・監禁罪の保護法益は人の行動の自由であるから、そのような自由を有さない者は保護の客体にならないこと、第二に、しかし、事実的に任意的な行動をなしうる者であれば本罪の客体となることである。まず、第一の点は、本罪の保護法益の大枠を確認したものである。本罪は、直接（逮捕）または間接（監禁）に一定の場所から移動する自由を奪う罪であるから、そのような自由を全く有さない者は本罪の客体ではない。他方、第二の点で、このような自由が自然的、事実的な性質であることが明らかにされた。本件でBが有していないとして問題となった意思能力とは、物事を判断し、それに基づいて意思決定できる知的能力をいう。かかる能力は自律的に自由を行使するために必要な要素であるが、本罪ではかかる能力の存否にかかわりなく、事実上移動可能な者の自由を奪うことが重要とされたのである。本件でBは、自らの自由が奪われたことすら理解していない可能性が高いが、かかる理解に基づけば、そのことは本罪の成立とは何ら関係がない。

▼**評釈**――振津隆行・百選Ⅱ（五版）9、成瀬幸典・百選Ⅱ（六版）11、佐藤陽子・百選Ⅱ10等

監禁罪の保護法益(2)

16 最1決昭和38・4・18刑集一七巻三号二四八頁

関連条文 二二〇・二二一条

偽計を用いて人を原動機付自転車に乗車させて疾走した場合に、監禁罪は成立するか。

事実 被告人甲は、A女を強姦しようと企て、A方付近路上よりB方付近路上までの約一〇九六mの間を、第二種原動機付自転車の荷台にAを乗車せしめて疾走した。その際甲は、Aに対し、「家まで乗せて行ってやる」といってAを自己の運転する前記自転車の荷台に乗せ、時速約四〇㎞で疾走し、Aの家の前まで来たとき、Aは「降ろしてくれ、車を止めてくれ」と言ったが、そのまま同速度で走り続けた。その後カーブのため速力を落とした時、Aは飛び降りて倒れ、全治約五日間を要する右肘関節内側擦過傷等の傷害を負った。かかる事実に基づいて、原々審は甲に監禁致傷罪の成立を認め、原審は弁護人の量刑不当の主張を排斥した。そのため弁護人は、①被害者が荷台に自由意思で乗ったこと、②被告人が被害者の体に有形力を行使したわけではないこと、③原動機付自転車は自動車のように外囲いがないことを理由に、監禁罪の成立を否定すべきとして上告した。

裁判所の見解 上告棄却。弁護人の主張は、いずれも「上告理由に当らない（婦女を姦淫する企図の下に自分の運転する第二種原動機付自転車荷台に当該婦女を乗車せしめて一〇〇〇メートルに余る道路を疾走した所為を似て不法監禁罪に問擬した原判決の維持する第一審判決の判断は、当審もこれを正当として是認する）。」

解説 本決定は上記三つの弁護人の主張を容れないことによって、消極的に監禁罪の成立要件について判断している。第一に、監禁は、被害者に対し何らかの有形力が行使される必要はなく、被害者が自ら監禁状況に入る形でもなされうること（①②）、第二に、監禁状況に外囲いは不要であること（③）である。後者については、たとえ外囲いがなくとも、その場所から脱出することが生命・身体に対する危険なしには行われえないものであれば、場所的移動は困難であり、監禁といえるのは自明である。他方、前者について、本決定は、監禁の手段は有形的方法に限らず、偽計といった無形的方法も含まれることを示している。ところで①に関係して、Aは騙されたことに気付くまで自己の意思で自転車に乗り続けている。本決定は検察官の起訴に基づいて、この期間を監禁罪の対象とはしなかった。これに対して、類似の状況に監禁罪を認めた例として、最2決昭和33・3・19刑集一二巻四号六三六頁がある。行動の自由の侵害というためには、現実的に移動したいという自由を侵害しなければならないのかは、監禁罪における重要問題である。

▼**評釈**――川添万夫・最判解昭和38年度等

監禁致傷罪の成否

17 最2決平成24・7・24刑集六六巻八号七〇九頁

関連条文　二二一・二〇四条

不法に被害者を監禁し、その結果、被害者に心的外傷後ストレス障害（PTSD）を発症させた場合について、監禁致傷罪の成立が認められるか。

事　実

被告人甲は、平成一五年一二月から平成一六年一二月までの間に、順次、電子メールのやり取りやイベント会場で知り合った一七歳から二三歳までの四名の女性をホテル客室内や甲方居室内に誘い込み、暴行や脅迫を加えるなどして、各女性を四日間ないし一一六日間にわたって監禁し、その結果、四名全員にPTSD（心的外傷後ストレス障害）の傷害を負わせた。かかる事案において原審が、専門機関において、医学的な診断基準に依拠した適切な診断が行われる限り、「PTSDは、単に精神的に一時的な苦痛あるいはストレスを被ったなどというレベルを超えたものと見ざるを得」ないとし、それが刑法上の傷害に該当しうること、結果として四名全員に対して監禁致傷罪が成立することを認めたのに対し、弁護人がPTSDは不明確な概念であること、傷害罪の保護法益である生理的機能には心理的、精神的機能は含まれないことを主張して、上告した。

裁判所の見解

上告棄却。甲の監禁行為の結果、各被害者について、一時的な精神的苦痛やストレスを感じたという程度にとどまらず、精神疾患の一種であるPTSDの発症が認められたというのである。このような「精神的機能の障害を惹起した場合も刑法にいう傷害に当たると解するのが相当である」。

解　説

本決定は、精神疾患の一つであるPTSDが刑法上の傷害にあたることを認めた初めての最高裁判例である。判例の理解によれば、刑法上の傷害は生理的機能の障害であるが、精神疾患もこれに含まれることはすでに7決定でも認められるところであった。他方で、精神疾患のみで傷害を認めた最高裁判例はなく、本決定がまさにその最初の例となった。また、本決定はそれ以外にも二つの重要な判断を含んでいる。第一に、一時的な精神的苦痛やストレスは傷害に当たらないこと、第二に、かかる傷害は結果的加重犯における傷害ともなりうることである。前者は、犯罪の被害者は多くの場合、精神的苦痛やストレスを受けることから（福岡高判平成12・5・9判時一七二八号一五九頁）、それを超えた機能の障害を要求するものである。特徴的な精神症状が継続して発現しているPTSDにおいてこれが認められるのは当然といえよう。また、本件は監禁致傷罪の事案であり、少なくともかかる傷害概念は本罪にも妥当することが示されたものといえる。

▼評釈——辻川靖夫・最判解平成24年度、島岡まな・平成24年重判（刑法5）、近藤和哉・判セ二〇一二年（刑法6）等

脅迫罪における害悪の告知

18 最2判昭35・3・18刑集一四巻四号四一六頁

関連条文 二二二条

脅迫罪成立に必要な害悪の告知は具体的にどのようなものか。その判断の際には、告知内容のほかにどのようなものが考慮に入れられるか。

事実 被告人甲は、ある村の町村合併に関してどの市と合併するかで、反対の派閥に属するAやBらと抗争を行っていた。やがて両派の抗争は熾烈になり、互いに感情が悪化して、強烈な言論戦、文章戦などに発展した。そのような中、甲はA宛に発信人B名義の「出火御見舞申上げます火の元に御用心八月十六日」と記載した郵便はがきを作成して投函の上、Aに受領させ、またB宛に発信者A名義の「出火御見舞申上マス火の用心に御注意八月十五日」と記載した郵便はがきを作成してこれを投函し、Bに受領させた。原々審・原審ともに甲に脅迫罪の成立を認めたため、弁護人は、本件二枚の葉書の各文面は、一般人が右葉書を受取っても放火される危険があると畏怖の念を生ずることはないとして上告した。

裁判所の見解 上告棄却。本件のように、二つの派の抗争が熾烈になっている時期に、一方の派の中心人物宅に、現実に出火もないのに、「出火御見舞申上げます、火の元に御用心」という趣旨の文面の葉書が舞込めば、火をつけられるのではないかと畏怖するのが通常であるから、右は一般に人を畏怖させるに足る性質のものであるとした原審の判断は相当である。

解説 脅迫罪は、相手方又はその親族の条文所定の法益に対し害を加える旨を告知して脅迫した場合に成立する。本罪の保護法益は、意思決定の自由と解する説と人の私生活の平穏あるいは法的安全の意識と解する説が対立しているが、前者は、犯罪成立のために実際に意思決定の自由が侵害される必要はなく、その危険があれば十分であるとしており、また後者も、本罪の実体が重要な法益が侵害されるのではないかという恐怖感を抱かせる点にあることを前提とする点で、単に個々人の漠然とした安心感を問題としているわけではない。それゆえ、いずれの見解からも、本罪の脅迫としては一般に人を畏怖させるに足りる程度のものが要求されるが、その際には、告知の内容を周囲の状況も考慮に入れて客観的にそれを判断することになる。本判決はまさにこのことを確認し、同時にその適用について一つの重要な例を示したものである。すなわち、人を畏怖させる害悪の告知のためには、当該告知の背景をも考慮してその害悪の内容を具体的に読み取ることができ、またそれが将来実行に移される可能性を明確に意識させるものであることが必要である。そして、以上のことが認められる限り、必ずしも害悪を加える具体的主体が明らかである必要はない。

▼**評釈**――嘉門優・百選Ⅱ11等

親権者による未成年者略取

19 最2決平成17・12・6刑集五九巻一〇号一九〇一頁

関連条文 二二四条

親権者による子の略取は未成年者略取罪の構成要件に該当するか。また、違法性が阻却される余地があるか。

事実 被告人甲は、別居中であった妻Aが養育している長男B（当時二歳）を自分の支配下に置いて監護養育しようと企て、Bの通園時にAの母Cが、Cの自動車にBを乗せる準備をしているすきをついて、背後からBを抱きかかえて、近くに停車していた甲の自動車まで全力疾走し、運転席に乗り込み、ドアをロックするなどし、Cが、運転席のドアノブをつかんで開けようとするなどして制止するのも意に介さず、自車を発進させて走り去った。なお、Aは、甲を相手方として、夫婦関係調整の調停や離婚訴訟を提起し、係争中であったが、Bに対する甲の親権ないし監護権について、これを制約するような法的処分は行われていなかった。原々審・原審ともに甲に未成年者略取罪の成立を認めたため、甲・弁護人側が上告した。

裁判所の見解 上告棄却。甲は、Aらに監護養育されて平穏に生活していたBを、保護されている環境から引き離して自分の事実的支配下に置いたのであるから、その行為が本罪の構成要件に該当することは明らかである。違法性が例外的に阻却されるかについては、Bの監護養育上、当該行為が現に必要とされるような特段の事情はなく、またその行為態様が粗暴で強引なものであること、略取後の監護養育について確たる見通しがあったとも認めがたいことなどに徴すれば、社会通念上許容され得る枠内にとどまるものとも評せない。

それぞれ一名の裁判官による補足意見、反対意見がある。

解説 本決定は、別居中である親権者の一人が他方親権者の下より子を連れ去った事案であるが、このような事情は、少なくとも有形力を用いた連れ去りにおいては、構成要件の段階では顧慮されず、違法性の段階で考慮されることが明示されている。かかる判断枠組みは、すでに最2決平成15・3・18刑集五七巻三号三七一頁により採用されていたが、この事案は、当該略取行為が子の福祉等を確保するための日本の法的手続を軽視するもの（国外移送目的略取罪）であり、かつその態様も、子の身体の安全を脅かしかねないものであった点で本件よりも悪質であった。それでも本決定は、かかる決定と同じ判断枠組みを用い、また違法性阻却のための要件も決して緩やかとはいえないものを提示した。別居中の夫婦による子の奪い合いへの刑罰介入は謙抑的であるべきとの見解もあるが、まずは子の福祉のために現在の安定的な生活環境を維持することが重要であるとの理解に基づくものであろう。

▼**評釈**——前田巌・最判解平成17年度、松原芳博・平成17年重判（刑法7）、内海朋子・百選Ⅱ12等

被拐取者の「安否を憂慮する者」の意義

20 最2決昭和62・3・24刑集四一巻三号一七三頁

関連条文 二二五条の二

「近親者その他被拐取者の安否を憂慮する者」とは具体的にどのような者であるか。

事実 被告人甲は、A銀行代表取締役Bを人質に取り、同銀行幹部から身の代金を交付させようと企て、出勤途上のBを略取して、ホテルの一室で監禁した。その後、甲は、同銀行代表取締役専務Cらに身の代金を要求した。

原々審は、「安否を憂慮する者」とは、被拐取者と近しい親族関係その他これに準ずる特殊な人的関係があるため、被拐取者を親身になって心配する立場にあるものをいうとし、実際に存在するBとCやその他A銀行幹部らとの間の親しい人間関係を認定した上で、身の代金目的略取罪と身の代金要求罪の成立を認めた。原審もかかる判断を支持したため、甲・弁護人側が上告した。

裁判所の見解 上告棄却。刑法二二五条の二にいう「近親者その他被拐取者の安否を憂慮する者」には、単なる同情から被拐取者の安否を気遣うにすぎないとみられる第三者は含まれないが、被拐取者の近親でなくとも、被拐取者の安否を親身になって憂慮するのが社会通念上当然とみられる特別な関係にある者はこれに含まれるものと解するのが相当である。相互銀行の代表取締役社長が拐取された場合における同銀行幹部らは、これに当たる。

解説 本決定は、刑法二二五条の二にいう「近親者その他被拐取者の安否を憂慮する者」（以下、憂慮する者）につき、親身になって憂慮するのが当然とみられる「特別な関係」性を要求し、その上でそのような関係性は被拐取者と憂慮する者との事実的な関係性で判断するのではなく、「社会通念」において憂慮するのが「当然とみられる」か否かで判断することを明らかにしたものである。前者は、憂慮する者を限定する役割を果たしており、当該条文の「近親者」という文言は「その他」に影響を与える例示であると解して、「その他」にも近親と同程度（まさに「親身」）の関係を求めたものといえる。立法当時の解説もそのようなものであった（池上政幸・ひろば四〇巻九号を参照）。他方で、後者は、このような限定を緩和する役割を果たす。「近親」であれば、実際は不仲でも本条の成立が認められることに鑑みれば、そのような関係性も、社会的・形式的なもので十分ということになろう。本決定以前には、被拐取者の実質的な人間関係を重視するものがあり（大阪地判昭和51・10・25刑月八巻九＝一〇号四三五頁を参照）、また本決定の地裁もそうであったが、本決定は明らかにこのような判断方法を否定している。

▼**評釈**——池田眞一・最判解昭和62年度、高窪貞人・昭和62年重判（刑法4）、齋野彦弥・百選Ⅱ13等

夫婦間の強姦

21 広島高松江支判昭和62・6・18判時一二三四号一五四頁

関連条文　一七七条

強姦罪は夫婦間であっても成立するか。

事　実　被告人甲は、日頃から妻Aを激しく虐待していたが、その結果これに耐えかねたAは度々実家に戻ったり身を隠したりし、その都度甲が連れ戻すなどしていた。そのような中、甲は再び実家に逃げ帰っていたAを甲の遊び仲間である乙と共に暴力を用いて無理矢理連れ出し、自宅に連れ帰る途中、乙と共謀のうえ、Aを輪姦しようと企て、白昼人里離れた山中において、Aに対し暴行を加えてその反抗を抑圧したうえ、交互にAを強いて姦淫した。

原審が右のような事実を認定し、甲と乙に強姦罪の共同正犯の成立を認めたため、弁護人は、①夫婦は互いに性交を求める権利を有しかつこれに応ずる義務があるから、夫婦間で強姦罪は成立しないこと、②また夫が第三者と共同して妻を輪姦した場合であっても、夫自身は強姦罪の主体となりえないため、強姦罪の共同正犯にもなりえないことを主張して控訴した。

裁判所の見解　控訴棄却。婚姻中夫婦が互いに性交渉を求めかつこれに応ずべき関係にあることはいうまでもないが、「婚姻中」とは実質的にも婚姻が継続していることを指し、婚姻が破綻して、実質を失い名ばかりの夫婦にすぎない場合には、もとより夫婦間に所論の関係はなく、夫にも強姦罪が成立し、夫と第三者が暴力を用い共同して妻を輪姦するに及んだときは、夫についても強姦罪の共同正犯が成立する。

本判決は、夫婦間においても強姦罪が成立することを認めた最初の裁判例である。

解　説　夫婦間強姦が成立するかについては、現在では議論されること自体少なくなったが、戦前は肯定説、否定説が対立していた。否定説の論拠は、性交は夫婦間での相互的な権利・義務であることや夫婦間では性交への一般的同意があることなどであり、本件の控訴趣意はまさにこれに依拠するものであった。しかし、本判決は、本罪の成否について、少なくとも形式的に夫婦であることに重要性を見出さなかった。他方、婚姻の実質的な破綻にも言及している点で、本判決は肯定説でもなく、夫婦関係が破綻している場合に限って犯罪の成立を認める折衷説であるとの理解も多い。しかし、判旨は、性交渉を求め、応ずべき夫婦相互の関係については言及しているものの、それが強姦罪の成立に与える影響については言及していない。そのため、この点については判断を留保しているとみることもできるであろう。比較的新しい裁判例には、夫婦間強姦は構成要件ではなく違法性の問題であるとしたものもある（東京高判平成19・9・26判タ一二六八号三四五頁）。

▼**評釈**――中森喜彦・判評三四八号、葛原力三・甲南29巻1号等

強制わいせつ罪の主観的要件

22 最1判昭和45・1・29刑集二四巻一号一頁

関連条文 一七六条

強制わいせつ罪が成立するためには、犯人にその性欲を刺戟興奮または満足させる性的意図が必要か。

事実 被告人甲は、Aが甲の内妻の出奔を助けたことを詰問するため、アパート内の自室にAを呼び出し、「何もかも捨ててあんたに仕返しに来た」などと約二時間にわたりAを脅迫し、Aが許しを請うのに対し、Aの裸体写真を撮って仕返しをしようと考え、「五分間裸で立っておれ」と申し向け、畏怖しているAを裸体にさせてこれを写真撮影した。

原々審は、以上の事実関係に基づいて、甲に性欲を刺戟興奮または満足させる等の性的意図があったかについて明確に認定することなく、報復、侮辱のためになされても本罪が成立するとし、甲に強制わいせつ罪の成立を認めた。原審もその判決を支持したため、甲・弁護人側が上告した。

裁判所の見解 破棄差戻。強制わいせつ罪が成立するためには、その行為が犯人の性欲を刺戟興奮させまたは満足させるという性的意図のもとに行なわれることを要し、婦女を脅迫し裸にして撮影する行為であっても、これが専らその婦女に報復し、または、これを侮辱し、虐待する目的に出たときは、強要罪その他の罪を構成するのは格別、強制わいせつの罪は成立しない。

一名の裁判官の反対意見があり、もう一名の裁判官がこれに同調している。

解説 本判決は、強制わいせつ罪につき、行為者に自己の性欲を刺戟興奮または満足させる性的意図を要求することを明示した初めての最高裁判例である。本罪に行為者の主観的意図を要求するかは、学説上も争われるところである。それを要求する見解は、行為者の性的意図は行為無価値の問題であると説明したり、行為のわいせつ性を判断するために必要であると説明したりする。これに対して、それを否定する見解は、主に本罪が個人の性的自己決定を保護法益とすることを論拠とする。本件の原々審及び原審は後者の立場に依拠していた。ところで、学説上は、当該行為が明らかにわいせつ性を示す場合には行為者の性的意図は不要だが、そうでない場合は、それを考慮に入れることで初めてわいせつ性（又は法益侵害性）が判断できるとする中間説も存在する。最高裁は、この中間的な見解ですらない。常に行為者の意図を要する最高裁の理解は、しかし必ずしも犯罪の成立を限定する方向にのみ働かず、例えば性的意図を隠して行った治療行為のように、客観的にわいせつに見えない行為を処罰範囲に含めることを可能としている。

▼**評釈**――時国康夫・最判解昭和45年度、西原春夫・百選Ⅱ（二版）15、伊藤亮吉・百選Ⅱ14等

強制わいせつ致傷罪の成否

23 最1決平成20・1・22刑集六二巻一号一頁

関連条文 一七八条・一八一条

わいせつな行為を行う意思を喪失した後、逃走するため被害者に暴行を加えて傷害を負わせた場合に、強制わいせつ致傷罪が成立するか。

事実 被告人甲は、深夜A宅に侵入し、就寝中のAが熟睡のため心神喪失状態であることに乗じ、その下着の上から陰部を手指で弄んだが、これに気付いて覚せいしたAが、甲に対し、「お前、だれやねん」などと強い口調で問いただすとともに、甲のTシャツ背部を両手でつかんだところ、甲は、Aをふりほどいてその場から逃走するために、Aを引きずったり、自己の上半身を激しくひねるなどし、その結果、Aに対し、右中指挫創、右足第一趾挫創の傷害を負わせた。

原々審は右の事実関係に基づき、甲に強制わいせつ致傷罪を認め、原審もそれを支持したため、弁護人は、Aの傷害結果は甲がわいせつ行為を終了した後の逃走中に発生したものであり、わいせつ行為と因果関係がないなどと主張して、上告した。

裁判所の見解 上告棄却。甲は、Aが覚せいし、甲のTシャツをつかむなどしたことによって、わいせつな行為を行う意思を喪失した後に、その場から逃走するため、Aに対して暴行を加えたものであるが、甲のこのような暴行は、準強制わいせつ行為に随伴するものといえるから、これによって生じた傷害について強制わいせつ致傷罪が成立する。

解説 本決定は、強制わいせつ罪等の結果的加重犯である一八一条について、大判明治44・6・29刑録一七輯一三三〇頁を踏襲し、死傷の原因となる行為を基本犯の構成要件的行為（暴行・脅迫、わいせつな行為・姦淫）に限定せず、それに随伴するものも含めると明示した初めての最高裁判例である。なお、「随伴」性は、下級審の裁判例や学説によれば、時間的・場所的接着性及び意思の同一性などを考慮に入れ、基本犯と一連の事態といえること、かつ、本罪の結果的加重犯という性質に鑑みて、その結果が基本犯における類型的な危険の実現であることが重要である。本決定は、後者の点で微妙な事案であったが、決定要旨に基づけば、基本犯が行われる際には被害者の抵抗がありえ、そのような抵抗が行われれば、犯意の継続性を問わず（逃走等のためであっても）、暴行がなされうると判断したのであろう。ただし、原々審の認定によれば、Aが甲を捕まえようとTシャツをつかんだのと、甲が犯意を放棄して逃げようとしたのとは、後者の方が先であった。最高裁が、「いずれにせよ逃走中の行為である」として、あえてこれを等閑視したのであれば、本条の適用範囲はなお広がることになる。

▼**評釈**――三浦透・最判解平成20年度、中空壽雅・平成20年重判（刑法7）、山本輝之・百選Ⅱ15等

囲繞地の意義……東大地震研事件

24 最1判昭和51・3・4刑集三〇巻二号七九頁

関連条文 一三〇条

建造物の囲繞地というためには、当該土地が本来その建物固有の敷地と認められなければならないか。また、囲障設備が仮設的構造であっても囲繞地足りうるか。

事実 被告人甲らは、全学闘争委員会（以下、全闘委）に所属する百数十名の学生らと意思を相通じ、正門を閉鎖し通路を金網柵で遮断したうえ、部外者の立入りを禁止していた東京大学地震研究所構内へ、金網柵を引き倒して乱入した。なお、金網柵は、それまで全闘委のメンバーが毎日のように地震研にデモをかけ、玄関前で集会を開くなどしていたため、事件前日に設置されたものであった。

原々審は甲らに建造物侵入罪の成立を認めたが、原審は、金網柵設置前において、本件土地は本来当該建物の固有の敷地とは認め難かったこと、金網柵は、性質上一時的に本件土地への立入りを阻止するためのものに過ぎなかったことを理由に、当該土地は、地震研の建物固有の敷地ではないとして被告人らを無罪としたため、検察官が上告した。

裁判所の見解 破棄差戻。建物の囲繞地であるというためには、その土地が、建物に接してその周辺に存在し、かつ、管理者が外部との境界に門塀等の囲障を設置することにより、建物の附属地として、建物利用のために供されるものであることが明示されれば足りる。金網柵が通常の門塀に準じ外部との交通を阻止し得る程度の構造を有するものである以上、当該土地が本来建物固有の敷地と認め得るものかどうか、また、囲障設備が仮設的構造をもち、その設置期間も初めから一時的なものとして予定されていたかどうかは問わない。

解説 建造物侵入罪における建造物が、単に建物を指すばかりでなく、その囲繞地を含むものであることは、本判決以前より最高裁判例の示すところであった（例えば、最大判昭和25・9・27刑集四巻九号一七八三頁）。本条による保護（保護法益については、25判決を参照）を完全なものとするためには、その周辺（囲繞）の土地も重要となるのは明らかであろう。そして、ある土地を建物等の利用に供する囲繞地として保護するためには、その敷地を他から明確に画するとともに、外部からの干渉を排除するための設備が必要となる。それにより、建造物等の管理権者の立入り拒絶の意思が明示されるからである。本判決で問題となった土地は、本来必ずしも建物利用のために供されておらず、また、囲障設備は簡易で一時的なものであったが、建物及び土地の管理権者が当該土地を囲繞地と定め、外部からの干渉を排除する効果のある設備を設置した以上、保護に値すると判断したものである。

▼**評釈**——松本光雄・最判解昭和51年度、川端博・百選Ⅱ（二版）17、寺沢栄・ジュリ六一七号等

住居侵入罪の保護法益

25 最2判昭和58・4・8刑集三七巻三号二一五頁

住居侵入罪の保護法益は何であるか。「侵入」の意義はいかなるものか。

事実　郵便局員で全逓信労働組合員でもある被告人甲らは、春季闘争の一環として、A郵便局にビラ貼りを実行するため、未だ施錠されていなかった通用門等を通り、宿直員の黙認のもと、土足のまま局舎内に立ち入った。甲らは局舎内外にビラ約千枚を貼りつけたが、局舎の管理権者であるBらに発見制止され、若干の応酬の後に、同局舎から退去した。

原々審は右事実関係のもと、甲らの立入りが管理権者の意思に反していたことを認定したが、甲らの行為が全く平穏であったことを理由に建造物侵入罪の成立を否定した。これに対し、原審は、本罪の「侵入する」は、建造物の管理支配の侵害による平穏侵害であるとし、管理権者の意思に決定的な意味をもたせなかった原々審を批判したが、かかる意思は外部に何らかの形で表明されていなければならず、本件はこのような表明がなかったとしてその結論を維持したため、検察官が上告した。

裁判所の見解　破棄差戻。刑法一三〇条前段にいう「侵入し」とは、他人の看守する建造物等に管理権者の意思に反して立入ることをいうと解すべきであるから、管理権者が予め立入り拒否の意思を積極的に明示していない場合であっても、該建造物の性質、使用目的、管理状況、管理権者の態度、立入りの目的などからみて、現に行われた立入り行為を管理権者が容認していないと合理的に判断されるときは、同条の罪の成立を免れない。

関連条文　一三〇条

解説　本判決は、建造物侵入罪の「侵入」の意義について、「管理権者の意思に反して立入ること」と明確に定義した初めての最高裁判例である。これに関して、「侵入」の意義は本罪の保護法益に関する議論に左右されるといわれている。すなわち、本罪の保護法益については、住居などの建物に対する管理権、とりわけ誰に立ち入りを認め、誰の滞留を許すかを決める自由であるとする住居権説と、住居等の事実上の平穏であるとする平穏説が対立しているが、「侵入」の意義は、前者に立てば、管理権者の意思に反する立入り（意思侵害説）、後者に立てば住居の平穏を害する立入り（平穏侵害説）と解されやすい。もちろん本件の原審のように、平穏説に依拠しつつも、「侵入」においては、管理権者の意思に決定的な重要性を持たせることも可能であるから、このような関係は相対的なものではある。しかし、本判決が、「侵入」概念から平穏侵害的な要素を一切排除したことは、最高裁がそれまで用いていた平穏説を捨て、住居権説を採用したと思わせるに十分なインパクトを有していた。

▼**評釈**——盛岡茂・最判解昭和58年度、十河太朗・百選Ⅱ16

建造物侵入の意義

26 最1決平成19・7・2刑集六一巻五号三七九頁

関連条文 一三〇条

建造物侵入罪における「侵入」の意義は何か。一般に開放されている建造物におけるその判断方法はいかなるものか。

事実

被告人甲は、共犯者らと共謀の上、利用客のカードの暗証番号、名義人氏名、口座番号等を盗撮するため、ATMが六台設置されており、行員が常駐しないA銀行支店出張所に営業中に立入り、一台のATM（以下、a1）の広告用カードホルダーに盗撮用ビデオカメラを設置し、その隣のATM（以下、a2）の前の床に受信機等の入った紙袋を置き、利用客をa1に誘導するため、適宜交替しつつ、長時間a2の前に立ってこれを占拠し続け、その間、入出金や振込等を行う一般の利用客のように装い、ATMで適当な操作を繰り返すなどした。

原々審は、右の事実関係に基づいて、甲に建造物侵入罪（及び偽計業務妨害罪）の成立を認め、原審では、甲の盗撮目的及び共犯者との共謀の有無が争われたが、控訴が棄却されたため、甲・弁護人側が上告した。

裁判所の見解

上告棄却。甲らは、ATM利用客のカードの暗証番号等を盗撮する目的で、ATMが設置された銀行支店出張所に営業中に立入ったものであり、そのような立入りが同所の管理権者である銀行支店長の意思に反するものであることは明らかであるから、その立入りの外観が一般のATM利用客のそれと特に異なるものでなくても、建造物侵入罪が成立する。

解説

本決定は、建造物侵入罪における「侵入」の意義を再確認し、一般に開放された場所におけるその適用を明らかにした重要判例である。25判決によれば、建造物侵入罪における「侵入」とは、「管理権者の意思に反して立入ること」である。本決定はまさにこれを判断の始点としている。そして、管理権者の立入り拒否の意思は、必ずしも表明される必要はなく、当該建造物の管理支配の客観的な状況等から合理的に読み取れれば十分であるが、本決定では、一般に、とりわけ利用客に開放された建造物への立入り事案であったゆえ、この点が問題となった。このような場所では、管理権者の立入りへの同意が包括的に与えられるため、管理権者の実際の意思と客観的に読み取られうるそれとの間には一定の齟齬が生じうるのである。実際、学説の中には、一般の利用客と立入りの外観が変わらない場合には、包括的承諾の範囲内として、本罪の成立を否定するものがある。しかし、本決定は、立入りの目的も考慮に入れ、当該立入りが「明らかに」管理権者の意思に反するかを決定的としている。

▼評釈――山口裕之・最判解平成19年度、塩谷毅・平成19年重判（刑法6）、関哲夫・百選Ⅱ18等

集合住宅の共用部分への立入り(1)……自衛隊立川宿舎事件

27 最2判平成20・4・11刑集六二巻五号一二一七頁

関連条文 一三〇条

集合住宅の共用部分は「人の住居」、「人の看守する邸宅」、「人の看守する建造物」のいずれに当たるか。集合住宅における「侵入」の判断基準はいかなるものか。

事　実　被告人甲らは、共謀のうえ、自衛隊のイラク派遣に反対し、かつ、自衛官に対しイラク派兵に反対するよう促す等の内容のビラを、防衛庁立川宿舎の各号棟の各室玄関ドアの新聞受けに投かんする目的で、その敷地内に立ち入った上、分担して、三号棟、五号棟及び七号棟の各一階出入口からそれぞれ四階の各室玄関前まで立入り、各室玄関ドアの新聞受けに右ビラを投かんする等した。なお、右宿舎はその敷地内に計一〇棟の集合住宅が建っており、敷地はフェンス等で囲まれ、フェンスの開口部付近にはビラ貼り等を禁止する表示板が設置されていた。

原々審は、同敷地および建物共用部分を「住居」と解し、住宅居住者と管理人の意思を基準に「侵入」を肯定しつつ、可罰的違法性がないとして、甲らを無罪にしたが、原審は共用部分を「邸宅」とし、管理人の意思を基準に「侵入」を肯定した上で、可罰的違法性も認めたため、甲・弁護人側が上告した。

裁判所の見解　上告棄却。立川宿舎の建物供用部分は、居住用の建物である宿舎の各号棟の建物の一部であり、宿舎管理者の管理に係るものであるから、「人の看守する邸宅」に当たり、その敷地部分は、その囲繞地として、邸宅侵入罪の客体になる。また、本条にいう「侵入し」とは、他人の看守する邸宅等に管理権者の意思に反して立ち入ることであるところ、甲らの立入りが管理権者の意思に反することは明らかである。甲らの立入りの態様、程度は、法益侵害の程度が極めて軽微なものであったなどということもできない。

解　説　立入りの客体が、一三〇条に列挙されたいずれに該当するかは、「侵入」の概念が意思侵害説で定着した現在においては重要である。それは「侵入」の基準となる「意思」の主体を明確にするからである。本判決は、それを「邸宅」としたものであるが、その際、国家公務員宿舎法等により、その管理者が充て職で定まっていたことが認定されている。このことが一定程度重要であったことは、後の28判決により明らかとなる。そうである以上、「侵入」にとって重要なのは邸宅管理者の意思であり、個々の居住者の意思は決定的意味をもたず、「ビラを読みたい人がいたかもしれない」という主張は行えない。なお、原々審が否定した可罰的違法性について、本判決は、甲らが玄関前まで立入ったこと、本件以前にすでに同様の立入り行為に被害届が出されていたこと等からそれを肯定している。

▼**評釈**――山口裕之・最判解平成20年度等

集合住宅の共用部分への立入り(2)……亀有マンション事件

28 最2判平成21・11・30刑集六三巻九号一七六五頁

関連条文 一三〇条

集合住宅の共用部分への立入りは、いかなる場合に刑法一三〇条前段の「侵入」になるか。

事実

被告人甲は、政党のビラを、亀有所在の分譲マンションの各住戸に配布するため、右マンションの玄関出入口を開けて玄関ホールに入り、更に玄関内東側ドアを開け七階に上がり、各住戸のドアポストに、本件ビラを投かんしながら各階廊下と外階段を通って三階にまで至った。なお、右マンションの玄関ホールには、目立つ位置に、チラシ等の投函を禁止する管理組合名義のはり紙と、用のある業者は管理人室で「入退館記録簿」に記帳する旨のはり紙がちょう付されていた。

原々審は、マンションの共用部分を「住居」と解し、オートロック等で部外者の立入りを厳重に制限していない本件マンションにおいては、立入り拒否の意思を来訪者に伝える実効的な措置がとられていないとして「侵入」を否定したが、原審は、同様に「住居」を問題としつつ、オートロック等がない限り部外者の立入りを禁止できないというのは、居住者の権限を不当に制約するものであるなどとして、本件の状況においては「侵入」も認められるとしたため、甲・弁護人側が上告した。

裁判所の見解

上告棄却。本件マンションの構造及び管理状況、玄関ホール内の状況、はり紙の記載内容、本件立入りの目的などからみて、本件立入り行為が本件管理組合の意思に反するものであることは明らかである。本件マンションは分譲マンションであり、本件立入り行為の態様は玄関内東側ドアを開けて七階から三階までのマンションの廊下等に立ち入ったというものであることなどに照らすと、法益侵害の程度が極めて軽微なものであったということはできない。

解説

27判決では、集合住宅の共用部分は「邸宅」とされた。しかし、本件の原々審、原審はそろって「住居」とし、本判決はそれを覆すことなく、客体の性質を明示せずに「管理組合の意思」を問題とした。少なくとも管理権限が居住者と別個には存在しない分譲マンションにおいては、住居と同様、居住者(及びそれの集合体である管理組合)の意思を決定的なものと解したといえる。他方、立入り拒否の意思は管理の状況等から合理的に読み取れなければならない。その際には、立入り拒否の意思を物理的に実現する厳格な措置や設備が必要かが問題となりうるが、本判決はそれを否定している。ただし、意思が明白でさえあれば十分であるとも解されていないようである。また、本判決は実行行為を、玄関内東側ドアを開けて立入った行為以降に限定している。玄関ホールへの立入りは、法益侵害が軽微であると判断されたものといえよう。

▼**評釈**――西野吾一・最判解平成21年度、十河太朗・平成22年重判(刑法8)、木村光江・百選Ⅱ17等

医師が鑑定の過程で知り得た秘密

29 最2決平成24・2・13刑集六六巻四号四〇五頁

関連条文 一三四条

医師の守秘義務は鑑定人としての業務上知り得た秘密にも及ぶか。及ぶとして、どこまでの事実が秘密漏示罪にいう「人の秘密」にあたるか。

事実 精神科医である被告人甲は、現住建造物放火、殺人等の少年保護事件につき、家庭裁判所から当該少年の精神鑑定を命じられてその作業を進めている中、事件を取材していたジャーナリストと知り合い、これらの者の依頼に応じて、鑑定資料として家庭裁判所から貸出しを受けていた少年らの供述調書等の写し、臨床心理士作成による少年の心理検査の結果等が記載された書面、甲による精神鑑定の結果が記載された書面を見せた。前者は、甲に無断で一頁ずつカメラ撮影される等し、後二者は、甲の了承のもとコピーされた。その後、調書を要約した詳細な内容の記事が掲載された週刊誌が、さらに、当該少年、実父母の供述調書等からの引用が多数にのぼる書籍が出版された。第一審は甲の行為が秘密漏示罪を構成するとしたうえで、本件行為は、その動機、手段および結果の不相当性に照らし、取材協力行為として「正当な理由」にもとづくものとも認められないとして有罪判決を言い渡した。第二審が控訴を棄却したので、甲側が上告。

裁判所の見解 上告棄却。以下の職権判断を下した。「鑑定医が、医師としての知識、経験に基づく、診断を含む医学的判断を内容とする鑑定を命じられた場合は、医師がその業務として行うものといえる」。この場合の「人の秘密」は、鑑定対象者本人の秘密のほか、同「鑑定を行う過程で知り得た鑑定対象者本人以外の者の秘密」も含まれる。

解説 秘密漏示罪は、行為主体を医師等、同条に列挙された者がその業務上知り得た人の秘密を漏らすことを処罰する。千葉勝美裁判官による補足意見が問題提起するように、鑑定人として極めて重大な秘密に接しうるのは、医師だけではなく、例えば行動心理学の専門家が精神鑑定を命じられることもある。同補足意見によれば、行動心理学の研究とちがって、医療行為は、患者が医師の高い倫理性を信頼して秘密を明らかにしてくれないと成り立たない。そこで、医師等への、当該患者をこえて、広く社会一般の信頼を損なう――抽象的危険のある――行為を処罰するのが本罪であり、したがって、医行為と「極めて類似する」鑑定医としての業務上知り得た秘密を漏らしても信頼は損なわれるかもしれないから、本罪の「業務」に含めてよいのだ、と。この見解からは、秘密を漏らされる患者・顧客とのあいだに直接の信頼関係がないことは本罪の成立にとっての妨げにならないことになる。

▼**評釈**――松宮孝明・平成24年重判（刑法7）

公然の意義

30 最1判昭和34・5・7刑集一三巻五号六四一頁

関連条文 二三〇条一項・二三〇条の二

事実摘示の直接の対象が特定少数人であっても、公然性が認められるのはどのような場合か。

事実 被告人甲は、自宅庭先の不審火を消す際に見かけた者を、確証もないのに、近所に住むAと思い込み、そのことを家族に話し、村の駐在I巡査にも申告した。その後、Aの弟Bが甲宅を訪ね、村会議員Cの同席のもと、「ほんとうに兄が火を放けたのを見たのか」と問い質したところ、甲は「Aの放火を見た」、「火が燃えていたので同人を捕まえることは出来なかった」などと答え、さらにその後、A宅内において、近所の婦人FGHらがいるなかで、Aの妻D、Aの長女Eに問われるままに同様のことを述べた。A放火の噂は村内に相当広まった。第一審、第二審とも名誉毀損罪の成立を認めたので、甲側が上告。弁護人は、①BあるいはDEからの質問がなければ、甲がAの放火を見た旨の事実の摘示をおこなうことはなかったのだから、「公然と」事実を摘示したとはいえない、②甲は摘示事実を真実と信じることに相当の理由があったから、故意が欠けると主張した。

裁判所の見解 上告棄却。①第一審判決、原判決の認定によれば、質問に対する答えというかたちであろうと、「被告人は不定多数の人の視聴に達せしめ得る状態において事実を摘示した」ものであり、「このような事実認定の下においては、被告人は刑法二三〇条一項にいう公然事実を摘示したものということができる」。②被告人は摘示事実が真実であることの証明に失敗した以上、二三〇条の二による免責の余地はない。

解説 ①二三〇条にいう「公然」とは、摘示事実を不特定または多数人が認識できる状態のことをいうが、直接の摘示対象が特定少数人であっても、他に伝わって、不特定または多数人が認識できるようになる可能性があるときは、公然性を認めてよいとするのが、確立された判例である。これは「伝播性の理論」とよばれる。本決定は、伝播可能性の事実をもって公然性にあたるとした第一審、第二審の判断を支持したものである。ただし、伝播可能性は具体的に認定される必要がある（裁判例として、東京高判昭和58・4・27高刑集三六巻一号二七頁。高校教諭の名誉を毀損する事実を県教育委員会委員長、勤務先高校の校長およびPTA会長にそれぞれ摘示した事案で、公然性を否定）。本件でも、近所の婦人FGHはともかく、職務上知り得た事実をみだりに口外しないことを期待できる警察官Iや、噂が広まるのが不都合な、被害者の親族BDEに事実を摘示しても伝播可能性は認められないだろう。

②に関する判断は、33判決によって変更された。

▼**評釈**——武田誠・百選Ⅱ19

法人に対する侮辱罪

31 最1決昭和58・11・1刑集三七巻九号一三四一頁

関連条文 二三一条

法人は侮辱罪にいう「人」にあたるか。

事実 被告人甲は、ほか数名と共謀の上、大阪市内のビル一階玄関柱に「A火災は、悪徳B弁護士と結託して被害者を弾圧している、両社は責任を取れ！」と記載したビラ一二枚を糊で添付した。Aは株式会社、BはA社の顧問弁護士である。第一審は、A株式会社およびBに対する侮辱罪ほかの成立を認め、甲を拘留二五日に処した。甲側が量刑不当を理由に控訴したが、第二審はこれを棄却した。甲側が上告。

裁判所の見解 上告棄却。「刑法二三一条にいう『人』には法人も含まれる」との職権判断を下した。本決定には、中村治朗裁判官の補足意見、団藤重光裁判官および谷口正孝裁判官の意見が付されている。

解説 侮辱罪にいう「人」に法人が含まれるかどうかをめぐっては、侮辱罪の保護法益に関する見解の対立を背景に、古くから争いがある。学説には、名誉毀損罪（二三〇条）が人の社会的評価としての名誉（外部的名誉）を保護するのに対して、侮辱罪の保護法益は「他人から敬意をもって扱われたい」という名誉感情だと説くものがある。そう解さなければ、前者の法定刑が三年以下の懲役もしくは禁錮または五〇万円以下の罰金なのに対して、後者のそれが拘留または科料と著しく軽いことの説明がつかない、と。本説によれば、主観的感情をもたない法人、さらには、他人の行動の意味を理解することのできない、幼児や高度の精神障害者といった自然人も、侮辱罪にいう「人」にはあたらない。この立場に立つのは団藤意見と谷口意見である。これに対して、通説は、侮辱罪の保護法益も名誉毀損罪と同様、外部的名誉だとする。法定刑の差異は、侮辱罪が事実の具体的摘示をともなわないために名誉毀損の程度がはるかに低い点にみいだされる。この立場からは、名誉毀損罪におけると同様、法人も侮辱罪にいう「人」にあたる。本決定は、結論を述べるのみだが、中村補足意見による法廷意見の基礎づけは、この立場からのものである。

侮辱罪における「人」に法人格をもたない団体を含むかに関して、本判例からは結論を引き出せないけれども（中村補足意見は「法人等の団体」とする）、単一の社会的評価が可能な団体ならば、法人格の有無にこだわる必要はないのかもしれない（学校法人としての法人格を有しない各種学校に対する侮辱罪の成立を認めた裁判例として、大阪高判平成23・10・28 LEX/DB 25480227）。

▼**評釈**——川口浩一・百選Ⅱ22

事実の摘示と公共の利害……月刊ペン事件

32　最1判昭和56・4・16刑集三五巻三号八四頁

関連条文　二三〇条一項・二三〇条の二

私生活上の事実は「公共の利害に関する事実」にあたりうるか。

事　実　雑誌『月刊ペン』誌の編集局長である被告人甲は、同誌上に、巨大宗教団体A会に関する連続特集を組み、同会の絶対的指導者で、公私ともにその言動が信徒の信仰などに重大な影響を与えるA会会長Bの女性関係につき、「その雑多な関係が病的であり、色情狂的でさえある」だとか、前K党議員で現在落選中の「T子とM子」はBの「お手付き情婦」だとかという旨の記事を執筆掲載した。記事は不確実な噂・風聞をそのまま取り入れているだけでなく、元米軍情報機関関係者を自称する者からの書面に記載されている文章を、同人の身元の確認等を含む適切な調査もしないでそのまま転写している個所も少なくない。各号とも約三万部が、月刊ペン社における直接頒布のほか、多数の書店において頒布販売された。

第一審、第二審とも、本件摘示事実は公共の利害に関する事実にあたらないとして、二三〇条の二の適用を否定した。甲側が上告。

裁判所の見解　上告棄却。職権により破棄差戻。「私人の私生活上の行状であっても、そのたずさわる社会的活動の性質及びこれを通じて社会に及ぼす影響力の程度などのいかんによっては、その社会的活動に対する批判ないし評価の一資料として、その公共性が認められる場合」があり、本件摘示事実は公共の利害に関するものと解するのが相当である。「なお、公共の利害に関する事実にあたるか否かは、摘示事実じたいの内容・性質に照らして客観的に判断されるべきものであり、摘示の際の表現方法、事実調査の程度などは公益目的の有無の認定等に関して考慮されるべきである。」

解　説　真実性の証明による免責（二三〇条の二）が適用されるには、摘示事実が公共の利害に関するものでなければならない。戦前の出版法や新聞紙法は「私行ニ渉ルモノ」を免責対象から除外していたが、現行法にはそのような限定はなく、したがって、社会的に影響のある人に関する事実は、たとえ私生活にわたることであっても、彼の社会的活動に関して人びとが評価・批判をするための資料になるかぎりでは、公共性を認めてよい。本決定はまずこの点を確認している。ただ、醜聞記事が読者の下世話な興味をかきたてるものでしかないような場合には、事実の公共性が欠けるのだとする見解もかつては有力で、原判決はこの立場に立っていた。本決定はこの解釈を否定し、表現方法や調査の有無・程度といった事情は、事実摘示の目的の公益性を判断するに際して取り上げられるべきものだとした。

▼**評釈**――臼木豊・百選Ⅱ20

真実性の錯誤……夕刊和歌山時事事件

33　最大判昭和44・6・25刑集二三巻七号九七五頁

関連条文　二三〇条一項・二三〇条の二

真実性の証明に失敗した場合にもなお免責の余地はあるか。

事実　被告人甲は、自らが発行する夕刊紙「夕刊和歌山時事」に、同業者Aの批判記事を執筆した。その中には、A本人、または、同人に指示された記者が和歌山市役所の某課長に向かって「出すものを出せば目をつむってやるんだが」云々と聞こえよがしの捨てぜりふを吐いた上、今度は上層の某主幹に向かって「しかし魚心あれば水心ということもある、どうだ、お前にも汚職の疑いがあるが、一つ席を変えて一杯やりながら話をつけるか」とすごんだ旨の記事があった。甲が資料にしたのは、部下の編集長ほか従業員による取材メモ、あるいは口頭報告だけだった。甲側は真実性の誤信を理由に故意を争ったが、第二審は先例である最1判昭和34・5・7（30決定）に従い、これを斥けた。甲側が上告。

裁判所の見解　破棄差戻。真実性の証明に失敗した場合でも、行為者が摘示事実を真実であると「誤信したことについて、確実な資料、根拠に照らし相当の理由があるときは、犯罪の故意がなく、名誉毀損の罪は成立しない」として、判例を変更した。その上で、本件証言は、真実性の証明においては伝聞法則により排除されるとしても、「相当の理由」の判断においては、証拠能力が認められるとした。

解説　真実性の証明は、厳格な証明により、合理的な疑いを容れない程度に証明されなければならないとするのが、判例である。けれども、記事を書く際に、あたかも検察官が犯罪事実を立証するのと同程度の取材をせよというのは過剰な要求であろう。たとえ確実な証言が得られたとしても、取材源秘匿義務があるために証人申請できないときには、被告人側にとって真実性の証明は絶望的である。

そこで、「名誉の保護と表現の自由の保障との調和」という本条の趣旨を及ぼし、行為者が裁判で真実性の証明に失敗した場合でも、彼が合理的な資料にもとづいて真実と考えて問題の行為に及んだのならば、なお免責の余地を認めるべきだとするのが一般的である。

そのための理論構成として、本判決は、そのような場合には故意が阻却されるとした。ということは、二三〇条の二の法的性格は、これを処罰阻却事由とする立案当局者の見解に相違して、犯罪成立阻却事由と解されることになる。判例理論は、真実性の誤信を違法性阻却事情の錯誤として、いわゆる故意説ないしは制限責任説の立場から故意を阻却するもののようである。ただし、摘示事実を単に真実と思いなしただけでなく、そのことに「相当の理由」があるといえる程度には、「確実な資料、根拠」が客観的に存在することを要求している。

▼**評釈**――佐久間修・百選Ⅱ21

公務に対する業務妨害(1)

34 最2決平成12・2・17刑集五四巻二号三八頁

関連条文 二三三条後段・二三四条

公務は「業務」にあたるか。

事実 被告人甲は、町長選挙の立候補の届出をすると称して町役場内の受付会場に赴き、受付順位決定くじの方法の変更を執拗に要求してこれに応じさせる、突然、立候補予定者は自分も含めて二〇名近くいると言い出して係員にその対応をさせる、くじをなかなか引かない等の遅延行為に及んだ。受付順位決定後、甲は、一時間以上経過しても立候補届出書類に記載をしようとせず、そこで、選挙長が候補者一人あたりの制限時間を設け、これを経過した場合に順位を順次繰り下げる措置をとったけれども、甲はそれでも書類を提出しようとせず、結局、一名の立候補を届出ただけで退出した。また、衆議院議員総選挙があった時にも、甲は県庁内の受付会場で、類似の遅延行為に及んだ。第一審、第二審とも、選挙長の上記立候補届出受理事務は被告人らに対して「強制力を行使する権力的公務」ではないとして、業務性を肯定し、偽計および威力業務妨害罪の成立を認めた。第二審は、その理由として、選挙長が妨害者に対して「物理的な実力を行使することができる旨の法令上の根拠はない」ことを挙げている。甲側が上告。

裁判所の見解 上告棄却。選挙長の立候補届出受理事務は強制力を行使する権力的公務ではないから、二三三条、二三四条にいう「業務」にあたる。

業務妨害罪にいう「業務」とは、人が職業その他社会生活上の地位にもとづき継続しておこなう事務または事業だが、公務が「公務員としての地位にもとづき継続しておこなう事務」として、業務にあたるか否かは、従来争われてきた。公務執行妨害罪が行為手段を公務員への暴行・脅迫に限定しているので、この問題は、暴行や脅迫に至らない威力や偽計による公務妨害が本罪で捕捉可能かどうかに関わる。

解説 判例は当初消極説に立っていたが、戦後、非権力的・民間業務と通有性のある公務は業務にあたるとされた（リーディング・ケースとして、旧国鉄の石炭輸送業務に関する最2判昭和35・11・18刑集一四巻一三号一七一三頁）。もっとも、非権力性は「個別具体的な公務につき妨害者に対して強制力を行使できるかどうか」に照らして判断される傾向にあった。その後、最高裁は、県議会での条例採決等の事務につき、それが強制力を行使する権力的公務ではないから業務にあたる、とするに至った（最1決昭和62・3・12刑集四一巻二号一四〇頁）。

本決定も、強制力の有無に着目するが、第二審のごとく、強制力を「物理的な実力」に限定するものではなく、さらに、偽計業務妨害罪に関しても同様の判断がなされることを明らかにした点に意義がある。

▼**評釈**——塩見淳・百選Ⅱ23

公務に対する業務妨害(2)……新宿駅西口「動く歩道」事件

35 最1決平成14・9・30刑集五六巻七号二三九五頁

関連条文　二三四条、道路七一条一項

①公務は「業務」にあたるか。②法的瑕疵のある公務は業務妨害罪による保護に値するか。

事実　新宿駅西口地下通路に「動く歩道」を設置することを計画した東京都は、当該通路に段ボール小屋を置いて起居する路上生活者に対し、事前通告と臨時保護施設提供の案内をして、自主的に退去するよう促したうえで、路上生活者の退去後に残された段ボールやごみ等を撤去する作業等の環境整備工事を実施することにした。これを察知した被告人甲らは、当日、工事現場にバリケードを構築して、その内側に約一〇〇名で座り込みをして待ち受けた。予想外の事態に直面した都職員は自主退去などを勧告したが、応じなかったので、バリケードは都職員からの指示を受けた警備員が撤去し、座り込みをやめようとしない者も、都の要請により派遣されていた警察官に一人ずつ引き抜かれて排除された。工事の着手は遅れたものの、段ボール小屋は全部撤去された。

第一審が本件工事が業務にあたらないこと等を理由に、無罪を言い渡したのに対して、第二審は威力業務妨害罪の成立を認めた。甲側が上告。

裁判所の見解　上告棄却。①本件工事は自主的退去後に残った段ボール小屋等を撤去することなどを内容とするものだから、強制力を行使する権力的公務ではない。②本件工事が路上生活者の意思に反するものではあるものの、段ボール小屋の撤去によってこうむる財産的不利益はごくわずかであること、居住上の不利益への一応の対処や事前の周知活動もなされていたこと、本件では行政代執行等の手続をとるのは実効的ではなく、結果的に路上生活者の意思に反して段ボール小屋を撤去するに及んだのは、やむをえない事情にもとづくものであり、業務の要保護性を失わせるような法的瑕疵は認められない。

解説　①については、34決定も参照。本決定は、本件工事を警察官等による妨害排除措置を切り離して観察することで、その業務性を肯定したものである。これに関しては、37判決も参照。②業務は刑法的保護に値するものでなければならない。本罪で問題になっているのは、基本的には、「私人と私人のあいだで、一方の意思活動の自由がどこまで保護されるか」だから、公務執行妨害罪とちがって、公法上の適法性は必ずしも要求されない。ただし、公務員は「全体の奉仕者」(憲法一五条二項)として業務をおこなう以上、純然たる私人とちがい、公法上の適法性も一定程度要求されてしかるべきものと解される。本決定は、重大な法的瑕疵の存在が、公務の業務としての要保護性を失わせるとの判断を示したものである。

▼**評釈**――曲田統・百選Ⅱ24

マジックホンの設置と偽計業務妨害罪

36 最3決昭和59・4・27刑集三八巻六号二五八四頁

関連条文 二三三条後段

偽計業務妨害罪における妨害の成否。

事実 被告人甲は、受信側電話機に取りつけると、発信側電話機の度数計が作動しなくなるため発信側の電話料金がかからなくなるという「マジックホン」なる機器を、自社の事務所に設置された日本電信電話公社（当時）の加入電話に数か月間取り付けた行為が、同公社の通話料金課金業務を妨害したとして、偽計業務妨害罪により起訴された。甲側は、マジックホンの設置、使用は電話サービスを不正に無償で取得する行為であり、公社の業務を妨害したのではないと主張したが、第一審、第二審とも同罪の成立を認めた。甲側が上告。

裁判所の見解 上告棄却。本件行為が偽計業務妨害罪にあたるとした原判断は、正当である。

解説 業務妨害罪は、行為手段を偽計、風説の流布、威力に限定している。偽計の意義については争いがあるものの、人を錯誤に陥らせるものに限らず、人を誘惑したり、人の錯誤・不知を利用したりすることも「偽計」にあたるというのが多数である。マジックホンの設置は、機械の作動を誤らせたにすぎず、人の意思に働きかけるものではないけれども、「度数計が正常に作動している」という錯誤を利用し、担当事務員をして、電話通信の利用の把握、通話料金の計算、課金の事務を誤らせる行為とみることができる。偽計が成立することに大きな問題はない。

ここで問題なのは、マジックホン設置の前後で担当事務員の上記作業じたいには変わりがないということである。というのも、業務妨害罪を判例のように危険犯と解するとしても、本罪の構成要件的結果たる「妨害の危険」は、業務に外形的混乱や障害をきたしうることを要するからである。例えば、カンニングや替え玉受験は、それが発覚しないかぎり本罪を構成しない。

学説では、本罪を経営基盤に対する危険を生じさせる罪だとか、一定の範囲で利益窃盗を捕捉するものだとみる見解もおこなわれているけれど、本罪の保護法益を意思活動の自由に求める通説的見解を維持しながら判例の正当化を試みるならば、「判断の過誤が積み重なるうちに、相手方が異変に気づき、それにより業務の遂行が滞らないともかぎらない」という点に「業務妨害の危険」を見出すことになるものと思われる（なお、複数人で適宜交代しながら、正規の客をよそおい、ＡＴＭ機を一時間半以上占拠し続けた事案に本罪の成立を認めた例として、26決定。

▼**評釈**――明照博章・百選Ⅱ25

虚偽の犯罪予告と偽計業務妨害

37　東京高判平成21・3・12判タ一三〇四号三〇二頁

関連条文　二三三条後段

警察官の職務は偽計業務妨害罪にいう「業務」として保護されうるか。

事　実　被告人甲は、インターネット掲示板に、一週間以内に駅で無差別殺人を実行する旨の犯行予告を書き込んだところ、同掲示板を閲覧した者が警察に通報し、翌朝から次の日まで、所轄警察署の職員八名が当該駅構内およびその周辺等に出動し、警戒等にあたった。ところが、上記書き込みは虚構で、出動した警察官らは、甲の予告さえ存在しなければ遂行していたはずの警ら、立番その他の職務を妨害されたことになった。第一審の有罪判決に対して、甲側が控訴。

裁判所の見解　控訴棄却。判例における「強制力を行使する権力的公務」が業務にあたらないとされるのは、威力や偽計程度の妨害行為は強制力による排除が可能だからである。虚偽の犯罪予告は、直接虚偽の通報をするのと同様、直ちにその虚偽であることを看破できないかぎり、警察は徒労の出動・警戒を余儀なくさせられるのであり、妨害された公務の中に逮捕状による逮捕等の強制力を付与された権力的公務が含まれていたとしても、当該強制力は本件妨害行為に対して行使し得る段階にはなく、したがって、そのような公務を含む「全体が」偽計業務妨害罪にいう業務にあたる。

解　説　「公務が業務に含まれるか」の問題に関して、従来、争いがないと思われてきたのは、警察官の事務が業務にあたらないということだったけれども、近時の裁判例は、本判決のごとく虚偽通報の事例で業務妨害罪の成立を認める。本判決においては次の二点が特徴的である。

第一、本判決は、警察官の事務もその内容によっては「強制力を欠いた非権力的公務」にあたりうるかのように判示する。この点、判例理論は、問題の公務が国民に対する権力作用を営むものかどうかを抽象的に問うのではなく、個別具体的な事務に強制力が付与されているかどうかを問う。35決定における「環境整備工事」も、抽象的には、個人の財産権への干渉であるのは否めないけれども、「自主的退去後に残された段ボール小屋等の撤去作業」と具体的・限定的に規定することで、業務性が肯定された。本判決も、この判例理論をふまえて、権力的公務となりうる個別的事務を、現実の事務ではなく、「虚偽通報がなかったら遂行していただろう」という仮定的事務に求めた。

第二、強制力を行使する公務が業務にあたらないのは、「威力や偽計程度の妨害は甘受すべきだから」ではなく、「問題の妨害行為を自力で排除できるからだ」とされている。したがって、本判決によれば、逮捕状による逮捕等に付与された「強制力」は虚偽通報という妨害を乗りこえられないから、偽計業務妨害罪の成立を認めて差し支えないのだ、と。

信用の意義

38 最3判平成15・3・11刑集五七巻三号二九三頁

関連条文 二三三条前段

信用毀損罪にいう「信用」は、人の支払能力やまたは支払意思に対する信頼に限られるか。

事実 被告人甲は、コンビニエンスストアで買った紙パック入りオレンジジュースに洗剤を注入し、子供が異物の混入したジュースを飲んだ等の旨の虚偽申告を警察に対してした。警察では、すぐさま記者発表をおこない、当該コンビニエンスストアで販売したジュースに異物が混入していたという内容の新聞記事が店の名前入りで載った。甲側は、信用毀損罪にいう「信用」とは、人の支払能力または支払意思に対する他人の信頼をいうから、他人の商品が粗悪不良であるという虚偽の事実を流布したような場合は本罪を構成しないと主張したが、一審はとくに理由を述べることなくこれを斥け、二審は、信用毀損罪の目的が、人の経済的側面における価値を保護することにあることを理由に、「信用」とは、上記の信頼に限らず、「扱う製品の質、アフターサービスの良否、経営姿勢等を含んだ人の経済生活上の評価」であるとの判断を示した。甲側が判例違反を理由に上告。

裁判所の見解 上告棄却。刑法二三三条が定める信用毀損罪は、経済的な側面における人の社会的な評価を保護するものであり、同条にいう「信用」には、人の支払能力または支払意思に限らず、「販売される商品の品質に対する社会的な信頼も」含まれるとして、大審院判例（大判大正5・12・18刑録二二輯一九〇九頁、大判8・4・12刑集一二巻五号四一三頁）を変更し、二審判決を維持した。

解説 信用は人の支払能力または支払意思に対する信頼をいうとするのが、かつての判例であったが、これに対して、学説では、商品の品質や人の技量などについての信頼も含まれるとする見解がおこなわれており、本判決をもって、判例は信用を広く、「人の経済的側面に関する社会的評価」と解するに至った。

このように解した場合、本罪と偽計業務妨害罪の区別は微妙になる。というのも、営業上の「信用」の毀損は、営業――これは「業務」にあたる――の妨害の危険をもたらすものでもあるからである。もっとも、両罪とも二三三条が適用されるため、これは議論の実益に乏しい。

他方で、信用の範囲を広げることで、人の経済的活動における社会的評価は、摘示事実の真否を問わず人の社会的評価を保護する名誉毀損罪ではなく、信用毀損罪による保護の対象になった。したがって、法人の営業のように、個人の人格に関わらない営業に関しては、「虚名」は保護されないことになる。

▼**評釈**――内海朋子・現刑六一号

窃盗罪の保護法益

39 最3決平成1・7・7刑集四三巻七号六〇七頁

関連条文　二三五条・二四二条

二四二条の「占有」は、権原に基づくものに限られないか。

事実　被告人甲は、いわゆる買戻約款付自動車売買契約の形をとって融資を行っていた。その契約書の内容は、借主が自動車を融資金額で甲に売渡してその所有権と占有権を甲に移転し、返済期限に相当する買戻期限までに融資金額に一定の利息を付した金額を支払って買戻権を行使しない限り、甲が自動車を任意に処分することができるというものであったが、契約当事者間では、契約後も借主が自動車を保管・利用することが当然の前提とされていた。甲は、返済期限の翌日未明または数日中に、借主が従前どおり保管・使用していた自動車を、承諾なく引き揚げた。原判決が甲に窃盗罪を肯定したのに対して、弁護人は、買戻権喪失後に当該自動車を引き揚げるのは当然の行為であって、窃盗罪を構成しないとして上告。

裁判所の見解　上告棄却。「被告人が自動車を引き揚げた時点においては、自動車は借主の事実上の支配内にあったことが明らかであるから、かりに被告人にその所有権があったとしても、被告人の引揚行為は、刑法二四二条にいう他人の占有に属する物を窃取したものとして窃盗罪を構成するというべきであり、かつ、その行為は、社会通念上借主に受忍を求める限度を超えた違法なものというほかはない。したがって、これと同旨の原判決の判断は正当である。」

解説　買戻約款付自動車売買契約の実質は、自動車を担保とする金員の貸付であると考えられるから、そもそもその契約によって自動車の所有権が移転したと考えられるかは一つの問題である。しかし、本決定はそのような民事上の権利関係に関する判断を回避したまま、言い換えれば、借主の「占有」の適法性について検討することなく、借主の「事実上の支配内にあった」ことから直ちに窃盗罪を肯定しているものであり、二四二条の「占有」につき何らの権原も要求しない所持説の立場を明確にしているものと位置付けることができる。また、本決定は、「社会通念上借主に受忍を求める限度」内であれば、違法性が阻却される可能性を示しており、この点も、構成要件該当性を広く肯定したうえで、特段の事情がある場合には一般的な違法阻却として考慮するという所持説の枠組みとして理解することができる。

もっともこの事案は、原判決において、買戻約款付自動車売買契約自体につき無効あるいは取消の可能性が存在したこと、仮に契約が有効であったとしても、借主の買戻権が喪失していなかった可能性があること、などが指摘されていることから、本権説の立場に立ったとしても、窃盗罪の成立を肯定する可能性が充分残されていた事案であるとも考えられる。

▼**評釈**――上嶌一高・百選Ⅱ26、島田聡一郎・判プラⅡ163

窃盗罪と委託物横領罪の限界

40 東京高判昭和59・10・30判時一一四七号一六〇頁

関連条文 二三五条・二五二条

施錠していないかばんの看視を一時他人に依頼した場合、かばんの在中物の占有は委託者にあるか、受託者にあるか。

事実 新聞専売所の従業員である被告人甲は、従業員が自由に出入りする同専売所食堂において、集金を終えて戻って来た同僚のAが近所の弁当屋まで夕食を買いに行く間、現金の入った集金かばんを預かった。甲は、Aが外出して間もなく、現金一七万三二〇〇円を抜き取って逃走した。原判決は、甲に常習累犯窃盗（盗犯三条・二条、刑二三五条）の成立を肯定し、懲役三年に処した。弁護人は横領罪の成立を主張するとともに、量刑不当を争って控訴した。

裁判所の見解 破棄自判（原判決の量刑が重すぎるとして懲役二年八月に処したが、窃盗罪の成立については原判決を維持）。集金かばんを預かった甲には、その在中物である現金に対して事実上の支配がある程度及んでいたことは否定しえないが、僅か二百数十m離れた店に弁当を買いに行って帰るまでの約三〇分の間、人が自由に出入りする場所で看視するとの趣旨で預かったものであり、また、右集金かばんは、施錠されていなかったとはいえ、上蓋の止め金はかけられていて、甲がその在中物を取り出すことは許されていたものではないから、甲が右現金に対し排他的な事実上の支配をしていたものとは到底認めることはできず、Aにおいてなお右現金につき実質的な事実的支配を有していたものと認められる。

解説 本判決は、結論としてAにかばんの在中物たる現金の占有が存在することを認め、甲に窃盗罪を肯定したが、そこでは二つの観点からの理由付けがなされている。第一は、Aが近所に弁当を買いに行くわずかの時間だけ、出入りの多い場所にて看視する趣旨で預けたに過ぎないから、いまだ占有はAにあるというものである。ここでは、近距離・短時間の外出であることから、客観的にAの実質的支配の継続が肯定されると同時に、あくまでも自分の占有が害されないように「看視」を依頼しただけである点にかんがみ、Aの占有意思も肯定されているものと理解できる。

第二の理由付けは、本件かばんは施錠されていなかったが、上蓋だけは閉まっていてその止め金もかけられていたから、甲においてその在中物を取り出すことは許されないというものである。この点は、封緘物を委託した場合に、在中物については委託者に占有が残るという理屈と類似している。これは、かばん全体につきAの占有が継続していると考えれば必要のない議論であるが、本判決の事案では、そもそもその点が微妙であったために、少なくとも在中物の占有についてはAに存在することを重ねて確認している趣旨と理解できよう。

▼**評釈**――平山幹子・百選Ⅱ27

窃盗罪と占有離脱物横領罪の限界

41 最3決平成16・8・25刑集五八巻六号五一五頁

関連条文 二三五条・二五四条

公園のベンチ上に置き忘れられたポシェットに、持ち主の占有が認められるか。

事　実　駅近くの公園のベンチで、傍らにポシェットを置いて友人と話し込んでいたAは、ポシェットを置き忘れたまま、友人を駅まで送るためにその場を離れた。その様子をうかがっていた被告人甲は、Aらがベンチから約二七mの距離にある歩道橋の階段踊り場まで行った時、ポシェットを取り上げ、それを持って公園のトイレに入り、ポシェットから現金を抜き取った。Aは、約二〇〇m離れた駅改札まで二分ほど歩いたところで気付き、走って戻ったが既にポシェットはなくなっていた。第一審判決が窃盗罪を肯定したのに対して、弁護人は占有離脱物横領罪を主張して争ったが、第二審も窃盗罪を肯定したため、甲が上告した。

裁判所の見解　上告棄却。「被告人が本件ポシェットを領得したのは、被害者がこれを置き忘れてベンチから約27mしか離れていない場所まで歩いて行った時点であったことなど本件の事実関係の下では、その時点において、被害者が本件ポシェットのことを一時的に失念したまま現場から立ち去りつつあったことを考慮しても、被害者の本件ポシェットに対する占有はなお失われておらず、被告人の本件領得行為は窃盗罪に当たるというべきである。」

解　説　「占有を離れた他人の物」を領得しても占有離脱物横領罪に過ぎないが、他人の占有下にある物を領得すれば窃盗罪となるため、本件のような一時的な置き忘れ事例については、被害者の占有の有無が大きな問題となる。被害者の占有の有無に関する判断は、理論的には領得行為時点を基準とすべきものであるが、置き忘れ事例では、領得時点を特定することが困難な場合も多く、少なくとも被害者が気付いて戻るまでの間に奪われたという事実を前提に、被害者が現場から最も離れた距離と戻るまでの時間を認定して占有の有無を判断する判例が多い（例えば、バス待ちの間にカメラを置き忘れた事例に関する最2判昭和32・11・8刑集一一巻一二号三〇六一頁参照）。本件第二審判決も、それらの判例と同じく、被害者が気付いた時点の距離と戻るまでの時間を問題としていたのに対し、本決定は、あえて第二審が判断していない「領得時」における時間的・場所的近接性を認定した点が大きな特徴となっている。すなわち、領得行為時点が特定できる場合には、その時点を基準に被害者の占有の有無を判断すべきとする立場を明示した点に、本決定の大きな意義があるといえよう。占有の有無の判断にあたって、時間的・場所的近接性以外に、どのような要素が考慮されるかについては、なお検討を要する。

▼**評釈**――小田直樹・百選Ⅱ28、穴沢大輔・判プラⅡ183

ゴルフのロストボールの占有

42 最3決昭和62・4・10刑集四一巻三号二二一頁

関連条文　二三五条

ゴルフ場内の人工池に沈んだロストボールに所有・占有が認められるか。

事実　被告人甲は、共犯者一名とともに、鉄製の熊手や網袋・麻袋などの用具を用意したうえ、栃木県内にある三つのゴルフ場に忍び込み、夜間、ウエットスーツやゴム製足袋を着用して池の中に入り、Aゴルフ場では八一二個、Bゴルフ場では約四〇個、Cゴルフ場では約四三二個のロストボールを拾い上げ、これを自動車に積載して持ち去った。第一審判決は、甲に窃盗罪を肯定し、第二審もこれを維持したところ、弁護人は、ロストボールは無主物であって窃盗罪の客体とはならない旨を主張して上告した。

裁判所の見解　上告棄却。「被告人らが本件各ゴルフ場内にある人工池の底から領得したゴルフボールは、いずれも、ゴルファーが誤って同所に打ち込み放置したいわゆるロストボールであるが、ゴルフ場側においては、早晩その回収、再利用を予定していたというのである。右事実関係のもとにおいては、本件ゴルフボールは、無主物先占によるか権利の承継的な取得によるかは別として、いずれにせよゴルフ場側の所有に帰していたのであって無主物ではなく、かつ、ゴルフ場の管理者においてこれを占有していたものというべきであるから、」窃盗罪の成立を肯定した原判断は、正当である。

解説　本件では、いわゆるロストボールに対する所有と占有の有無が問題となっている。まず、当該ボールの本来の所有・占有者であったゴルファーは、通常その回収を諦め、所有を断念したものと考えられる。そこで、ロストボールがいったん無主物となることを前提に、先に「所有の意思をもって占有」した者が所有者になるとして（民二三九条）、甲は、池から拾い上げた時に自らの所有に帰したと主張した。しかし、一・二審判決は共に、甲よりも先にゴルフ場が所有の意思をもって占有したと認定して、ゴルフ場の所有に帰すると判断した。一般に、食堂や旅館などの施設管理者には、その施設内に存在する物に対する占有を肯定することができるとされるが、ゴルフ場のような広大な施設においてもその理が当然に通用するかは一つの問題である。本件はあくまでも一定の管理が肯定できる池という限定された部分での判断であろう。

また、本決定は、「無主物先占によるか権利の承継的な取得によるかは別として」とあえて言及し、ゴルファーからの承継取得の余地も認めている点が注目される。無主物先占によるよりも、承継取得として構成した方が、ゴルフ場の所有・占有を肯定しやすいとの判断が働いているものと推測される。

▼**評釈**──林美月子・昭和62年重判（刑法6）、若尾岳志・判プラⅡ187

封緘物の占有

43 最1判昭和32・4・25刑集一一巻四号一四二七頁

①縄掛け梱包された行李は、封緘物か。②封緘物を委託した場合、在中物の占有は委託者にあるか、受託者にあるか。

事　実　被告人甲は、同じアパートに居住するAから、同人所有の衣類を入れて縄掛け梱包した行李一個の寄託を受けていたところ、自己が他から金借する質種に供する目的で梱包を解き、四回にわたって、オーバーや着物など計二〇点の衣類を右行李から取り出した。第一審および第二審が窃盗罪を肯定したのに対し、弁護人は、被害物品の占有は被告人にあるから窃盗罪にはならないとして上告した。

裁判所の見解　上告棄却。「本件のごとく被告人が他人からその所有の衣類在中の縄掛け梱包した行李一個を預り保管していたような場合は、所有者たる他人は行李在中の衣類に対しその所持を失うものでないから、被告人が他から金借する質種に供する目的で擅に梱包を解き右行李から衣類を取出したときは、衣類の窃盗罪を構成し横領罪を構成しない。」

解　説　本判決における行李については、甲が預かって保管していたものであるから、明らかに甲の占有下にあるが、それでもなお、その在中物たる衣類の占有はAにあるとするのが、本判決の判断である。このような判断は、封印や施錠をするなどして容易に開封することができないようにした、いわゆる封緘物に関する判例において見られるものである。たとえば、重油船の船長が、蓋に封印のある船倉と封印のない船倉からそれぞれ重油を汲み取った行為について、前者を窃盗罪、後者を業務上横領罪とした大判昭和14・5・25刑集一八巻二九四頁の判断に端的に示されているように、判例は一般に、封印がなければ目的物の占有が受託者に移転していると判断されるような場合であっても、封印が施されている限り、中身の占有は委託者に残ると解している。封印によって、委託者が中身についての支配力を維持し続ける一方、受託者は中身について自由に処分し得る状態にないことを根拠とするものである。もっとも、このような判断に対しては、封緘物全体を領得すれば横領罪になる反面で、中身だけを領得すれば窃盗罪になるという不均衡が指摘されるところではある。

ところで、そもそも本件の縄掛け梱包が、いわゆる封緘にあたるかも問題となろう。判例においては、封印を施さない風呂敷包みに在中の呉服類につき、委託者の占有を否定したもの（大判明治31・1・18刑録四輯一巻四頁）があるが、本件はそれに比して、委託者に強度の支配が認められたものと解される。封緘物にあたるか否かは、具体的事案における委託の趣旨を個別に判断する必要があろう。

▼**評釈**——山本紘之・判プラⅡ203

関連条文　二三五条・二五二条

死者の占有

44 最2判昭和41・4・8刑集二〇巻四号二〇七頁

関連条文 二三五条・二五四条

人を殺害した後にはじめて財物を領得する意思を生じ、死者から財物を奪った場合に、窃盗罪が成立するか。

事実 被告人甲は、帰宅途中のAに暴行を加え姦淫した後、犯行の発覚を恐れてAの頸部を両手で絞めて窒息死させ、穴を掘って死体を遺棄した。死体を埋没する際、甲はAの腕から腕時計をもぎ取った。第一審は、強姦罪、殺人罪、死体遺棄罪、窃盗罪の成立を認め、甲に死刑を言い渡し、第二審もそれを維持した。甲は、腕時計をもぎ取った点については、占有離脱物横領罪に当たるなどと主張して上告した。

裁判所の見解 上告棄却。「被告人は、当初から財物を領得する意思は有していなかったが、野外において、人を殺害した後、領得の意思を生じ、右犯行直後、その現場において、被害者が身につけていた時計を奪取したのであって、このような場合には、被害者が生前有していた財物の所持はその死亡直後においてもなお継続して保護するのが法の目的にかなうものというべきである。そうすると、被害者からその財物の占有を離脱させた自己の行為を利用して右財物を奪取した一連の被告人の行為は、これを全体的に考察して、他人の財物に対する所持を侵害したものというべきであるから、右奪取行為は、占有離脱物横領ではなく、窃盗罪を構成するものと解するのが相当である。」

解説 初めから財物を得る目的で人を殺害すれば強盗殺人罪となることで争いはないが、当初は財物領得意思がなく、殺害後にその意思を生じた場合については見解が分かれる。本判決は、占有離脱物横領罪説を否定し、窃盗罪の成立を認めたうえで、その理論的根拠を示している点に意義がある。

窃盗罪を肯定する理屈としては、正面から「死者の占有」を肯定することも考えられるが、人は死亡によって物に対する事実的な支配も、支配の意思も失うと考えられることから、死者の占有を正面から肯定することには否定的な見解が強い。その点、本判決は、「野外」という状況であることも意識して、「犯行直後」「その現場において」という相当厳しい限定を付したうえで、被害者が「生前有していた所持」を死亡直後も継続して保護するとしており、少なくとも文言上は「死者の占有」を正面から肯定したものではないと理解できよう。しかし、そのような時間的・場所的な限定が、「全体的考察」によってどこまで広がり得るのかについては不明確であり、とりわけ室内で殺害した場合には、野外に比して長時間の経過後も窃盗罪の成立が肯定される傾向があり（殺害四日後の奪取に窃盗罪を肯定した東京高判昭和39・6・8判時三七八号一五頁参照）、時間的・場所的近接性の判断基準の明確化が待たれる。

▼**評釈**――小島陽介・百選Ⅱ29、山本紘之・判プラ193

窃盗の意義(1)

45　最2決平成19・4・13 刑集六一巻三号三四〇頁

関連条文　二三五条

専らメダルの不正取得を目的とした電子機器を身体に装着してパチスロ機で遊戯する行為が窃盗罪にあたるか。

事　実　被告人甲は、パチスロ機の大当たりを連続して発生させる絵柄をそろえるためのボタンの押し順を判定できる「体感器」と呼ばれる電子機器を身体に装着したうえで、不正取得の機会をうかがいながら遊戯を行い、大当たりを連続して発生させることに成功するなどし、合計約一五二四枚のメダルを取得した。第一審および第二審が窃盗罪を肯定したのに対し、甲は本件遊戯行為が窃盗罪に当たらない旨を主張して上告した。

裁判所の見解　上告棄却。専らメダルの不正取得のために本件機器を使用する意図で、これを身体に装着し機会をうかがいながらパチスロ機で遊戯すること自体、通常の遊戯方法の範囲を逸脱するものであり、パチスロ機を設置している店舗が許容していないことは明らかである。そうすると、被告人が本件パチスロ機で取得したメダルについては、それが本件機器の操作の結果取得されたものであるか否かを問わず、被害店舗のメダル管理者の意思に反してその占有を侵害し自己の占有に移したものというべきであり、取得したメダル全体につき窃盗罪の成立を認めた原判断は、正当である。

解　説　本件で問題となった体感器は、パチスロ機に対して直接不正な工作を行うものではなく、体感器と遊戯機の間に行為者の遊戯行為が介在するため、遊技機に直接的・物理的影響を与えてその結果として不正にメダルを取得した場合に比べて、窃取性が明確ではない。この点、本決定は、それが「通常の遊戯方法の範囲を逸脱」しており、「店舗が許容していない」ことを理由に窃盗罪にあたると判断した。ただし、本決定が、店の意思に反するすべての遊戯行為に対して窃盗罪を肯定する趣旨であるとは断定できず、むしろ店の意思に反する遊戯行為のうち「通常の遊戯方法」を逸脱した場合のみに限定する趣旨であるとの理解も可能である。

窃盗罪の成立範囲につき、本決定は、「本件機器の操作の結果取得されたものであるか否かを問わず」、甲が取得したメダル全体について窃盗罪を肯定した。しかし、体感器が実際に作用を及ぼす以前の遊戯行為により取得した分のメダルにも窃盗罪が成立するかについては見解が分かれるところである。

なお、景品との交換を予定したメダルは一時使用の目的で取得したものであるから、不法領得の意思を欠くのではないかという点も問題となるが、この点については、不法領得の意思を肯定するのが判例の一貫した立場である。

▼**評釈**——内田幸隆・平成19年重判（刑法7）、一原亜貴子・判プラⅡ207

窃盗の意義(2)

46 最1決平成21・6・29刑集六三巻五号四六一頁

関連条文 二三五条・六〇条

共同正犯者の犯行を隠ぺいするために隣のパチスロ機で通常の方法により遊戯していた場合に、通常の遊戯方法で取得したメダルについても窃盗罪が成立するか。

事実　被告人甲は、乙・丙と共謀し、パチスロ機に針金を差し込んで誤作動させるなどの方法（ゴト行為）によりメダルを窃取する目的でパチスロ店に侵入した。乙がゴト行為を行ってメダルを取得する間、甲は店内の防犯カメラ等から乙のゴト行為を隠ぺいする目的で、乙の隣の台において、通常の方法で遊戯しメダルを取得した。甲らは、取得したメダルを併せて換金し三等分して分配する予定であり、犯行発覚時、甲が取得したメダルと乙が取得したメダルは混在していた。原判決は、甲の遊戯行為も本件犯行の一部であって、被害店舗がそのメダルの取得を容認していないとして、乙の取得したメダルに加えて、甲の取得したメダルについても窃盗罪の成立を肯定したため、甲が上告した。

裁判所の見解　上告棄却。「乙がゴト行為により取得したメダルについて窃盗罪が成立し、被告人もその共同正犯であったということはできるものの、被告人が自ら取得したメダルについては、被害店舗が容認している通常の遊戯方法により取得したものであるから、窃盗罪が成立するとはいえない」。しかし、甲は、乙のメダル窃取について共同正犯としての責任を負うことなどに照らして、刑訴法四一一条を適用すべきものとは認められない。

解説　本件では、乙のゴト行為によるメダルの窃取について、甲も乙も共同正犯としての責任を負うことが前提とされているから、争点はもっぱら、目隠し役としての甲の遊戯によって取得されたメダルにまで窃盗罪が成立するか、という点である。その点、本件原判決は、犯行計画全体を考慮したうえで、店舗が許容していないメダル取得であることを重視し、窃盗罪の成立を肯定したのに対し、本決定は、甲の具体的な遊戯方法に着目して、あくまで「通常の遊戯方法」によるメダルの取得であると判断して、窃盗罪を否定した。体感器を利用したメダルの窃取に関する45決定において、解釈の余地を大いに残していた「被害店舗の意思」と「通常の遊戯方法」という判断要素の位置づけと意味内容について、一歩踏み込んだ判断を示した点に、本決定の大きな意義が認められる。

本件において、甲の取得したメダルと乙の取得したメダルが混在していた点につき、客体が不可分であることを理由に全体につき窃盗罪を肯定する考え方もあり得るが、本決定は、甲の遊戯行為によって獲得されたメダルについては窃盗罪の客体から除くことを明言している点が注目される。

▼**評釈**――松原芳博・百選Ⅱ30

使用窃盗と不法領得の意思

47 最2決昭和55・10・30刑集三四巻五号三五七頁

関連条文 二三五条

自動車の無断一時使用に、権利者排除意思が認められるか。

事実 被告人甲は、昭和五四年一二月二八日午前零時頃、広島市内の給油所の駐車場から、A所有の普通乗用自動車を無断で乗り出し、同日午前五時三〇分頃までには元の場所に返すつもりであったところ、同日午前四時一〇分頃、無免許運転により検挙された。所有者Aにおいては、この間、当該自動車を自己使用する意思は全くなかった。第一審判決は、甲に不法領得の意思を認め、窃盗罪と無免許運転の罪を併せて懲役一〇月に処した。第二審もこれを維持したのに対し、弁護人は、使用窃盗である旨と量刑不当を主張して上告した。

裁判所の見解 上告棄却。「被告人は、深夜、広島市内の給油所の駐車場から、他人所有の普通乗用自動車（時価約二五〇万円相当）を、数時間にわたって完全に自己の支配下に置く意図のもとに、所有者に無断で乗り出し、その後四時間余りの間、同市内を乗り廻していたというのであるから、たとえ、使用後に、これを元の場所に戻しておくつもりであったとしても、被告人には右自動車に対する不正領得の意思があったというべきである」。

解説 判例は一貫して窃盗罪の成立に不法領得（不正領得）の意思が必要であるとする立場に立っており、その内容を「権利者を排除して他人の物を自己の所有物としてその経済的用法に従いこれを利用もしくは処分する意思」としている。このうち「権利者排除意思」を窃盗罪の要件とする理由は、使用後に元に戻す意思で一時的に使用したに過ぎない場合を窃盗罪から排除するためであるとされる。しかし、判例は、元に戻すことを前提とした一時的な無断使用についても、すべて不可罰としているわけではない。自動車の例では、本件以前にも、盗品運搬のために他人の自動車を夜間無断で使用し翌朝までに戻しておくことを繰り返していた事案において、たとえ元の位置に戻しておいたとしても不法領得の意思があるとした例（最3決昭和43・9・17判時五三四号八五頁）がある。本決定は、それに引き続き、自動車の一時使用につき不法領得の意思を肯定した例として注目される。もっとも、本件のように、一時使用の間、所有者Aにおいて使用する意思が全くないような場合に、権利者の利用可能性侵害の意思という側面から権利者排除意思を肯定できるかは疑問であり、本件においては、客体たる自動車が高級であったことや、甲が無免許であったことなどから、客体の価値の消耗を伴う利用の意思という側面から権利者排除意思を肯定していると考えられる。その意味では、本件の基準を自動車以外の物の無断一時使用の場合に広く一般化することには注意を要する。

▼**評釈**――日高義博・百選Ⅱ32

返還意思と不法領得の意思

48 広島地判昭和50・6・24刑月七巻六号六九二頁

関連条文 二三五条

服役目的で、窃盗犯人として自首するために他人の財物を持ち去った場合に、不法領得の意思が認められるか。

事実 被告人甲は、窃盗、強盗等の罪による懲役五年の刑期を終了して出所したが、生活に困り、刑務所生活に戻るしか道はないと考え、刑務所に入所するための下着や日用品を買い求めたうえで、盗むものを物色し、派出所から一〇〇m以内の路上に無施錠で止めてあった自動車からステレオパック等を持ち出し、その足で派出所に自首し、被害品を任意提出した。被害品は即日被害者に還付された。

裁判所の見解 無罪。「被告人は刑務所で服役することを企図し、当初から窃盗犯人として自首するつもりで右所為に及んだのであり、そのため直ちに一〇〇メートル以内の近接した派出所に被害品を携えて出頭しこれを証拠品として任意提出したのであるから、経済的用法に従った利用又は処分の意思は全く認めることができないし、自己を窃盗犯人とするためまさしく他人の所有物としてふるまったのであって、自己の所有物と同様にふるまう意思があったといえないことは明白である。のみならず当該物品に対する占有侵害があったとはいえ、それはまさに一時的のことであって、被告人の主観的意図は、即時被害者に返還し首服するというものではないが、即時近接の派出所に出頭自首し任意提出するというものと認められ、一時的にせよ権利者を排除する意思はなかったと解すべきであり、事実被害品は右の過程を経て領置手続の後、即日被害者に仮還付により返還されているのである。そうだとすれば、被告人の前示所為につき不法領得の意思を認め難く、他に以上の認定を左右しうる証拠はない。」

解説 本判決は、服役目的の財物取得行為について窃盗罪を否定した点で注目される裁判例である。本判決は、不法領得の意思のうち、利用処分意思について、「経済的用法」に従った利用処分意思がないことだけを確認しているが、現在の判例の傾向として「経済的用法」という限定がほぼ意味をなさないものに変容していることからすると、説得的な説明とはいい難い。この点、自己の犯行を証明する手段として利用する意思に着目し、利用処分意思を肯定する見解もあり得るところである。また、権利者排除意思については、本判決はより詳細な理由付けをもって否定しているが、この点についても、本人に対する返還ではないことや、警察が直ちに被害物品を被害者に返還できるとは限らないことなどから、不可罰な一時使用とすることに疑問を呈する向きもある。いずれにせよ、どちらか一方の意思が否定されれば窃盗罪は成立しないが、見解の分かれるところであろう。

▼**評釈**——小林憲太郎・判プラⅡ223

犯行隠ぺい目的と不法領得の意思

49 東京地判昭和62・10・6判時一二五九号一三七頁

関連条文 二三五条

犯行発覚防止のため、投棄する目的で財物を取得した場合に、利用処分意思が認められるか。

事実 被告人甲・乙・丙は、Aを殺害後、死体を段ボール箱に梱包した際、犯行が発覚しないように、腐敗しない貴金属類を死体から剥がして死体とは別の場所に投棄することとし、腕時計及び指輪等を被害者の死体から剥がしてビニール袋に入れておき、死体を埋める場所に向かった。ところが、死体を自動車に積む際に一緒に積み込み、死体を埋めていたためか、貴金属類を入れたビニール袋については捨て忘れたまま帰ってしまい、このことに気付いた甲らは、丙にその投棄を委ね、丙は折をみて捨てるつもりで保管していた。その後、丙は腕時計についてはBに質入れさせ、指輪についてはCに投棄を依頼した。甲・乙は、丙が捨てているものと考えていた。

裁判所の見解 有罪。「被告人らは犯行の発覚を防ぐため腕時計等を投棄しようとしてこれらを死体から剥がし、予定どおり投棄に赴いており、その間被告人らが腕時計等の占有を約一一時間にわたり継続したのも専ら死体と一緒に運ぶためであって、場合によってはこれらを利用することがありうると認識していたわけでもないから、被告人らには、未必的にせよ腕時計等から生ずる何らかの効用を享受する意思があったということはできない。本件においては、その後、被告人丙によって腕時計が質入れされる等の事態に至っているが、被告人らが腕時計等の占有を完全に取得した以後の段階において、その効用を享受する意思が生ずるに至ったとしても、遡って占有奪取時における主観的要件を補完するものでないことはいうまでもない。結局、本件では、被告人らが腕時計等の占有を取得した時点においては、不法領得の意思を認めることはできない。」以上より、腕時計等については、器物毀棄罪等の別罪に該当するかどうかはともかく、窃盗罪には該当しない。

解説 本判決は、殺害後に財物領得意思を生じた場合に関して、一定の範囲で窃盗罪が成立することを前提としたうえで（44判決参照）、本件においては不法領得の意思が否定されるとしている。本判決は、とりわけ利用処分意思の内容について、検察官が「経済的用法」の文言を厳密に解すべきではない旨主張したのに対し、文字どおりの意味での「経済的用法」である必要はないとしつつ、「最少限度、財物から生ずる何らかの効用を享受する意思」が必要であると捉えることにより、単に現場から持ち去ったことの結果として一定の利益（犯行発覚防止の利益）を得ようとする意思のみでは、利用処分意思を肯定できないと判断している点が重要である。

▼**評釈**――小林憲太郎・判プラⅡ220

毀棄目的と不法領得の意思

50 最2決平成16・11・30刑集五八巻八号一〇〇五頁

関連条文　一五九条・一六一条・二四六条

廃棄するだけで外に何らかの用途に利用、処分する意思がなかった場合に、不法領得の意思を肯定できるか。

事　実　被告人甲は、金員に窮し、支払督促制度を悪用して叔父Aの財産を不正に差し押さえ、強制執行することにより金員を得ようと考え、甲がAに対して六千万円を超える立替金債権を有する旨内容虚偽の支払督促を申し立てた上、裁判所からAあてに発送される支払督促正本及び仮執行宣言付支払督促正本について、共犯者乙がAを装って郵便配達員から受け取ることで適式に送達されたように外形を整え、Aに督促異議申立ての機会を与えることなく支払督促の効力を確定させようと企てた。乙はA方付近で待ち受け、支払督促正本等の送達に赴いた郵便配達員に対して、A本人であるように装い、郵便送達報告書の受領者の押印又は署名欄にAの氏名を記載して郵便配達員に提出し、支払督促正本等を受け取った。甲は、当初から支払督促正本等を何らかの用途に利用するつもりはなく、乙から当日中に受け取った支払督促正本をすぐに廃棄した。第一審、第二審とも詐欺罪を肯定したのに対し、甲が上告。

裁判所の見解　上告棄却。「郵便配達員を欺いて交付を受けた支払督促正本等について、廃棄するだけで外に何らかの用途に利用、処分する意思がなかった場合には、支払督促正本等に対する不法領得の意思を認めることはできないというべきであり、このことは、郵便配達員からの受領行為を財産的利得を得るための手段の一つとして行ったときであっても異ならない」。不法領得の意思を肯定し詐欺罪を認めた原判決は法令の適用を誤ったものであるが、有印私文書偽造、同行使罪の成立は認められる外、その余の各犯行の罪質、動機、態様、結果及びその量刑などに照らすと、原判決を破棄しなければ著しく正義に反するものとは認められない。

解　説　本件における中心論点は不法領得の意思のうち、いわゆる利用処分意思の有無である。第一審は、財物の不存在がそのまま特定の者の利益になる場合については、廃棄するつもりでその財物を騙取した場合にも、利用処分意思を肯定できるとし、第二審も、支払督促正本を騙し取ることにより、支払督促正本の本来の法的、経済的効用を発現させようとしていたことを捉えて利用処分意思を肯定した。そのような理解に対しては、支払督促正本自体から利益を得ようとしたものではなく、正本送達の事実を仮装することによって生じる効果を目的としているに過ぎないから、財物騙取と利得との関係が間接的であって、財物自体に対する利用処分意思を肯定できないとする批判が存在する。本決定は、そのような観点から、利用処分意思の理解に一定の限定を付したものと理解できる。

▼**評釈**――林美月子・百選Ⅱ31、小林憲太郎・判プラⅡ222

情報の不正入手と窃盗罪……新薬産業スパイ事件

51 東京地判昭和59・6・28刑月一六巻五＝六号四七六頁

関連条文　二三五条

複写目的による秘密資料の一時帯出が窃盗罪に当たるか。

事実　製薬会社代表取締役社長である被告人甲と同社顧問である被告人乙は、後発医薬品の開発のため、国立予防衛生研究所抗生物質製剤室に勤務する厚生技官丙（分離前の相被告人）に依頼し、同室長Aが保管する先発医薬品に関する資料を持ち出すことを企てた。丙は午前九時頃出勤してA室長の戸棚から目的のファイルを密かに取り出し自己の机の上に置いておき、午前九時半頃取りに来た乙に手渡した。乙はファイルを自己の製薬会社に持ち帰ってコピーを作成し、その日の午後四時前後頃、丙のもとに赴きファイルを返還した。甲および乙が窃盗罪で起訴されたのに対し、弁護人は、①甲らが窃取しようとしたのは思想内容であって財物ではないこと、②持ち出したファイル自体は財物であるが、短時間の持ち出しであって権利者排除意思に欠け、不可罰な使用窃盗にとどまることなどを主張した。

裁判所の見解　有罪。①「情報の化体された媒体の財物性は、情報の切り離された媒体の素材だけについてではなく、情報と媒体が合体したものの全体について判断すべきであり、ただその財物としての価値は、主として媒体に化体された情報の価値に負うものということができ」、本件ファイルも、医薬品に関する情報を化体した財物としての評価を受ける。②本件ファイルの財物としての価値は、「情報が化体されているところにあるとともに、権利者以外の者の利用が排除されていることにより維持されているのであるから、複写という方法によりこの情報を他の媒体に転記・化体して、この媒体を手許に残すことは、原媒体ともいうべき本件ファイルそのものを窃かに権利者と共有し、ひいては自己の所有物とするのと同様の効果を挙げることができる。」「本件ファイルが権利者に返還されるとしても、同様のものが他に存在することにより、権利者の独占的・排他的利用は阻害され、本件ファイルの財物としての価値は大きく減耗する」。「本件ファイルを複写して、これに化体された情報を自らのものとし、前示のような効果を狙う意図と目的のために持ち出したものであるから」、甲らには、権利者を排除し、本件ファイルを自己の所有物と同様にその経済的用法に従い利用又は処分する意思が認められる。

解説　本判決は、一連の新薬産業スパイ事件のうち帝三製薬事件に関するものであり、秘密情報の不正入手行為に対し、財物罪たる窃盗罪を成立させた点が注目される。本判決では、財物性と不法領得の意思が中心的な争点となっているが、ファイルの保管状況との関係で既遂時期をどの時点に求めるかも、本判決での言及はないが興味深い点である。

▼**評釈**――一原亜貴子・百選Ⅱ33、飯島暢・判プラⅡ389

窃盗罪の既遂時期

52 東京高判平成4・10・28判タ八二三号二五二頁

関連条文 二三五条・四三条

スーパーマーケットで代金を支払うことなく商品をレジの外側に持ち出した行為に、窃盗罪の既遂が肯定できるか。

事実 被告人甲は、スーパーマーケット店内において、買物かごに入れた商品三五点につき、レジで代金を支払うことなく持ち帰って窃取しようと考え、店員の監視の隙を見て、レジの脇のパン棚の脇から、右買物かごをレジの外側に持ち出し、これをカウンター（サッカー台）の上に置いて、同店備付けのビニール袋に商品を移そうとしたところを、店員に取り押えられた。原判決が窃盗罪を肯定したのに対し、弁護人は、窃盗既遂罪の成立には、犯人が買物かご内の商品を別の袋に移転することを必要とする旨主張して控訴した。

裁判所の見解 破棄自判（原判決の量刑が重すぎるとして破棄したが、窃盗罪の成立については原判決を維持）。「被告人がレジで代金を支払わずに、その外側に商品を持ち出した時点で、商品の占有は被告人に帰属し、窃盗は既遂に達すると解すべきである。なぜなら、右のように、買物かごに商品を入れた犯人がレジを通過することなくその外側に出たときは、代金を支払ってレジの外側へ出た一般の買物客と外観上区別がつかなくなり、犯人が最終的に商品を取得する蓋然性が飛躍的に増大すると考えられるからである。」

解説 窃盗の既遂時期に関し、判例は一貫して、不法領得の意思をもって、事実上他人の支配内に存する物を自己の支配内に移したときに既遂に達すると解しており、このような取得説と呼ばれる立場は、学説においても一般的に支持されているといえる。しかし、被害者の支配を離れる時点と、行為者の支配が開始する時点とは、必ずしも一致するものではなく、両者の支配には競合が生じることも多いから、そのような場合には、最終的には行為者の支配が被害者の支配を凌駕した時点を、財物の性質形状・管理状態、犯行の日時場所など諸般の事情を勘案しながら、個別に判断する必要が生じる。本件と同様に客が自由に商品を手に取ることができる形式の店舗においては、商品を着衣の下やポケットの中などに隠し持った段階で既遂を肯定する判例が多数みられるが、それは被害者の支配が及ぶ店舗内であっても、行為者の支配がそれを凌駕する状況に至ったという理解に基づくものであろう。本判決は、レジの外側に商品を持ち出した時点で既遂を肯定するが、それは裏返せば、たとえ不法領得の意思をもって商品を買い物かごの中に入れたとしても、いまだ売り場内にとどまるうちは、行為者の支配は被害者の支配を凌駕するに至っていないという判断を示していることになる。本判決は、具体的な判断の積み重ねが重要な領域において、貴重な一事例を提供するものである。

▼**評釈**――植田博・百選Ⅱ34、一原亜貴子・判プラⅡ211

親族相盗例における身分関係

53 最2決平成6・7・19刑集四八巻五号一九〇頁

関連条文 二三五条・二四四条一項

窃盗の客体たる財物の所有者と占有者が異なる場合に、二四四条所定の親族関係は、窃盗犯人と誰との間に必要か。

事実 被告人甲は、A方に駐車中の軽四輪貨物自動車内から、Bが所有しAが保管する現金二万六千円を窃取したところ、甲とAには同居していない親族（六親等の血族）の関係があることが判明した。第一審が窃盗罪を肯定したのに対し、甲は、本件は二四四条一項後段（現二四四条二項）により親告罪に該当するところ、告訴のないまま有罪判決を言い渡した原判決には違法があるとして控訴した。第二審は、二四四条一項が適用されるには、窃盗犯人と財物の占有者および所有者双方との間に親族関係のあることが必要であるとして控訴を棄却したため、甲が上告した。

裁判所の見解 上告棄却。「窃盗犯人が所有者以外の者の占有する財物を窃取した場合において、刑法二四四条一項〔当時〕が適用されるためには、同条一項所定の親族関係は、窃盗犯人と財物の占有者との間のみならず、所有者との間にも存することを要するものと解するのが相当であるから、これと同旨の見解に立ち、被告人と財物の所有者との間に右の親族関係が認められない本件には、同条一項後段〔当時〕は適用されないとした原判断は、正当である。」

解説 所有者から預かり占有者が保管中の財物を窃取した場合は、二四四条の適用にあたって、所有者と占有者のどちらとの親族関係が必要かについて争いがある。本決定は、犯人と占有者・所有者双方との間に必要（双方説）であることを最高裁として明らかにした点に意義がある。この点につき、大審院も双方説の立場に立っていたが、本件弁護人が引用する最2判昭和24・5・21刑集三巻六号八五八頁は、二四四条を「占有者と犯人との関係についていうものであって……所有権者と犯人との関係について規定したものではない」としたため、その解釈をめぐって混乱が生じていた。本決定は、昭和24年判決は事案を異にするとして簡潔に退け、双方説を採用する理由を述べていないが、第二審判決は、昭和24年判決を、少なくとも占有者との間に親族関係のない事案につき、所有者を確定しなかったとしても違法でないと判断したに過ぎないと位置づけたうえで、「窃盗罪においては、財物に対する占有のみならず、その背後にある所有権等の本権も保護の対象とされているというべきであるから、財物の占有者のみならず、その所有者も被害者として扱われるべき」と説明している。このような保護法益論からの理由付けの他、近時は「法は家庭に入らず」という二四四条の趣旨からの理由付けも有力である。

▼**評釈**――日高義博・平成6年重判（刑法3）、井上宜裕・判プラⅡ225

不動産侵奪罪における占有の意義

54 最1決平成11・12・9刑集五三巻九号一一一七頁

関連条文 二三五条の二

不動産侵奪罪における「占有」は、どのように判断されるか。行為者に一定の利用権が与えられている場合、不動産侵奪罪はどのようにして認められるか。

事実 本件土地の所有者A社は、振り出した小切手が不渡りとなったことから、債権者であるB社に本件土地及び地上建物の管理を委ねた。その管理権は、建物の賃借権及びこれに付随する土地の利用権を超えるものではなかった。B社がこの権利をC社に譲り渡した頃、A社は、代表者の夜逃げのため、事実上廃業状態となった。被告人甲は、C社から本件権利を買い受けて、本件土地の引渡しを受けた後、これを廃棄物の集積場にしようと企て、本件土地上に廃棄物を堆積させ、容易に原状回復ができないようにした。一審、原審は共に不動産侵奪罪の成立を認め、その際、原審は、「A社も間接占有者としてその占有を保持していた」ことを根拠に挙げた。これに対し、弁護人が上告し、「占有」の意義について争った。

裁判所の見解 上告棄却。A社は本件土地を現実に支配管理することが困難な状態になったものの、本件土地に対する占有を喪失していたとはいえず、また、被告人らは、本件土地についての一定の利用権を有するとはいえ、その利用権限を超えて地上に大量の廃棄物を堆積させ、容易に原状回復をすることができないようにして本件土地の利用価値を喪失させたというべきである。そうすると、被告人らは、A社の占有を排除して自己の支配下に移したものといえる。

解説 不動産侵奪罪は窃盗罪と基本的に同様の性質を持ち、「占有」は事実上の支配として理解されているが、客体の違いに基づき、その判断方法を異にし、動産に比べて占有の意思がより重視されると解されている。本決定も、被害者が現実の支配を失っていると認定しながらなお占有を認めており、同様の理解を前提としている。もっとも、本件では、さらに、A社の与えた利用権を譲り受けた行為者が土地を事実上支配しており、同事情がA社の占有にどのような影響を与えるのかという問題がある。この点、本決定は原審とは異なりA社の間接占有を挙げておらず、それを占有の根拠とするのかは不明である（本件は、そもそもA社に民法上の間接占有があったとはいい難い事案である）。したがって、行為者が、本件のように建物賃借権に付随する土地利用権しか有していない事案と異なり、賃借権に基づく正式な土地の利用権を有している場合には、賃貸人の占有を認めない可能性がある。なお、本件においては、侵奪行為に先だって行為者が当該不動産を占有している場合に、「侵奪」がどのような基準で認められるのかという問題もあるが、これについては55決定を参照。

▼**評釈**——安田拓人・百選Ⅱ36

不動産侵奪罪における侵奪の意義

55 最2決平成12・12・15刑集五四巻九号一〇四九頁

関連条文　二三五条の二

行為者が従前から不動産を占有している場合に、不動産侵奪罪の「侵奪」はどのような基準で認められるか。

事実　A社は、その所有する土地を、転貸を禁止し、直ちに撤去可能な屋台営業だけを認めるとの約定でBに無償で貸し渡した。Bは、本件土地上に、鉄パイプを骨組みとして、トタン屋根とビニールシートの側面を有する施設を建築し、一部を増築した後、そこで飲食業を営んでいたが、Cに対して、Aとの前記約定を伝えて賃貸し引き渡した。その後、Cも、被告人に対して、同様に約定を伝えて賃貸し引き渡した。被告人甲は、本件施設を基に内壁、床面、天井を作り、屋内にシャワーや便器を設置した八個の個室を作り、風俗営業のための店舗を作った。この建物は、本件施設に比べ、撤去の困難さが格段に増加していた。一審と原審は、不動産侵奪罪の成立を認めた。弁護人は「侵奪」にあたらないとして上告した。

裁判所の見解　上告棄却。Bが構築した本件施設は、増築前はA社との使用貸借契約の約旨に従ったものであることが明らかであり、また、増築後のものも、堅固さが増しているとはいうものの、増築の範囲が小規模なものである上、その基本構造には変化がなかった。ところが、被告人が構築した本件建物は、本件施設とは大いに構造が異なる上、同施設に比べて解体・撤去の困難さも格段に増加していたというのであるから、被告人は、本件建物の構築により、A社の本件土地に対する占有を新たに排除したものというべきである。

解説　不動産侵奪罪の「侵奪」について、本件と同日の最2判平成12・12・15刑集五四巻九号九二三頁は、一般論として、「不法領得の意思をもって、不動産に対する他人の占有を排除し、これを自己または第三者の占有に移すこと」とし、「具体的事案に応じて、不動産の種類、占有侵奪の方法、態様、程度、占有期間の長短、原状回復の難易、占有排除及び占有設定意思の強弱、相手方に与えた損害の有無などを総合的に判断し、社会通念に従って決すべき」とする。具体的事案として、判例は、前掲平成12年判決のように行為者が当該不動産を占有していない類型（占有非先行型）だけではなく、本件のように行為者が事前に不動産を占有している類型（占有先行型）においても同罪の成立を認める。本決定は、建物の構造上の差異及び原状回復の困難さの増加から、被害者の占有を新たに排除しているとして侵奪を認めるが、その判断方法は同類型に関する従来の判例の延長上にある（最1決昭和42・11・2刑集二一巻九号一一七九頁、54決定）。なお、本件被告人は転貸禁止の使用貸借の無断転借人であり、正式な賃借人等の無断増築行為にその射程が及ぶかについては留保が必要である。

▼**評釈**――齋藤彰子・百選Ⅱ37

強盗罪における暴行脅迫の意義

56 最1判昭和23・11・18刑集二巻一二号一六一四頁

①強盗罪における暴行脅迫は、どの程度のものでなければならないか、また、どのように判断されるか。②暴行・脅迫と財物奪取の間にはどのような関係が必要か。

関連条文　二三六条・二四九条

事　実　被告人らは、A方に侵入し、それぞれ草刈鎌やナイフを被害者らに突き付け、「静かにしろ」「金を出せ」等と言って脅迫し同人を畏怖させ、同人から現金、時計等を強奪した。原審が、被告人らに強盗罪の成立を認めたのに対し、弁護人は、「強盗罪が成立するには被害者の精神及び身体の自由を絶対に制圧すること」が必要として上告した。

裁判所の見解　上告棄却。「強盗罪の成立には被告人が社会通念上被害者の反抗を抑圧するに足る暴行又は脅迫を加え、それに因つて被害者から財物を強取した事実が存すれば足りるのであつて、所論のごとく被害者が被告人の暴行脅迫に因つてその精神及び身体の自由を完全に制圧されることを必要としない」。原審は、被告人等が社会通念上被害者の反抗を抑圧するに足る脅迫を加え、これによって被害者が畏怖した事実を明示して、手段たる脅迫と財物の強取との間に因果関係の存することをも認定しているから、これに対し二三六条第一項を適用したのは正当である。

解　説　本判決は、まず、強盗罪に必要な暴行・脅迫の程度は「社会通念上被害者の反抗を抑圧する」ものであるとした。「反抗抑圧」の基準自体は大審院から継続しているものだが、本判決は、加えて、それが社会通念という客観的基準によって判断されることを述べる。本判決に続けて、最2判昭和24・2・8刑集三巻二号七五頁は、反抗抑圧が、被害者の主観を基準とするわけではないと明示した。この判断方法は、通説でもある。一方で、本判決は、客観的に反抗を抑圧する暴行等によって、被害者の精神・身体の自由を完全に制圧されなくとも、暴行等により財物奪取されたという事実があればよいとして、被害者の畏怖のみで強盗罪を認めた原審を是認している。また、前掲昭和24年判決も、客観的に反抗抑圧に足る暴行等が行われれば、偶々被害者の反抗を抑圧する程度に至らなかったとしても恐喝罪となるものではないとする。以上のことから、判例は、強盗罪の暴行等により財物を取得すれば、被害者が反抗抑圧されたか否かを問わず強盗罪を認めるとして、暴行、反抗抑圧、財物の移転にそれぞれ因果関係を要求する通説から批判されている。ただし、本件と昭和24年判決の事案は、反抗抑圧が認められ得たものである。また、暴行等の後、被害者が憐憫の情から財物を交付した場合は、畏怖すらないため、判例が強盗の成立を認めるかは留保が必要である。

▼**評釈**――長井長信・百選Ⅱ38

ひったくりと強盗罪

57 札幌地判平成4・10・30判タ八一七号二一五頁

関連条文 二三六条・二四〇条

いわゆる「ひったくり」の場合に強盗罪は成立するか。成立するとして、どのような事情が必要か。

事実 被告人甲は、通行中のA女の背後からいきなり首辺りに腕を回して引きつけ、Aが肩に掛けていたショルダーバッグの鎖部分をつかんで引っ張った。Aは、バッグを胸に抱え込みその場に両膝を着いて座り込むような格好となり、大声を上げた。このため、甲は、付近の住民等に気付かれるのを恐れ、両膝が地面に着いたままの状態のAを引きずった。また、その間にAの髪の毛をつかむ、口を手で塞ぐ、壁に背中を押しつけるなどの暴行を行った。しかし、甲は、Aの強い抵抗にあったこと等により、財物奪取の目的を遂げなかった。Aは、右暴行により、約二週間の治療を要する傷害を負った。甲は強盗致傷罪で起訴された。

裁判所の見解 有罪（確定）。被告人の暴行の程度は強いが、①最初の暴行は、被害者の発声や呼吸を強く妨げるようなものではなく全体としても短時間で終了し、被害者を引きずった行為も、直接的には金品奪取に向けられた暴行ではない、②被害者の負傷は、その抵抗能力に大きな影響を与えるようなものではない、③犯行が行われたのは深夜だが、人通りが全く途絶える状態ではなかった、④犯行時・犯行後の事情から推認される被害者の心情、⑤被告人の犯意は犯行に相応したものに過ぎない、以上を総合すると、被告人の暴行が、被害者の反抗を抑圧する程度のものであったとするには、なお合理的な疑問が残るといわざるを得ず、強盗致傷ではなく、恐喝未遂と傷害罪が成立する。

解説 判例において、ひったくり行為に強盗罪の成立を認めた事案はいくつかあるが、いずれも、抵抗する被害者をひきずって転倒させるなど、暴行が反抗抑圧手段として用いられたと評価される事案に関するものである（最3決昭和45・12・22刑集二四巻一三号一八八二頁など）。これに対し、暴行が、被害者の注意を逸らしたり、被害者におよそ妨害させないように迅速に財物を奪取したりするための手段であるという典型的なひったくりの場合には、強盗罪の成立が一般的に否定される（大阪高判平成9・8・28判タ一六二六号一五三頁など）。本件では、当初のひったくり行為後、抵抗する被害者をひきずっているものの、それは犯行発覚を恐れたためであった。加えて、被害者の抵抗能力の減殺の程度、被害者の心情、犯人の犯意を挙げて、被告人の一連の暴行が、反抗抑圧する程度のものではないと判断している。なお、ひったくり事案で強盗が否定される場合は窃盗罪が成立することが多いが、本件では、一連の暴行による恐喝未遂（と傷害）を認めている。

▼**評釈**――山中敬一・法セ四六八号

財物奪取後の暴行と強盗利得罪

58 最1決昭和61・11・18刑集四〇巻七号五二三頁

関連条文 二三六条・二四〇条

①財物取得後にその返還や代金支払いを免れるために暴行・脅迫が行われた場合、どのような構成の財産犯が成立するか。②先行する財物奪取罪と二項強盗罪との関係。

事実 甲、乙らは、対立抗争中である暴力団の幹部Aを、覚醒剤取引を口実におびきよせて殺害し、覚醒剤を奪取することを計画し、最終的には、甲が覚醒剤を持って部屋を出た後、乙が入れ替わりに部屋に入ってAを殺害するという手順を決めた。これに従い、甲は、ホテルの一室において、Aに、代金を渡すためには別室の買主に品物を見せなければならないと伝え、Aから覚醒剤を受け取り部屋を出た。甲は、乙に、少し待ってからAの部屋に行くように伝え、ホテルから逃走した。乙は、少し時間をおいてから部屋に入りAを銃撃したが、殺害の目的は遂げなかつた。一審、原審は、一項強盗による強盗殺人未遂罪の成立を認め、これに対し乙が上告した。

裁判所の見解 上告棄却。甲らによる本件覚醒剤の取得行為は詐欺罪と窃盗罪のどちらにも該当する余地があるが、仮に窃盗罪が成立するとしても、乙が拳銃発射に及んだ時点では、甲らは本件覚醒剤の占有をすでに確保しており、拳銃発射が覚醒剤の占有奪取の手段となっているといえず、Xらが覚醒剤を強取したとは評価できない。しかし、乙による拳銃発射行為は、覚醒剤の返還ないしその代金の支払を免れるという財産上不法の利益を得るためになされているため、二項強盗による強盗殺人未遂罪に当たり、本件は、窃盗又は詐欺罪と（二項）強盗殺人未遂罪のいわゆる包括一罪として重い後者の刑で処断すべきである（谷口裁判官の意見がある）。

解説 原審は、殺害と金品奪取の同時ともいえる程の時間的場所的密着性を根拠に一項強盗殺人未遂を認めたが、本決定は、その前提となる事実認定を変更した上で、殺害行為時には既に覚醒剤の占有が確保されていたとして、一項強盗の成立を否定した。他方、最2判昭和24・2・15刑集三巻二号一六四頁は、財物奪取後その占有を確保するために暴行等が行われた場合には強盗罪が成立するとしており、暴行が財物の占有の確保前か否かで一項強盗の成否がわかれることになる。もっとも、本決定は、本件殺害行為は、財物返還請求権や代金支払請求権を免れるための行為であるとして、二項強盗殺人未遂が成立するとした（本件では事後強盗も成立し得るが問題にはされていない）。ただし、財物とその返還請求権等とはあくまで別々の法益でありそれぞれ財産犯が成立するとしても、罪数評価としては、包括一罪になるとしている。なお、覚醒剤の返還請求権、代金支払請求権は民法上保護に値しないものだが、判例は基本的に財産犯の成立を認めている（68判決参照）。

▼**評釈**――辰井聡子・百選Ⅱ39

暴行後の領得意思(1)

59 大阪高判平成1・3・3判タ七一二号二四八頁

関連条文 二〇八条・二三六条

暴行・脅迫による反抗抑圧後に領得意思を生じて財物等を奪取した場合、強盗罪は成立するか。領得意思発生後の暴行・脅迫を必要とする場合、その程度はどのようなものか。

事　実　被告人両名は、暴力団員を装い、Aに暴行を加え傷害を負わせた。さらに、Aが被告人らを暴力団員であると思い込み極度に畏怖してほとんど抵抗できない状態に陥っていたことから、強盗を計画し、Aの顔面を手拳で数回殴打する暴行を加えてAの財物を奪取した。原判決は領得意思発生後に新たな暴行・脅迫が必要だが、本件ではそれが認められるとして強盗罪の成立を認めた。これに対して弁護側が控訴。

裁判所の見解　破棄自判（確定）。強盗罪の暴行・脅迫には財物奪取目的が必要である。それ以外の目的で暴行等を加え相手方の反抗を抑圧した後に財物奪取の意思を生じ、これを実行した場合、強盗罪が成立するには、相手方の反抗抑圧状態に乗じて財物を奪取するだけでは足りず、強盗の手段としての暴行・脅迫がなされることが必要である。その程度は、強盗が反抗抑圧状態を招来し、これを利用して財物を奪取する犯罪であることに着目すれば、自己の先行行為によって作出した反抗抑圧状態を継続させるに足りる暴行・脅迫があれば十分であり、それ自体反抗抑圧状態を招来するに足りると客観的に認められる程度のものである必要はない。これと同旨の原判決の判断は正当である（破棄自判は量刑に関するもの）。

解　説　領得以外の目的で被害者の反抗を抑圧した後に財物奪取の意思を生じ、反抗抑圧状態を利用して財物を奪取した場合に、強盗罪が認められるかにつき、裁判例は様々である。かつての判例は、強盗罪の成立を肯定したが（大判昭和19・11・24刑集二三巻二五二頁。また、最2判昭和24・12・24刑集三巻一二号二一一四頁も参照）、学説の多くがこれに批判的なこともあり、その後は、新たな暴行・脅迫がなければ強盗罪は成立しないとする裁判例が増加している。本判決と原審も、そのような裁判例の一つに位置付けられる。新しい暴行等を必要とする場合、その程度が問題になるが、本判決は、この点についても判断を下しており、反抗抑圧状態を自ら既に作出していることから、単独で同状態を招来する程度の暴行等である必要はなく、その状態を継続させるようなもので足りるとした。具体的には、本件のような比較的軽度の暴行のほか、「ささいな言動」でも脅迫が認められるとした事例がある（東京高判昭和48・3・26高刑集二六巻一号八五頁）。なお、「反抗抑圧状態の継続」を重視すれば、犯人が現場に存在すること自体をも脅迫と解し得るが、本判決以後の裁判例は、必ずしもそのような理解を採用しているわけではない（60判決も参照）。

▼**評釈**――山口厚・百選Ⅱ（六版）39

暴行後の領得意思(2)

60　東京高判平成20・3・19高刑集六一巻一号一頁

関連条文　一七六条・二三六条

強制わいせつ目的の暴行により被害者の身体を拘束した後、財物奪取の意思を新たに生じて、拘束中の被害者から財物を取得する行為に強盗罪は成立するか。

事　実

被告人甲は、わいせつ目的で、帰宅した知人Aを捕まえて顔面を数回殴打した。その後、甲は、Aに目隠しをしたり、その手首を後ろ手に縛ったりして身動きが困難な状態にした上で、被害者の肛門等に器具を挿入する等のわいせつ行為をした。わいせつ行為の途中、Aの携帯電話に着信があったため、甲はそれをポケットに入れた。わいせつ行為終了後、甲は、Aの手首の紐を緩めたが、逃走の為その両足を更に縛り、逃走の際にAから脱がせたパンティーを見つけ、これを持ち去った。Aは、犯行中、意識を失うことはなく、また、甲は、Aが動いていたことを確認していた。原審は、甲に強盗罪の成立を認め、これに対し弁護側が控訴。

裁判所の見解

破棄自判（確定）。強制わいせつ目的による暴行・脅迫の終了後、新たに財物取得の意思を生じて財物を取得した場合において、強盗罪が成立するには、新たな暴行等と評価できる行為が必要であるが、被害者が緊縛された状態にあり、実質的には暴行等が継続していると認められる場合には、新たな暴行等がなくとも、これに乗じて財物を取得すれば、強盗罪が成立する。すなわち、緊縛状態の継続は、それ自体は、厳密には暴行・脅迫には当たらないとしても、逮捕監禁行為には当たりうるものであって、被告人において、この緊縛状態を解消しない限り、違法な自由侵害状態に乗じた財物の取得は、強盗罪に当たるというべきである。（破棄自判は量刑に関するもの）。

解　説

59判決と同様、本件も、暴行後にはじめて領得意思が生じた場合を取り扱う。この問題について、かつての裁判例は、強姦・強制わいせつ目的とそれ以外の目的の暴行等を区別し、前者については新たな暴行等を不要としていたとも評価される。これに対し、本判決は、強制わいせつ目的の暴行後の領得意思の事案でありながら、原則として新しい暴行を必要としており、このことは、近時の裁判例の傾向に一致する。もっとも、本判決は続けて、被害者が緊縛されているなど実質的には暴行等が継続している場合には新たな暴行等は不要としているが、例外として暴行不要説を採るわけではなく、領得意思発生前からの緊縛による反抗抑圧状態が継続している場合に、その継続・維持を新たな暴行等と評価しているにすぎない。実際、本判決は、被害者に意識があったことを認定しており、他の裁判例においても、被害者が領得意思発生前に失神・死亡した場合には強盗罪の成立は否定されている。

▼**評釈**――嶋矢貴之・百選Ⅱ41

強盗利得罪における処分行為の要否

61 最2判昭和32・9・13刑集一一巻九号二二六三頁

関連条文 二三六条二項・二四〇条

強盗利得罪の要件として被害者の処分行為が必要か。処分行為を不要とする場合、同罪をどのように限定するか。

事実 被告人甲は、信仰関係の知人Vから借り受けた金員等の返済を再三督促されていたが、虚言を弄してかわしていた。犯行前日、Vに強く返済を迫られた上「もうこれ以上だますと警察や信者にばらす」といわれたが、返済の手段がなかったので、賃貸借につき証書もなくその内容が明らかではないこと、また、Vが死亡すれば甲以外にその詳細を知る者のないことに思いをいたし、Vを殺害して債務の履行を免れようと企図し、誘い出したVの頭部等を殴打したが、致命傷に至らず殺害の目的を遂げなかった。第一審、原審は二項強盗殺人の未遂罪の成立を認めた。これに対し、弁護側が上告し、大判明治43・6・17刑録一六輯一二一〇頁違反を主張した。

裁判所の見解 上告棄却。二三六条二項は一項の罪とは不法利得と財物強取以外の構成要件に何らの差異がなく、一項の罪におけると同じく相手方の反抗を抑圧すべき暴行・脅迫の手段を用いて財産上不法利得するをもって足り、必ずしも相手方の意思による処分行為を強制することを要するものではない。犯人が債務の支払を免れる目的をもつて債権者に対しその反抗を抑圧すべき暴行・脅迫を加え、債権者に支払請求をしない旨を表示させて支払を免れた場合であると、暴行・脅迫により債権者を事実上支払の請求をすることができない状態に陥らせて支払を免れた場合であるとを問わず、ひとしく不法利得罪を構成するものと解すべきである。この意味において前掲明治43年判例は変更されるべきである。

解説 前掲明治43年判決は、強盗利得罪の成立要件として、詐欺利得罪のように処分行為を必要としていたが、本判決はこれを変更し、被害者の処分行為を不要とした。その根拠として、一項強盗罪が処分行為を要しないこととの均衡が挙げられている。もっとも、処分行為を不要としたことにより、新たに強盗利得罪の成立を限定する方法が必要となった。本判決は、被害者が「事実上支払いを請求できない状態」になることを挙げるが、このような状態は、タクシー料金の支払免脱（大判昭和6・5・8刑集一〇巻二〇五頁など）や無銭飲食のように、一見の客が逃走してしまい債権の行使が現実的に不可能になる事案において通常認められる。本件では、行為者は被害者の知人であるが、同人の死亡によりその債権を知る者が存在しなくなるという特殊事情があるため、前記事案と同様に考えられる。本件では、被害者が弁済を強く迫っていたという事情もあり、この点を重視する下級審裁判例も存在する（大阪高判昭和59・11・28高刑集三七巻三号四三八頁）。

▼**評釈**――林幹人・百選Ⅱ40

被相続人の殺害

62 東京高判平成1・2・27高刑集四二巻一号八七頁

相続人が相続財産を得る目的で被相続人を殺害した場合に、強盗利得罪が成立するか。

事　実　被告人甲は、乙と共謀の上、同女の両親であるA・Bを殺害して両名に帰属する全財産につき、唯一の相続人である乙への相続を開始させるとともに、現場にある現金等を強取しようと企て、A・B方において両名を殺害しようとしたが、抵抗されたためその目的を遂げなかった。第一審は、相続人が承継するのは、被相続人の所有する具体的な物や権利であるから、包括的、抽象的であるとはいえず、被相続人の殺害によって、相続人として、被害者の権利者としての地位を譲り受けるという法律上の利益を得るとして、被相続人の財産の承継は、二三六条二項の「財産上の利益」に該当すると述べて、一項強盗のほかに、二項強盗についても強盗殺人未遂を認めた。これに対して弁護側が控訴。

裁判所の見解　破棄差戻。二三六条二項の財産上の利益は、財物の場合と同様、反抗を抑圧されていない状態において被害者が任意に処分できるものであることを要すると解すべきところ、現行法上、相続の開始による財産の承継は、人の死亡を唯一の原因として発生するもので、その間任意の処分の観念を容れる余地がないから、財産上の利益には当たらない。それ故、相続人となるべき者が自己のため相続を開始させる意図のもとに被相続人を殺害した場合であっても、強盗殺人罪に問擬するのではなく、単純な殺人罪をもって論ずべきであり、右の意図は情状において考慮すれば足りる。

解　説　相続財産の承継について、原審が、承継される具体的な財産の総体としての「財産上の利益」を認めたのに対し、本判決は、「財産上の利益」の要件として利益の任意処分可能性を要求し、本件ではそれが認められないとした。61判決は強盗利得罪に処分行為を不要とするが、処分行為を要しないことと、任意の処分可能性を利益の要件とすることは一応区別できる。もっとも、同要件の根拠は明確ではなく、学説は、利益又はその移転が抽象的すぎることを理由に強盗利得罪の成立を否定する。本件類似の事案として、店舗の経営を承継するために被害者を殺害した行為につき経営上の権益の強取が問題となった神戸地判平成17・4・26判時一九〇四号一五二頁がある。経営上の権益は、相続とは異なり任意処分可能性があるため、この意味で財産上の利益と評価する余地があり、神戸地裁もその可能性を留保しているが、被害者の殺害自体により経営上の権益が行為者に移転する関係にないとして、利益の移転の部分を問題視し強盗利得罪の成立を否定している。

▼**評釈**――林幹人・判セ一九八九年（刑法6）、高部道彦・警論四二巻五号

関連条文　二三六条二項・二四〇条

暗証番号の聞出し

63 東京高判平成21・11・16判時二一〇三号一五八頁

関連条文二二三条・二三六条二項

他人のキャッシュカードを取得後同人から暗証番号を暴行・脅迫により聞き出す行為について、財産上の利益を得たとして、強盗利得罪が成立するか。

事実 被告人甲は、窃盗目的で侵入したA方で見つけたバッグにキャッシュカードが入っていたため、Aを脅して暗証番号を聞き出しカードで現金を引き出そうと決意した。そして、帰る際に持って行こうとバッグを被害者の見えない位置に戻した上、台所にあった包丁をAに突き付け脅迫し、Aから暗証番号を聞き出した。原判決は、①本件暗証番号の聞出しにより、財物の取得と同視できる程度の具体的・現実的な財産的利益を得たとは認められない、②「財産上不法の利益」は利益に「移転性」のあることが必要であるが、暗証番号に関する情報はAと甲との間で共有されるだけで、犯人の利益取得に対応した利益の喪失が被害者に生じていないとして、強盗罪ではなく強要罪が成立するとした。検察官がこれに対して控訴。

裁判所の見解 破棄自判。キャッシュカードを窃取した犯人が被害者からその暗証番号を聞き出した場合には、同カードと暗証番号を用いて、事実上、ATMを通して預貯金口座から預貯金の払戻しを受け得る地位という財産上の利益を得ている。また、二項強盗罪の成立のためには、行為者が利益を得る反面において、被害者が財産的な不利益（損害）を被るという関係があれば足りる。本件では、被告人が前記地位を得る反面、Aは、自らの預金を被告人によって払い戻されかねないという事実上の不利益を被ることになるため、二項強盗罪の成立要件に欠けるところはない。

解説 本判決は、暗証番号の聞出し行為を、単なる情報の取得ではなく、直前のキャッシュカードの実質的な取得（聞出し時には窃取は完了していないと認定されている）と併せて、被害者の「預金口座から預貯金の払い戻しを受け得る地位」という財産的利益の取得として構成し、同利益の①現実性・具体性、②移転性の二点を検討した結果、二項強盗罪の成立を認めている。裁判例においては、本件と類似の構成により利得罪の成立を認めたものがある（入手したローンカードを利用して限度額内で何度でも借り入れできる地位を欺罔により得たとして二項詐欺罪を認めた東京高判平成18・11・21東高刑時報五七巻一―一二号六九頁など）。本判決の考え方に従えば、被害者の金庫の鍵と暗証番号を得た時点で一項強盗未遂ではなく二項強盗既遂とすることも可能だが、そこまで含意しているかは不明である。また、キャッシュカードの取得が暴行・脅迫に基づくものであれば、暗証番号の聞出しは別途強盗として把握されず、一項強盗のみが問題とされている。

▼**評釈**――島岡まな・刑ジャ二五号、古宮久枝・研修七四一号

事後強盗罪における窃盗の機会の継続性

64 最2判平成16・12・10刑集五八巻九号一〇四七頁

関連条文 二三八条

事後強盗罪における「暴行・脅迫」は窃盗行為とどのような関係にあることが必要か。

事実 被告人甲は、窃盗目的でAの住居に侵入して財布等を窃取した後、玄関扉から戸外に出て、誰からも発見・追跡されずに、自転車で約一㎞離れた公園に向かった。しかし、盗んだ現金が少なかったため、再度A宅に盗みに入ろうと引き返し、最初の窃盗の三〇分後にA宅の扉を開けたところ、帰宅していた家人Bに発見されたため、逮捕を免れるためにナイフで脅迫を加えて逃走した。甲は、事後強盗として起訴され、第一審では同罪の成立に争いはなかった。他方、控訴審においては、事後強盗罪の成否が争点となったものの、結論として同罪の成立が認められた。これに対して弁護側が上告。

裁判所の見解 破棄差戻。「被告人は、財布等を窃取した後、だれからも発見、追跡されることなく、いったん犯行現場を離れ、ある程度の時間を過ごしており、この間に、被告人が被害者等から容易に発見されて、財物を取り返され、あるいは逮捕され得る状況はなくなったものというべきである。そうすると、被告人が、その後に、再度窃盗をする目的で犯行現場に戻ったとしても、その際に行われた……脅迫が、窃盗の機会の継続中に行われたもの」といえない。

解説 事後強盗罪の成立のためには、窃盗犯の暴行・脅迫を強盗罪と同視できるための書かれざる要件として、当該暴行・脅迫が「窃盗の機会」の継続中になされる必要があるとするのが判例・通説である。事後強盗罪は、逃走追跡型、現場滞留型のほか、本件のような、窃盗犯が現場に舞い戻って暴行・脅迫を行う現場回帰型に分類される。「窃盗の機会」の要件に関しては、最2決平成14・2・14刑集五六巻二号八六頁が、現場滞留型の事例（窃盗犯が住居侵入窃盗後に当該住居の屋根裏に隠れ、三時間後に駆けつけた警察官に暴行を加えた）につき、被告人が、「犯行後も、犯行現場の直近の場所にとどまり、被害者等から容易に発見されて、財物を取り返され、あるいは逮捕され得る状況が継続していた」ことを根拠に事後強盗罪の成立を認めている。本判決は、「窃盗の機会」について前掲平成14年決定と同じ基準を適用した上で、現場滞留型について成立を否定した。判例の基準に従う場合、被害者側からの追及可能性の継続が決定的であり、窃盗と暴行・脅迫の時間的場所的接着性はそれを補充するものとなる。実際、本件では、犯人が一旦安全圏に逃れたことを重視し、三〇分程度の時間差でも機会継続性を否定している。これに対して、控訴審は、被告人の犯意の継続をも考慮要素として事後強盗罪の成立を認めたが、本判決は、この点には触れていない。

▼**評釈**——岡上雅美・百選Ⅱ42

事後強盗罪の予備

65 最2決昭和54・11・19刑集三三巻七号七一〇頁

関連条文 二三七・二三八条

事後強盗を目的とする場合にも強盗予備罪は成立するか。その場合、行為者にはどのような意思が必要か。

事実 被告人甲は、退職後生活費に窮したあげく、事務所等に忍び込んで窃盗を働こうと思い立ち、アタッシュケースにドライバー、ペンチ、ガラス切り等の窃盗のためのいわゆる七つ道具及び模造拳銃、登山ナイフを入れて新宿に赴いたが、盗みの経験がないために実行に移すことができず、サウナで一夜を明かし、翌日も昼前から夜まで街を徘徊したが、一旦帰宅しようと電車に乗り込んでいるうちに眠り込み、翌日午前一時ころ終点で下車させられ駅構内からも追い出され街を徘徊していたところ、警察官の職務質問を受けて逮捕された。

第一審は、「事務所等に忍び込んで窃盗を働き、もし他人に発見された場合にはこれに脅迫を加え、金品を得るか、もしくは逮捕、賍物の取還を免れることを計画」として、居直り強盗もしくは事後強盗の目的での強盗予備を認定したが、控訴審は、居直り強盗目的を否定し事後強盗目的のみを認定し、強盗予備罪の成立を認めた。これに対し、弁護人は、被告人の意思が漠然としたものであったこと、仮に事後強盗の確定した意思があったとしても事後強盗目的の強盗予備は成立しないとして上告した。

裁判所の見解 上告棄却。「なお、刑法二三七条にいう『強盗ノ目的』には、同法二三八条に規定する準強盗を目的とする場合を含むと解すべきであつて、これと同旨の原判断は正当である。」

解説 本決定は、事後強盗目的の予備行為の場合にも強盗予備罪が成立し得るということを初めて述べた判例である。最高裁は、その根拠を挙げていないが、控訴審は、条文配列や事後強盗が身分犯と解し得ることは、消極説を採る根拠とならないとする。また、事後強盗の目的が不確定であるという主張に対しては、事後強盗の暴行・脅迫が「人に見つかる」という条件にかかるということのみで強盗予備の可能性を排するのではなく、「行為者の窃盗並びに前記暴行、脅迫についての意思の強弱並びに確定の程度によって、その成否を決すべき」とする。このような判断方法を採る場合、個別事案における行為者の意思の内容に応じて強盗予備の成否が異なることになり、本件事実審段階においてはこの点も争われたが、弁護人の上記主張に対して、第一審は、被告人の意図は条件付きではあるが明確であるとし、さらに、控訴審は、被告人の意思は相当強固でかつ確定していたと認定する。なお、居直り強盗と事後強盗の目的は流動的であるというのが積極説の一つの論拠であるが、控訴審は、事後強盗目的のみを認めている。

▼**評釈**——遠藤聡太・百選Ⅱ43

強盗致死傷罪の成否

66 最2判昭和24・5・28刑集三巻六号八七三頁

関連条文 二四〇条

強盗致死傷罪は、強盗の手段から死傷結果が生じることが必要か。必要でない場合、どのような限界があるか。

事実 被告人甲は、他の四人とA方の強盗を共謀した上で、日本刀などの兇器を準備してA宅に侵入しAらを脅迫したが、Aが助けを求めて戸外に脱出し家人も騒ぎ立てたため金員奪取の目的を達せなかった。甲は、逃走しようとしたところ逮捕される危険を感じて、同家表入口附近で、甲を追跡してきたB、Cの下腹部を日本刀で刺突し、両名を死亡させた。原審は、甲の行為に強盗殺人罪が成立するとした。これに対して、弁護人は、甲は強盗行為の行われた家屋内ではなく屋外で、しかも殺意なく被害者らを死亡させたものであるから、強盗未遂と傷害致死罪が成立するとして上告した。

裁判所の見解 上告棄却。二四〇条後段の強盗殺人罪は強盗犯人が強盗をなす機会において他人を殺害することによって成立する罪である。殺害の場所は同家表入口附近といって屋内か屋外か原判決の判文上明らかでないが、強盗行為が終了して別の機会に被害者両名を殺害したものではなく、本件強盗の機会に殺害したことは明である。

解説 本判決は、二四〇条の死傷結果が強盗の手段たる暴行・脅迫から発生した場合にのみ同罪の成立を認める見解（手段説）ではなく、強盗の機会に死傷結果が生じることで足りるとする見解（機会説）を採る。既に大判昭和6・10・29刑集一〇巻五一一頁が、二四〇条前段の事例について機会説を採ることを明言しており、本判決を含めた戦後の判例も一貫している。判例は、強盗の機会には死傷結果を生じさせる残虐な行為を伴うことが少なくなく、二四〇条はこれを重く処罰する趣旨の規定であることをその根拠とする（前掲昭和6年判決参照）。機会説に立つ場合、問題はその限界である。本判決は、犯人が強盗後に逃走や罪証隠滅目的のために被害者を死傷させるという事後強盗類似事例に関するもので、二四〇条の成立範囲は強盗現場たる住居内に限られないとした。もっとも、同類型においても、行為の連続性・犯意の継続性や、時間的場所的接着性などの観点から別の機会の犯罪と評価された場合には、強盗致死傷罪の成立は否定されている（最3判昭和23・3・9刑集二巻三号一四〇頁、最1判昭和32・7・18刑集一一巻七号一八六一頁など）。なお、従来、判例が機会説に立つとしても、具体的事案におけるその結論は限定的立場と実質的に変わらないと評価されてきたが、近時、報復目的を秘した犯人が共犯者に強盗をもちかけ、強盗後に現場に単独で残って被害者を殺害した事案について強盗殺人罪を認めた例がある（最3判平成18・6・27集刑二八九号四八一頁）。

▼**評釈**――丹羽正夫・百選Ⅱ44

強盗殺人罪の未遂

67 大判昭和4・5・16刑集八巻二五一頁

強盗致死傷罪の未遂・既遂は、死傷結果の点で判断されるのか、それとも、財物・利益の取得の点で判断されるのか。

事実　被告人甲は、①窃盗目的で侵入した住居で、犯行発覚を恐れて殺意を持って被害者を殴打し現金を強取したが、被害者は死亡しなかった、②窃盗の目的で侵入した住居で、犯行発覚を恐れて被害者を殺害したが金品を発見できなかった。原審は、①につき強盗殺人未遂（二四〇条後段）、②につき強盗殺人既遂（二四〇条後段）を認めた。これに対して、弁護人は、②について、強盗が人を殺したが財物奪取が未遂の場合は二四三条を適用すべきとして上告した。

裁判所の見解　上告棄却。「財物強取の手段として人を殺害したるときは刑法第二四〇条後段の犯罪成立するものにして財物を得たりや否やは其の犯罪の構成に關係なきものとす蓋し同条後段は強盗の要件たる暴行脅迫を加ふる行為に因り相手方の生命を害することあるべきが故に強盗故意に又は故意なくして人を死に致す場合を予想し之が処罰規定を設けたるものにして同条後段の罪の未遂たる場合は強盗故意に人を死に致さんとして遂げざるときに於て之を認むるを得べく財物を得たるや否やは同条の構成要件に属せざるものと解するを相当とすればなり」

解説　本判決は、(ア)二四〇条後段の罪が成立するためには財物（・利益）の取得の有無は関係なく、強盗が人を殺害することが決定的であり、(イ)二四〇条後段の未遂は、強盗が故意に人を殺害しようとして遂げなかったという強盗殺人未遂の場合に成立するとする。(ア)の部分は旧刑法時代から一貫した判例（大判明治43・7・1刑録十六輯一三三二頁、最2判昭和23・6・12刑集二巻七号六七六頁）であるが、(イ)に関しては、前提として強盗殺人の擬律が問題となる。この点、判例は変遷しており、当初は、二四〇条後段のみを適用したが、その後、二四〇条後段は殺意の有無に関わらず成立するとして、一九九条と二四〇条後段の両者を適用する立場をとった。しかし、大連判大正11・12・22刑集一巻八一五頁は、強盗致死罪は強盗が故意に人を殺害した場合を含み、二四〇条は強盗と殺人・傷害の結合罪であり、強盗殺人の場合には二四〇条後段のみが適用されるとして判例を変更し、最高裁もそれを引き継ぐ。これと(ア)を組み合わせれば、二四〇条後段の未遂は強盗殺人の未遂の場合に成立するという(イ)に至ることになる（故意のない強盗致死の場合、通常、未遂は想定できない）。なお、強盗傷人未遂の場合に二四〇条前段の未遂が成立するか否かにつき、本判決は何も述べていないが、通説は、強盗の手段たる暴行がなされたにすぎないとして、強盗罪のみを認める。

▼**評釈**——中空壽雅・百選Ⅱ45

関連条文　二四〇条・二四三条

不法原因給付と詐欺罪

68 最3判昭和25・7・4刑集四巻七号一一六八頁

関連条文 二四六条一項、民七〇八条

詐欺の被害者が不法目的を実現するために財物を交付した場合において、財物詐欺罪の成立は認められるか。

事実 被告人甲は、昭和23年当時における経済統制法規により、売買が規制されていた物資である綿糸の闇取引において、その購入に際し、残代金を支払ったかのように装って綿糸の交付を受けた。第一審及び原審は財物詐欺罪の成立を認めたことから、甲は、闇取引においては当事者の財産的利益は保護の対象とはならず、詐欺罪の成立は認められないとして上告した。

裁判所の見解 上告棄却。「被害者が本件綿糸を処分したことが統制法規に違反する所謂闇行為であるとしてもそれによって被告人の詐欺罪の成立に消長をきたすいわれはない。けだし欺罔手段によって相手方の財物に対する支配権を侵害した以上、たとい相手方の財物交付が不法の原因に基いたものであって民法上其返還又は損害賠償を請求することができない場合であっても詐欺罪の成立をさまたげるものではないからである。」

解説 本判決は、当時の経済統制法規に違反する取引において、代金を支払ったかのように装って物資の交付を受けた事案につき、財物詐欺罪の成立を認めたものである。

本件のように違法な取引の場面において、外形上詐欺の手段により金品の交付を受ける行為については、それが違法な取引であって、とりわけ民事上不法原因給付として（民七〇八条参照）被害者より目的物の返還を請求できないのであるならば、刑法上詐欺罪による保護も認めるべきではないのではないか、という問題が生じうるが、本判決はこのような違法な取引であっても刑法上の詐欺罪の成否を左右しないとする。学説は、上記理由により詐欺罪の成立を否定する見解もあるものの、通説は詐欺罪の成立を肯定する。ただし、その理由づけとしては、交付にかかる金品自体は行為時においては相手方が適法に保有する財物であること、あるいは本件のような場面においては相手方には不法原因給付は成立せず、それ故刑法上の保護を妨げる理由は存在しないとしている点に注意を要しよう。それゆえ、すでになされた違法な取引において、その対価の支払いを免れる場面においては、当該請求権自体の要保護性に問題があることから、判例も態度が分かれており、学説においては利益詐欺罪の成立を否定する見解が今日では多数を占めるといえよう。

▼**評釈**――田山聡美・百選Ⅱ46、葛原力三・百選Ⅱ（六版）44

国家的法益と詐欺罪

69 最1決昭和51・4・1刑集三〇巻三号四二五頁

公的給付を不正に受ける行為によって国家的法益を害する場合であっても、詐欺罪の成立は認められるか。

事　実　被告人甲は、国が営農の意思を有する者のみを対象とする未墾地の払下を行うに当たり、自らは営農の意思を有しないにもかかわらず、払下資格を有する者の名義を用いることによって当該未墾地の払下を受けた。第一審は、甲が営農意思を有しない点について黙秘していただけでは欺罔手段に当たらないとして詐欺罪の成立を否定したのに対し、控訴審においては、当該買受申込書の提出をもって欺罔行為に当たるとして詐欺罪の成立を認めた。甲から上告がなされた。

裁判所の見解　上告棄却。「被告人らの本件行為が、農業政策という国家的法益の侵害に向けられた側面を有するとしても（農地法にはかかる行為を処罰する規定はない。）、その故を以て当然に、刑法詐欺罪の成立が排除されるものではない。欺罔行為によって国家的法益を侵害する場合でも、それが同時に、詐欺罪の保護法益でもある財産権をも侵害するものである以上、当該行政刑罰法規が特別法として詐欺罪の適用を排除する趣旨のものと認められない限り、詐欺罪の成立を認めることは、大審院時代から確立された判例であり、当裁判所もその見解をうけついで今日に至っているのである」。

解　説　本決定は、国家が農業政策の見地から営農意思を条件として土地の払下を行う際に、営農意思がない者が正規の代金を支払った上で払下を受けた事案につき、財物詐欺罪の成立を認めたものである。本件のように公的な性格を有する給付を不正に受ける行為については、そもそも国家の政策を乱すにすぎず、詐欺罪の定型性を欠くとする見解も見られるが、判例・多数説はこのような場面であってもそれが国有財産の侵害と認められる限りにおいて、詐欺罪の成立を認めうるとして、生活保護等の公的給付金・統制物資の不正購入・国民健康保険被保険者証（療養の給付を受けるために必要）の不正受交付等について財物詐欺罪の成立を認めている。なお、本件の場合は正規の代金を支払っていることから、国家の側における損害の存否が問題となりうるが、本件では農業用地という限られた資源を、それに相応しい者に提供するという財産主体としての利益が害されているのであって（私人が農業後継者を募集し、自己の保有する農地を譲渡する場合を想起されたい）、その意味における損害は否定できないように思われる。

▼**評釈**——菊池京子・百選Ⅱ47、松原久利・百選Ⅱ（四版）45

関連条文　二四六条一項

騙取の意義

70 最2判昭和26・12・14刑集五巻一三号二五一八頁

関連条文 二三五条・二四六条一項

相手方を欺いて財物を持参させた後に、相手方がその場を離れた間に財物を持ち去った場合、詐欺罪における交付行為は認められるか。

事　実　被告人甲は、相手方を誤信させて、油糧公団へ持参すべく現金の入った風呂敷包みを用意させた上で、相手方が玄関先に上記風呂敷包みを置いて便所に赴いた隙に、風呂敷包みを持って逃走した。第一審・原審いずれも、上記事実につき詐欺罪の成立を認めたことから、甲が上告した。

裁判所の見解　上告棄却。「刑法二四六条一項に定むる財物の騙取とは犯人の施用した欺罔手段により、他人を錯誤に陥れ、財物を犯人自身又はその代人若くは第三者に交付せしむるか或はこれ等の者の自由支配内に置かしむることを謂うのであって（論旨引用の大正12年（れ）一二七二号同年一一月二〇日大審院判決大審院判例集二巻八一六頁）原判決も亦『被告人Xが判示Aに虚言を弄し、同人をしてその旨誤信させた結果同人をして任意に判示の現金を同被告人の事実上自由に支配させることができる状態に置かせた上でこれを自己の占有下に収めた事実であるから刑法二四六条に該る』と判断しているのであって、大審院判決と相反する判断を示めしたものではない。」

解　説　財物詐欺罪は、相手方を欺く行為により錯誤に陥った相手方が財物を交付させることにより成立するものであって、相手方の交付行為によらずに財物の占有が移転した場合においては、詐欺罪ではなく窃盗罪が成立する。本件においては、財物の移転が、相手方の交付行為によってなされたといえるかが問題とされたところ、欺かれた相手方が当該目的物を相手方の自由支配内に置かせたといえるのであれば交付行為が認められるとして、詐欺罪の成立を認めた。本判決の判示については、一般論としては学説も支持するところではあるが、具体的事案については、目的物たる現金は相手方が玄関先に持ってきたにすぎず、依然として相手方の支配領域内にあるものと認めうることから、本件において交付行為の存在を前提に詐欺罪の成立を認めた結論には疑問が残るように思われる。

▼**評釈**――佐藤拓磨・判プラⅡ289

欺く行為の意義

71 最2判平成26・3・28刑集六八巻三号五八二頁

関連条文 二四六条二項

取引相手の属性を知ったならば相手方が取引に応ずることがなかった場合において、その属性を秘して取引を申し込む行為は、欺く行為といえるか。

事　実　被告人甲らは、暴力団に属する者であったところ、約款で暴力団関係者による利用を拒否する旨規定するとともにその旨の意向を表明する立看板を設置しているゴルフ場において、自らが暴力団員であることを秘したまま、ゴルフ場の利用を申し込み、その施設を利用するとともに利用料金を支払った。第一審及び原審は、上記施設を利用した事実につき利益詐欺罪の成立を認めた。甲が上告。

裁判所の見解　破棄自判、無罪。「暴力団関係者であるビジター利用客が、暴力団関係者であることを申告せずに、一般の利用客と同様に、氏名を含む所定事項を偽りなく記入した『ビジター受付表』等をフロント係の従業員に提出して施設利用を申し込む行為自体は、申込者が当該ゴルフ場の施設を通常の方法で利用し、利用後に所定の代金を支払う旨の意思を表すものではあるが、それ以上に申込者が当然に暴力団関係者でないことまで表しているとは認められない。そうすると、本件における被告人及びAによる本件各ゴルフ場の各施設利用申込み行為は、詐欺罪にいう人を欺く行為に当たらないというべきである。」

解　説　本判決は、暴力団関係者による利用を拒絶しており、かつその旨の一般的な表示がなされているゴルフ場において、暴力団関係者がその旨を秘してゴルフ場の利用を申し込む行為については、詐欺罪にいう人を欺く行為には当たらないとした。詐欺罪における欺く行為は、積極的に虚偽の事実を告げる場合のほか、取引上重要とされる事実を告知しない場合にも問題となりうる。このうち、支払の意思・能力が欠けることを告げずに取引を申し込んだ場合においては、当該申込行為自体が支払の意思・能力を前提としていることから挙動による欺く行為が認められる一方で、行為者において当該事実を相手方に告知すべき信義則上の義務があることを理由に、不作為による欺く行為を認める構成をとるものもある。本件では前者の、挙動による欺く行為の成否を検討した上で、現地におけるゴルフ場の営業の実態に照らし、暴力団関係者である旨の事実を秘匿する行為は、いまだ利用者が暴力団関係者ではないとの表示を含むものではないとして、申込行為を詐欺罪の手段行為とすることを否定したものといえる。

▼**評釈**――林美月子・平成26年重判（刑法7）、伊藤渉・刑ジャ四二号

財産的損害(1)

72 最2決昭和34・9・28刑集一三巻一一号二九九三頁

関連条文　二四六条一項

欺く行為の相手方が相当対価の提供を受けている場合において、当該対価の内容について錯誤が認められる場合、詐欺罪における財産的損害は認められるか。

事　実　被告人甲は、医師でなく、また電気医療器販売につき県知事の指定を受けている者でもなかったが、顧客に対し、医師あるいは知事の指定を受けた販売業者であるかのように装って、有名な病院にのみあって一般には入手困難であるところの、難病に特効のある新しい医療機器と称して、実際には一般に市販されているところのドル・バイブレーター（電気按摩器）を販売した上で、代金等名下に金員の交付を受けた。第一審及び原審は、上記事実につき財物詐欺罪の成立を認めたことから、甲が上告した。

裁判所の見解　上告棄却。「たとえ価格相当の商品を提供したとしても、事実を告知するときは相手方が金員を交付しないような場合において、ことさら商品の効能などにつき真実に反する誇大な事実を告知して相手方を誤信させ、金員の交付を受けた場合には、詐欺罪が成立する。」

解　説　本決定においては、販売する商品の効能等の属性について相手方を欺き、代金の支払を受けた場合においては、当該商品が価格相当のものであったとしても、詐欺罪の成立は否定されないとしている。詐欺罪は、欺かれて錯誤に陥った相手方が財物を交付し、行為者においてこれを取得することにより成立し、被害者に財産的損害を生ずることは要件とされてはいない。そのため、欺かれなければ財物を交付しなかったという関係がありさえすれば損害も認められるとする形式的個別財産説が主張されている一方、当該錯誤が財産取引上重要な事項に係るものであることが必要であるとする実質的個別財産説、さらに、相手方の個別事情ないし取引目的に照らし、相手方の有する財産的価値の減少をきたすことが必要であるとする全体財産説もある。本件事案においては、形式的個別財産説からはもとより、実質的個別財産説からも、当該機器の効能について事実に反する説明をしていることから、取引上重要な事項について偽ったものとして、詐欺罪の成立を認めることができる事案といえよう。なお、本件において行為者は医師の資格を詐称しているが、単にこの点のみを偽ったに止まるのであるならば、実質的個別財産説からは、本件取引においては必ずしも重要でない事項であって、詐欺罪の成立を否定する余地があることとなろう。

▼評釈――大塚裕史・百選Ⅱ（六版）46、伊藤渉・百選Ⅱ48

財産的損害(2)

73 最1判平成13・7・19刑集五五巻五号三七一頁

関連条文 二四六条一項

相手方を欺く行為により、相手方における代金の支払時期を早めた場合、詐欺罪における財産的損害は認められるか。

事実　被告人甲らは、建設会社Aに勤務する者であるが、Aが請け負ったくい打ち工事において、汚泥処理量が見積量を大きく下回ったことから、当初の見積量に近い量の内容虚偽の汚泥処理券を作成し、これを発注者の担当者に提出することにより完成検査に合格させ、A名義の口座に工事代金の振替入金を行わせた。

第一審は、処理券の内容が虚偽であることが分かったならば、汚泥の適正処理がなされたか検査するために合格が留保されたとして、実際になされた時点での入金につき詐欺罪の成立を認めたのに対し、原審は、汚泥の不法投棄がなされたものと認定した上で代金の減額がなされるべきであったという理由により詐欺罪の成立を肯定した。甲らが上告。

裁判所の見解　破棄差戻。本契約においては、支払代金の減額がなされるべき場合ではないとした上で、「請負人が本来受領する権利を有する請負代金を欺罔手段を用いて不当に早く受領した場合には、その代金全額について刑法246条1項の詐欺罪が成立することがあるが、本来受領する権利を有する請負代金を不当に早く受領したことをもって詐欺罪が成立するというためには、欺罔手段を用いなかった場合に得られたであろう請負代金の支払とは社会通念上別個の支払に当たるといい得る程度の期間支払時期を早めたものであることを要すると解するのが相当である。」

解説　本判決は、相手方を欺く行為により、相手方による代金の支払を本来の時期よりも早めるに至った場合において、詐欺罪が成立するためには、当該支払時期の繰り上げによって、社会通念上別個の支払いがなされるに至ったと認められることが必要であるとした。すなわち、相手方を欺いて、錯誤に陥った相手方から財物の交付を受けたという事実だけでは詐欺罪は成立せず、本件の場合においては支払時期の実質的な意味における繰り上げが必要であるとしたものであって、当該支払が実質的な意味における損害と評価できることが必要である、と解したものといえよう。ここで、実質的な意味での支払の繰り上げの有無を判断するに当たっては、当該債務の金額ないし性質（とりわけ支払時期の厳格性・確定性）が考慮されるべきであるものと解されるところ、本件においては汚泥処理検査の完了という、不確定的な事情に支払時期が左右されるという要素が考慮されたものと思われる。

▼**評釈**――樋口亮介・百選Ⅱ49、松原芳博・百選Ⅱ（六版）47

自己名義の預金通帳の取得

74　最三決平成19・7・17刑集六一巻五号五二一頁

関連条文　二四六条一項

第三者に譲渡する意図を秘して、金融機関より預金通帳の交付を受ける行為は、詐欺罪に当たるか。

事実　被告人甲は、第三者に譲渡する預金通帳及びキャッシュカードを入手するため、Aらと意思を通じ、金融機関の支店において、A名義の普通預金口座の開設並びに同口座開設に伴う自己名義の預金通帳及びキャッシュカードの交付方を申し込み、それぞれ行員よりこれらの交付を受けた。以上の金融機関においては、契約者に対して、総合口座取引規定等の約款により、預金契約に係る一切の権利、通帳、キャッシュカードを名義人以外の第三者に譲渡、質入れ又は利用させるなどすることを禁止しており、第三者譲渡目的で上記預金通帳ないしキャッシュカードの交付を申し込んでいることが分かれば、行員においてこれらの物の交付に応じることはなかった。第一審及び原審は、上記事実につき財物詐欺罪の成立を認めたことから、甲が上告した。

裁判所の見解　上告棄却。「以上のような事実関係の下においては、銀行支店の行員に対し預金口座の開設を申し込むこと自体、申し込んだ本人がこれを自分自身で利用する意思であることを表しているというべきであるから、預金通帳及びキャッシュカードを第三者に譲渡する意図であるのにこれを秘して上記申込みを行う行為は、詐欺罪にいう人を欺く行為にほかならず、これにより預金通帳及びキャッシュカードの交付を受けた行為が刑法二四六条一項の詐欺罪を構成することは明らかである。」

解説　本件においては、金融機関の職員を欺いて預金通帳の発行を受ける行為について、金融機関における取引の実情及び、預金通帳の性格を踏まえた上で、財物詐欺罪の成立が認められた。相手方を欺いて書面を作成させ、その交付を受ける行為については、印鑑証明書・旅券・運転免許証につき、単なる資格証明にかかる文書を作成させるにすぎないとして財産的利益の侵害を伴うものではないことを理由に詐欺罪の成立を否定したものがある一方、輸出証明書・簡易生命保険証書・国民健康保険被保険者証の発行を受ける行為については、それが所定の給付を受けるために必要とされる書面であることを理由に、詐欺罪の成立が認められるとしている。本件においては、金融機関における預金通帳が問題となっているところ、金融機関における預金口座を用いた取引においては、厳格な本人確認がなされ、口座名義人以外の者による口座利用は許されないという実情に照らし、他人に使用させる目的での預金通帳の取得につき、詐欺罪の成立を認めたものと解される。

▼**評釈**——長井圓・平成19年重判（刑法9）、十河太朗・判プラⅡ288

搭乗券の取得

75 最1決平成22・7・29刑集六四巻五号八二九頁

関連条文 二四六条一項

第三者を搭乗させる意図を秘して、航空会社より航空機搭乗券の交付を受ける行為は、詐欺罪に当たるか。

事実 被告人甲らは、行先国への不法入国を企図している者のために目的地への搭乗券を交付させようと企て、航空会社から業務板城を受けている係員に対し、上記不法入国を企図している者に搭乗券を交付して搭乗させる意図であるにもかかわらず、これを秘して、A名義の航空券及び日本国旅券を呈示して、Aが搭乗するものと誤信させることにより搭乗券の交付を受けた。第一審及び控訴審は財物詐欺罪の成立を認めたことから、甲が上告した。

裁判所の見解 上告棄却。「本件係員らは、搭乗券の交付を請求する者に対して旅券と航空券の呈示を求め、旅券の氏名及び写真と航空券記載の乗客の氏名及び当該請求者の容ぼうとを対照して、当該請求者が当該乗客本人であることを確認した上で、搭乗券を交付することとされていた。」これは、「当該乗客以外の者を航空機に搭乗させないことが本件航空会社の航空運送事業の経営上重要性を有していたからであって、本件係員らは、上記確認ができない場合」、あるいは「搭乗券の交付を請求する者がこれを更に他の者に渡して当該乗客以外の者を搭乗させる意図を有していることが分かっていれば、その交付に応じることはなかった。」

「以上のような事実関係からすれば、搭乗券の交付を請求する者自身が航空機に搭乗するかどうかは、本件係員においてその交付の判断の基礎となる重要な事項であるというべきであるから、自己に対する搭乗券を他の者に渡してその者を搭乗させる意図であるのにこれを秘して本件係員らに対してその搭乗券の交付を請求する行為は、詐欺罪にいう人を欺く行為にほかならず、これによりその交付を受けた行為」は本罪に当たる。

解説 本決定は、航空機に搭乗するに際して必要となる搭乗券を、記載された者以外の者を搭乗させる意図で交付させる行為につき、財物詐欺罪の成立を認めたものである。相手方を欺いて書面の発行を受ける行為については、判例は旅券・運転免許証等資格を証明するに止まる文書については否定的である一方、簡易生命保険証書・国民健康保険被保険者証等一定の給付を受けるのに必要な書面については、詐欺罪の成立を肯定している。本件では航空機搭乗券を、第三者を搭乗させる意図で発行を受けた事案において、詐欺罪の成立を肯定しているが、身元の明らかでない者が搭乗することによって生ずるべき航空会社の負担（不法入国による制裁金・テロ行為の危険等）を根拠としたものと思われる。

▼**評釈**——大塚裕史・百選Ⅱ50、和田俊憲・平成22年重判（刑法10）

誤振込み

76 最2決平成15・3・12刑集五七巻三号三二二頁

関連条文 二四六条一項

自己名義の口座に、誤って振り込まれた預金残高がある場合に、口座名義人が情を知りながら当該預金残高の払戻しを受ける行為は、詐欺罪に当たるか。

事実 Aは、従来別の振込先に金員を反復継続して送金していたところ、Aの親族により誤って被告人甲名義の口座に振込先を変更する届出がなされたことから、Aの代行業者において、上記口座への振込がなされるに至った。甲は、上記振込が入金予定のないものであることを知りながら、これを自己の債務の返済に充てる目的で、金融機関の支店において上記振込が誤振込であるとの事実を告げることなく、その時点での残高の大部分に当たる金額の払戻しを受けた。第一審は、上記行為は銀行取引において信義則上許されない行為であるとして、これを正常な払い戻しだと装って請求するのは詐欺罪に当たるとし、原審は、依頼人と受取人の紛争に金融機関が巻き込まれるおそれがあることから、誤振込の存在は金融機関にとっては看過できないとして、上記事実を秘して払戻請求を行うのは詐欺罪に当たるとした。甲が上告。

裁判所の見解 上告棄却。本件振込の場合、「被告人は、銀行に対し、上記金額相当の普通預金債権を取得する」が、銀行実務では、誤って振込依頼をした者からの申出に応じて振込依頼前からの状態に戻す手続（組戻し）や、受取人からの指摘に応じ、自行の入金処理の確認ないし依頼先の銀行への照会等を行っていることから、「銀行にとって、払戻請求を受けた預金が誤った振込によるものか否かは、直ちにその支払に応ずるか否かを決する上で重要な事柄で」あり、「受取人においても、銀行との間で普通預金取引契約に基づき継続的な預金取引を行っている者としては、銀行に上記の措置を講じさせるため、誤った振込があった旨を銀行に告知すべき信義則上の義務がある」として、詐欺罪の成立を肯定した。

解説 本件で問題となったところの、いわゆる誤振込に係る預金残高につき、その旨を告げることなく金融機関から払戻を受ける行為については、詐欺罪の成否を巡って対立がみられる。積極説は、本決定が指摘するように、金融機関における組戻し等の処理の機会を与えるべく、口座利用者には信義則上の告知義務があるとし、あるいは上記払戻は権利濫用であって正当な払戻ではないとする一方で、消極説は、預金債権が有効に成立している以上払戻請求を詐欺罪に問うべきではなく、自己の口座に偶然に入金された金銭に係る占有離脱物横領の成立を認めるべきだとし、あるいは当該金銭は依頼人の所有に属するものではなく、依頼人には民事上の不当利得返還を認めれば足りるとして無罪だとしている。

▼**評釈**――松澤伸・百選Ⅱ51、高橋則夫・百選Ⅱ（六版）49

無銭飲食・宿泊

77 最1決昭和30・7・7刑集九巻九号一八五六頁

関連条文 二四六条二項

一時外出を装って、そのまま逃走することにより飲食・宿泊代金の支払を免れる場合、詐欺罪の成立は認められるか。

事実 被告人甲は所持金がなく代金支払いの意思がないにもかかわらず、料亭Aにおいて宿泊・飲食をなした後に、自動車で帰宅する友人を見送ると告げて店先に出てそのまま逃走した。第一審は以上の行為につき、一項・二項を区別せず二四六条を適用し、原審は飲食等の行為と代金支払いを免れた行為とを包括して一個の詐欺罪が成立するとして、甲からの控訴を棄却したので、甲が上告した。

裁判所の見解 上告棄却。「詐欺罪で得た財産上不法の利益が、債務の支払を免れたことであるとするには、相手方である債権者を欺罔して債務免除の意思表示をなさしめることを要するものであって、単に逃走して事実上支払をしなかっただけでは足りるものではない」として、上記行為のうち逃走により「代金支払を免れた詐欺罪の既遂と解したことは失当である」が、結局「逃亡前すでにAを欺罔して、……宿泊、飲食をしたときに刑法二四六条の詐欺罪が既遂に達した」ものと認められる。

解説 本件においては、当初より代金支払いの意思なく宿泊・飲食物の提供を受けたものであるとして、その時点で詐欺罪が成立するとされた事案であることから傍論ではあるものの、退出時における支払い免脱に係る利益詐欺罪の成立要件について判示したものである。すなわち、利益詐欺罪においては相手方の交付行為により財産上の利益が移転することが必要であることから、債務免除の意思表示をさせることが必要だとしたのである。確かに、単に逃走するだけでは本罪の成立を認めるべきではないが、詐欺罪にいう交付行為は、財産上の利益を事実上移転させる行為であれば足りるとすべきであって、本決定の基準は厳格にすぎるのではあるまいか。「今晩必ず帰ってくる」と告げて外出し、そのまま戻らなかった事案について、交付行為の存在を認め利益詐欺罪だとした事例もあるが、一時的な外出の容認であっても、それが相手方による債務の履行を委ねるものであるならば、交付行為がなされたものとして本罪の成立を認める余地もあるように思われる。

▼**評釈**――髙山佳奈子・百選Ⅱ52、内田博文・百選Ⅱ（六版）50

債務の履行・弁済の一時猶予

78 最2判昭和30・4・8刑集九巻四号八二七頁

関連条文　二四六条二項

相手方から債務の履行につき督促がなされた場合において、履行の提供を装って相手方の請求を一時的に免れた場合、詐欺罪の成立は認められるか。

事実　被告人甲はりんごの仲買業者であったが、契約でりんごを貨車積で所定の駅まで輸送しそこで受取人に引き渡すべきこととなっていたにもかかわらず、その履行が遅滞していたため相手方から再三の催促を受けていたことから、発送する意思がないのに、相手方を発送駅に案内した上で、りんごを貨車に積んで送り先の駅の車票を挿入して発送の手続きが完了したかのように見せかけ、その結果相手方が安心して帰宅するに至った。第一審は上記事実につき、りんごを発送すべき債務の弁済を免れたものとして、利益詐欺罪の成立を認め、原審も控訴を棄却したことから甲が上告した。

裁判所の見解　破棄差戻。本罪が成立するためには、「他人を欺罔して錯誤に陥れ、その結果被欺罔者をして何らかの処分を為さしめ、それによって、自己又は第三者が財産上の利益を得たのでなければならない」が、第一審は安心して帰宅したと述べているだけで、「同人の側にいかなる処分行為があったか」、また、「被告人がどんな財産上の利益を得たかについても……何ら明らかにされてはいない」。

相手方の請求を一時的に免れた場合においては、「債権者がもし欺罔されなかったとすれば、その督促、要求により、債務の全部又は一部の履行、あるいはこれに代り又はこれを担保すべき何らかの具体的措置が、ぜひとも行われざるをえなかったであろうといえるような、特段の状況が存在したのに、債権者が、債務者によって欺罔されたため、右のような何らか具体的措置を伴う督促、要求を行うことをしなかった場合にはじめて、債務者は一時的にせよ右のような結果を免れたものとして、財産上の利益を得たものということができる」が、このような事情については、何ら説示されておらず、必要な審理も尽くされていない。

解説　本件においては、債務者が債権者を欺く行為によって、一時的に督促を免れた行為につき、財産上の利益を得たといえるための要件について判示したものである。すなわち、債務者が履行遅滞に陥っていた場合において、債権者による催告を免れただけでは、財産上の利益を得たことにはならないとして、それが認められる場合として、債務の履行ないしこれを担保する具体的措置が確実になされるべき状況であった等の特別の事情が必要だとしている。なお、利益移転の具体性はこの他、当該債務の履行が社会通念上別個のものといえる程度に事実上延期された場合等に認められよう。

▼評釈——古川伸彦・百選Ⅱ56、只木誠・百選Ⅱ（六版）54

キセル乗車

79 大阪高判昭和44・8・7刑月一巻八号七九五頁

関連条文 二四六条二項

いわゆるキセル乗車の事案において、乗車駅にて途中駅までの乗車券を係員に提示して鉄道を利用する行為につき、詐欺罪の成立は認められるか。

事実 被告人甲は、乗車駅から下車駅まで継続して乗車する際、乗車駅からその少し先までの乗車券及び、下車駅の少し手前より下車駅までの乗車券を入手した上で、差額運賃を支払わずに鉄道を利用する意図であるにもかかわらず、その意図を秘して、乗車駅からの乗車券を呈示して入場し乗車した。下車駅に到着後、無人改札口を出ようとしたところを鉄道公安員に発見され、下車駅までの乗車券を呈示したが未使用であったことから上記行為が発覚するに至った。原審は乗車駅において乗車券を改札係員に呈示する行為においては、係員は入場を許諾したにすぎず、無賃乗車区間を乗車することについて許諾したものではないとして、利益詐欺罪の成立を否定した。検察官が控訴。

裁判所の見解 破棄自判、有罪。「乗車区間の一部について乗車券を所持していても、その乗車券を行使することが不正乗車による利益を取得するための手段としてなされるときには、権利の行使に仮託したものに過ぎず、とうてい正当な権利の行使とはいえないから、その乗車券を有する区間を包括し、乗車した全区間について詐欺罪が成立する」。改札係員は、このような不正乗車の手段として用いた乗車券を本来回収すべきところ、被告人を「正常な乗客と誤信したため」、「改札口を通過させ、……列車に乗車させ」、組織体の一職員としてこの措置を受けた乗務員において下車駅まで輸送したことは、被告人に対し「輸送の有償的役務を提供するという処分行為をしたものというべきであり、右の処分行為により」被告人が「輸送の利益を受け、不法の利益を得たことは明らかである」。

解説 本件において問題となった、いわゆるキセル乗車の事案においては、乗車時に不正使用目的で乗車券を呈示することにより鉄道による輸送の役務を得たとする構成と、下車駅において途中駅からの乗車券を提出することにより、精算すべき金額があるのにないかのように装って出場し、精算を免れたとする構成が考えられる。本判決は、前者の構成をとったものであるが、これに対しては、乗車時においては外形上正常な乗客と区別できず、詐欺罪の成立を認めるには早すぎるとの批判がある。他方、後者の構成に関しては、改札係員における交付行為の存否が問題となりうるが、請求権の存在に係る認識すなわち交付意思を要しないとする見解からは、交付行為が認められ利益詐欺罪の成立を肯定することができよう。

▼**評釈**――本間一也・百選Ⅱ53、丸山雅夫・百選Ⅱ（六版）51

訴訟詐欺

80 最1判昭和45・3・26刑集二四巻三号五五頁

関連条文　二四六条一項

失効した債務名義に基づいて名宛人以外の者が占有する不動産につき、強制執行を行わせる行為につき、詐欺罪の成立は認められるか。

事　実　被告人甲は、金融業者A社との和解調書において、A社に対する債務の存在を認めるとともに、自己の家屋につき抵当権を設定しかつ債務の代物弁済予約の目的物とする旨記載させたが、上記債務が完済され和解調書がその効力を失った後に、別の債権者Bが上記家屋を強制執行により所有・占有するに至った。そこで、甲らはその奪回を企て、失効した上記和解調書正本につき裁判所書記官補から執行文の付与を受け、さらに上記執行文を執行吏に提出して上記家屋に係る強制執行を行わせ、Bの占有下からA社の占有下へと移転させた。第一審及び原審が財物詐欺罪の成立を認めたことから、甲らが控訴した。

裁判所の見解　破棄自判して無罪。「詐欺罪が成立するためには、被欺罔者が錯誤によってなんらかの財産的処分行為をすることを要するのであり、被欺罔者と財産上の被害者が同一人でない場合には、被欺罔者において被害者のためその財産を処分しうる権能または地位のあることを要する」。本件において、「二番目の強制執行に用いられた債務名義の執行債務者は、あくまで被告人……であって、Bではないから、もとより右債務名義の効力がBに及ぶいわれはなく、したがって、本件で被欺罔者とされている裁判所書記官補および執行吏は、なんらBの財産である本件家屋を処分しうる権能も地位もなかったのであり、また、同人にかわって財産的処分行為をしたわけでもない」から、本件被告人の行為は詐欺罪に当たらない。

解　説　本件は、裁判所に虚偽の申立を行うことにより相手方から財物ないし財産上の利益を取得するところのいわゆる訴訟詐欺が問題となった事案である。相手方に虚偽の債権に基づく訴えを提起し、勝訴判決を得ることによって相手方から目的物を取得するという典型的な訴訟詐欺の類型においては、判例は裁判所を欺くことにより、被害者に不利な内容の判決が下され、これに基づき行為者が被害者より目的物を取得することにより詐欺罪が成立するとしている。これに対して本件では、行為者によってなされた申立の効力が被害者に及ばないことを理由に、詐欺罪の成立が否定された。すなわち、現に訴訟手続きにおいて敗訴判決を受けた者と異なり、本件被害者はそのあずかり知らないところで強制執行の外形によりその占有を失ったのであるから、当該占有移転は裁判所の交付行為とはいえない、と解したものといえよう。

▼評釈――森永真綱・百選Ⅱ55、本間一也・百選Ⅱ（六版）53

自己名義のクレジットカードの不正使用

81 東京高判昭和59・11・19判タ五四四号二五一頁

関連条文　二四六条一項・二項

クレジットカードの会員が、最終的な支払の意思・能力を欠くにもかかわらず自己名義のカードを用いて商品を購入する行為は、詐欺罪に当たるか。

事　実　被告人甲は、クレジットカードの名義人と共謀の上、カード会社に対し代金を支払う意思・能力を有しないにもかかわらず、加盟店において電気製品等商品の購入を申し込み、上記カードを提示してクレジットカード売上票にサインすることにより、その場で現金を支払うことなく、加盟店から上記商品の引き渡しを受けた。原審は上記事実につき、商品を詐取したものとして財物詐欺罪の成立を認めたことから、甲が控訴した。

裁判所の見解　クレジットカードによる物品販売のシステムは、「会員が後日クレジット会社に代金及び利息……を必ず支払うことを前提とするものである以上、会員に、後日クレジット会社に代金及び利息……を必ず支払うことを前提とするものである以上、会員に、後日クレジット会社に代金及び利息……を支払う意思も能力もないことが明らかな場合には、販売店は右会員に対し物品の販売を拒否することにより、クレジット会社に不良債権が発生しないようにすべき信義則上の義務を負っていることは、右システム自体からしておのずから明らかであり、」「会員が販売店の従業員に対して後日クレジット会社に対し代金及び利息……を支払う意思も能力もないのにこれあるように装い、右従業員がその旨誤信し物品を販売した場合には、会員の欺罔も従業員の錯誤もある」から、刑法二四六条一項の詐欺罪が成立する。

解　説　クレジットカードを用いて商品を購入する場面においては、盗取カードの使用等カード取引の権限自体を欠く場合については、加盟店より当該商品を詐取したものと認められることには問題はない。これに対して、自己名義のカードを用いて商品を購入する際、最終的に代金を支払う意思・能力を欠く場合においては、欺く行為自体が欠けるとして詐欺罪の成立を否定する見解もあるが、多数説は詐欺罪の成立を肯定する。肯定説は、判例と同様に加盟店に対する詐欺罪を認める構成、カード会社に対する詐欺罪を認める構成に大別される。前者は正当なカード取引ではない以上通常の取込詐欺と同様に扱うべきだとして、商品の詐取をもって加盟店の損害を認める。これに対し、後者の見解では、損害の実体はカード会社が最終的に回収できないような代金の立替払いを負担させられることにあるとして、加盟店を欺いてカード会社に立替払い債務を負担させた点をとらえて詐欺罪の成立を認める。

▼**評釈**――末道康之・百選Ⅱ（五版）49、吉田敏雄・百選Ⅱ（四版）45

他人名義のクレジットカードの不正使用

82 最2決平成16・2・9刑集五八巻二号八九頁

関連条文 二四六条一項

クレジットカードの会員以外の者が、当該カードを用いて商品を購入する行為は、会員の同意があっても詐欺罪に当たるか。

事　実　被告人甲は、A名義のクレジットカードを入手し、加盟店であるガソリンスタンドにおいて、Aになりすまして上記カードを呈示し、店員より給油を受けた。その際、上記カードは、Aから預かっていた者から何らかの経緯で被告人に交付されるに至った可能性があった。第一審は、名義人以外の者によるカードの使用は、加盟店においてはこれに応じないのが通常であることから、上記のような可能性があったとしても、これによる商品の購入は原則として詐欺罪に該当するとして、財物詐欺罪の成立を認め、原審もこれを支持した。甲が上告。

裁判所の見解　上告棄却。「被告人は、本件クレジットカードの名義人本人に成り済まし、同カードの正当な利用権限がないのにこれがあるように装い、その旨従業員を誤信させてガソリンの交付を受けたことが認められるから、被告人の行為は詐欺罪を構成する。仮に、被告人が、本件クレジットカードの名義人から同カードの使用を許されており、かつ、自らの使用に係る同カードの利用代金が会員規約に従い名義人において決済されるものと誤信していたという事情があったとしても、本件詐欺罪の成立は左右されない。」

解　説　本件は、他人名義のクレジットカードを用いて加盟店から商品を購入し、その交付を受ける行為につて、詐欺罪の成立を認めた事案であるが、行為者がカードを使用するに当たり、名義人からカードの使用を許されていたものと誤信していたという事情がある。したがって、名義人による許諾があり、カードの使用による決済が名義人においてなされるという事情があったとして、なお詐欺罪の成立が認められるかが問題となる。ここでは、名義人以外の者によるカードの使用は本来的に禁止されていることから、詐欺罪の成立を肯定すべきとする積極説、最終的に代金の支払いを負担する者が承諾しているのであれば詐欺罪の成立を否定すべきとする消極説、原則的には詐欺罪が成立するものの家族等による使用であって本人による使用と同視しうる限りにおいて詐欺罪の成立を否定する中間説が見られる。本決定によって支持された原審の判断においては、使用者と名義人の人的関係、承諾の具体的内容、使用状況に照らして名義人本人による使用と同視しうるかを問題としており、中間説に依拠したものと思われる。

▼**評釈**——川崎友巳・百選Ⅱ54、荒川雅行・百選Ⅱ（六版）52

クレジット契約の締結……釜焚き事件

83 最2決平成15・12・9刑集五七巻一一号一〇八八頁

関連条文 二四六条

相手方を欺いて金員を交付させるに当たり、行為者及び相手方が別途第三者を欺いて当該第三者より行為者に上記金員を交付させる行為は、相手方に対する詐欺罪に当たるか。

事実　被告人甲らは、病気などの悩みを抱えている相手方に対し、その原因がいわゆる霊障であり、「釜焚き」と称する儀式によって直接かつ確実に病気などを治癒させる効果があるものと申し向けて、釜焚き料名下に金員を要求した際、釜焚き料を直ちに支払うことのできない者に対しては、相手方の経営する薬局などから商品を購入したように仮装し、その購入代金につき信販会社とクレジット契約（立替払契約）を締結させることにより、これに基づいて信販業者から甲らの管理する普通預金口座へ代金相当額を振込送金させた。第一審及び原審は、信販会社から立替払の形で振込送金させた事実についても、相手方に対する詐欺罪の成立を認めたことから、甲から上告がなされた。

裁判所の見解　上記の事実については、「被告人らは、被害者らを欺き、釜焚き料名下に金員をだまし取るため、被害者らに上記クレジット契約に基づき信販業者をして立替払をさせて金員を交付させたものと認めるのが相当である。」「この場合、被告人ら及び被害者らが商品売買を仮装して立替金を交付させた行為が信販業者に対する別個の詐欺罪を構成するか否かは、本件詐欺罪の成否を左右するものではない。」

解説　本件においては、相手方を欺いて財物を交付させるに当たり、被害者は欺かれた者と同一であるが、交付に係る財物は第三者より直接交付される場合において、詐欺罪の成立が認められている。通常、詐欺罪が成立する場合においては、財物は被害者のもとから行為者のもとへ交付されるが、被害者の負担において財物を移転する場合においては、目的物が被害者の手元にあるわけではなく、第三者の手元にあるものを入手した上でこれを行為者側に移転することも考えられる。そうであるならば、被害者の負担において第三者より行為者側へ財物を移転する場合においても、これを目的物の交付とみることができよう。なお、本件の場合、被害者自身が第三者を欺いて財物を交付させたとして詐欺罪の成立が問題となりうるが、本決定はその場合であっても被害者に対する詐欺罪の成立を左右しないとしている。被害者が第三者から詐取した財物を、さらに行為者が被害者より詐取した場合と同様に考えるならば、これらは両立するものであって、被害者による詐欺行為は本件詐欺罪の成立を妨げるものではないと解されよう。

▼評釈——木村光江・平成16年重判（刑法10）

コンピュータ詐欺(1)

84 東京高判平成5・6・29高刑集四六巻二号一八九頁

関連条文 二四六条の二

金融機関の支店長が、ホストコンピュータの元帳ファイルに不正に預金残高を記録させる行為は、電子計算機使用詐欺罪に当たるか。

事実　被告人甲は信用金庫の支店長であったところ、自己の個人的債務の決済に充てる意図で、振込入金の事実がないにもかかわらず、債権者の普通預金口座への電信振込依頼書を作成の上、情を知らない職員をしてオンライン端末を操作することにより振込入金の処理をさせ、また、別の職員をして自己名義の当座預金口座に振込入金の処理をさせた。以上の事実につき、検察官が電子計算機使用詐欺罪で起訴したところ、原審は、背任罪（なお、旧商法四八六条所定の特別背任罪の成立を認めたが、本判決により同条の解釈・適用を誤ったものとされた）の成立を認めた。検察官控訴。

裁判所の見解　破棄自判（確定）。電子計算機使用詐欺罪にいう虚偽の情報とは、「電子計算機を使用する当該事務処理システムにおいて予定されている事務処理の目的に照らし、その内容が真実に反する情報」であって、本件における振込入金の場合は「入金等の入力処理の原因となる経済的・資金的実体を伴わないか、あるいはそれに符合しない情報をいうものと解するのが相当である。」被告人が「係員に指示して電子計算機に入力させた振込入金等に関する情報は、いずれも現実にこれに見合う現金等の受入れ等がなく、全く資金的・経済的実体を伴わないものであることが明らかである」から、虚偽の情報であって本罪が成立する。

解説　本判決は、金融機関の支店長が、自己の預金残高を水増しし、あるいは自己の債務の弁済をするために債権者の預金残高を水増しする旨の入力を行った場合において、背任罪の適用を否定し、電子計算機使用詐欺罪の成立を認めたものである。本件支店長の行為は一見すると、口座の入金処理に係る任務に違背して、信用金庫に損害を加えたように見える。たしかに、支店長が、入金処理の前提として何らかの形で任務に違背する取引（例えば不正融資）を行い、その実体を反映した入金処理がなされたのであれば背任罪が成立する一方、実体通りに符合する処理なのであるから「虚偽の情報」とはいえないであろう。しかし本件では、そのような取引の実体そのものがなく、まさに虚偽の入金に係る記録が入力されたのであるから、背任罪の成否を検討するまでもなく本罪の成立を認めたのは相当であろう。

▼**評釈**――神例康博・百選Ⅱ57、園田寿・百選Ⅱ（六版）55

コンピュータ詐欺(2)

85 東京地判平成7・2・13判時一五二九号一五八頁

関連条文 二四六条の二

電気通信事業者のコンピュータに、発信払ないし受信払に係る虚偽の信号を送信することにより、課金を免れる行為は、電子計算機使用詐欺罪に当たるか。

事　実　被告人甲は、国際通話料金を免れる目的で、自己の利用する電話回線より、着信払扱いにする旨の番号を発信し、次いで、相手国側の電話交換システムに対し、着信払扱いを取り消す旨の信号を送信して同扱いを取り消させながら、当該取消を確認する旨の信号の送信を妨害し、発信側では依然として着信払扱いの状態に置くことによって、発信国・相手国いずれにおいても自己が課金できる通話として扱うことができない状態にして、相手国との国際通話を反復した。以上の方法により通話料金の支払いを免れたものとして、甲は電子計算機使用詐欺罪で起訴された。

裁判所の見解　本件通話は、当初は着信払扱いとする信号を送信したものの、結局、交換手を関与させることなく電話回線を着信人に接続させていることから、本来発信国側において「通話料金を課金すべき自動通話であったと解することが相当である」。「被告人は、本件の不正通話によって」電気通信事業者の「電話料金課金システムに不実のファイルを作出させることで、事実上、何人からも、通話料金相当額の支払いを請求されないようにしたのであるから、本件においては被告人自身が、財産上不法の利益を得たものということができる。」

解　説　本判決は、国際電話の利用に際して、着信国払いの扱いにする旨の不正信号を送信し、その直後にこれを相手国側にこれを取り消す旨の信号を送信することでいずれの国の側からも自らが課金すべき通話として認識されないようにして通話を行った事案につき、料金の支払を免れる態様での電子計算機使用詐欺罪の成立を認めたものである。本件ではまず、通話のサービスを不正に得たこと自体が財産上の利得とならないかが問題となるが、本件通話の申込み自体については何ら虚偽内容ないし不正指令にかかる送信はなされているとはいえず、むしろ不正信号の送信により請求するか否かに関する不実の記録が作成されたものといえよう。それ故、請求を免れる態様での本罪の成立が問題となるところ、本判決では当初より交換手を介さずに接続させていることから、通常通り発信国側で課金すべき通話であるとして、その請求を免れたものとしている。なお、既遂時期であるが、通話がなされたにもかかわらず相当額の課金記録がなされなければ、その分については事実上請求される可能性はないのであるから、請求時期を待つことなく本罪は既遂に達するものと解されよう。

▼**評釈**——永井善之・百選Ⅱ58、井上宜裕・百選Ⅱ（六版）56

電子マネーの取得

86 最1決平成18・2・14刑集六〇巻二号一六五頁

関連条文 二四六条の二

使用権限のないクレジットカードの番号を入力することにより、電子マネーの使用権を購入する行為は、電子計算機使用詐欺罪に当たるか。

事　実　被告人甲は、窃取に係るクレジットカードの番号を用いて、電子マネーを不正に取得しようと企て、携帯電話機より、インターネットを介して、クレジットカード決済代行業者が電子マネーの販売に用いる電子計算機に、上記カードの名義人氏名、番号及び有効期限を入力・送信することにより、上記カードにて代金を支払う方法による電子マネーの購入を申し込み、上記業者の電子計算機に、カード名義人が電子マネーを購入したとの記録をなさしめ、相当額の電子マネーの利用権を取得した。第一審及び原審は、上記事実につき電子計算機使用詐欺罪の成立を認めたことから、甲が上告した。

裁判所の見解　上告棄却。被告人の行為については、「本件クレジットカードの名義人による電子マネーの購入の申込みがないにもかかわらず、本件電子計算機に同カードに係る番号等を入力送信して名義人本人が電子マネーの購入を申し込んだとする虚偽の情報を与え、名義人本人がこれを購入したとする財産権の得喪に係る不実の電磁的記録を作り、電子マネーの利用権を取得して財産上不法の利益を得た」ものとして、電子計算機使用詐欺罪の成立が認められる。

解　説　本決定は、無権限で他人のクレジットカードの番号を入力することによって電子マネーの利用権を購入する行為につき、電子計算機使用詐欺罪の成立を認めたものである。本件においては、実在しかつ有効なクレジットカードの番号が入力されていることから、決済代行業者にとっては「虚偽の情報」を与えたことにはならないのではないか、という疑問が生じうるが、本決定はこれを積極に解した。すなわち、当該申込みは会員によってなされた申込みではなく、それ故に行為者において「虚偽の」電子マネー購入の記録を為さしめたものとしたことになる。なお、申込み自体を虚偽だとするのであるから、本件における財産上の利益は電子マネーに利用権そのものであって、請求先に関する虚偽の情報を与えることにより当該電子マネーの対価にかかる支払を事実上免れた、とする構成をとらなかったものといえよう。

▼**評釈**——鈴木左斗志・百選Ⅱ59、小田直樹・平成18年重判(刑法7)

権利行使と恐喝罪

87 最2判昭和30・10・14刑集九巻一一号二一七三頁

関連条文　二四九条一項

相手方に対して債権を有する者が、恐喝の手段により当該債権の内容を実現した場合、恐喝罪の成立は認められるか。

事　実　被告人甲は、Aの経営する会社から出資金を引き揚げるに当たり、残金三万円の支払いがなされなかったことから、知人らと共謀の上、知人らにおいて、要求に応じないならばAの身体に危害を加えるような態度を示し、「俺達の顔を立てろ」等と申し向けたことから、Aは要求に応じなければ身体に危害を加えられるかもしれないと思い、甲に残額三万円を含む六万円を交付した。第一審及び原審は、六万円全額につき恐喝罪が成立するとしたことから、甲が上告した。

裁判所の見解　上告棄却。「他人に対して権利を有する者が、その権利を実行することは、その権利の範囲内であり且つその方法が社会通念上一般に認容すべきものと認められる程度を超えない限り、何等違法の問題を生じないけれども、右の範囲程度を逸脱するときは違法となり、恐喝罪の成立することがあるものと解するを相当とする。」本件において被告人らが執った手段は、「もとより、権利行使の手段として社会通念上、一般に認容すべきものと認められる程度を逸脱した手段であることは論なく」、「Aをして金六万円を交付せしめた被告人等の行為に対し、被告人……のAに対する債権額のいかんにかかわらず、右金六万円の全額について恐喝罪の成立を認めた」原判決の判断は正当である。

本判決は、債権者が恐喝の手段により債務者から金銭の交付を受けた場合において、債権額のいかんにかかわらず、全額につき恐喝罪が成立するとしたものである。

解　説　債権者が債権額の範囲内で、その権利を行使する意図で、恐喝手段により金銭を交付させた場合においては、大別すると脅迫（ないし暴行）罪のみを認める説と、手段が社会通念上不相当であることを前提に恐喝罪の成立を認める説とが対立している。前者は財産犯の保護法益論における本権説を出発点とし、民事上適法に保持しうる利益のみが財産罪で保護されるとするのに対し、後者は、所持説を出発点とし、権利行使であっても不当な手段による行為は財産罪の成立を妨げないとし、あるいは刑法二四二条の適用が問題となる場合と異なり、相手方の所有権の権能を害するのであるから財産罪が適用されるとする。なお、本件のように債権額を超過する場合は、後者の説から全額につき恐喝罪が成立するのは当然であるが、前者の説からも、交付された金銭のどの部分について本罪に当たるか特定しえないとして全体について本罪を認める、とする余地もあろう。

▼**評釈**――末道康之・百選Ⅱ60、北川佳世子・百選Ⅱ（六版）58

恐喝罪における処分行為・不法の利益

88 最2決昭和43・12・11刑集二二巻一三号一四六九頁

関連条文　二四九条二項

恐喝の手段により相手方の請求を一時的に免れた場合、恐喝罪における処分行為及び不法利得は認められるか。

事　実　被告人甲は、洋酒喫茶店において飲食後、同点従業員から飲食代金の請求を受けた際、従業員等に対し、「そんな請求をしてわしの顔を汚す気か、お前は口が過ぎる、なめたことを言うな、こんな店をつぶす位簡単だ」等と申し向けて、同人等による請求を一時断念させるに至った。第一審は利益恐喝罪の成立を認め、原審も相手方の請求に対し脅迫の手段を用いて請求を一時断念させたのは、相手方の交付行為により財産上の利益を得たものと認められるとして、控訴を棄却した。甲が上告。

裁判所の見解　上告棄却。「被告人が一審判決判示の脅迫文言を申し向けて被害者等を畏怖させ、よって被害者側の請求を断念せしめた以上、そこに被害者側の黙示的な少くとも支払猶予の処分行為が存在するものと認め、恐喝罪の成立を肯定した」原判決の判断は相当である。

解　説　本決定は、恐喝の手段によって相手方の請求を一時的に免れる場合において、処分行為（交付行為）の存否が問題となったのに対し、これを肯定したものである。利益恐喝罪も利益詐欺罪と同様、相手方の瑕疵ある意思に基づいて財産上不法の利益を得ることが必要であるところ、本件のように相手方が請求を一時的に断念したに止まる場合、これをもって処分行為と認めうるかが問題となる。ここでは利益詐欺罪の場合と異なり、相手方は請求権の存在自体は認識しており、かつ本件のようにそのことが現に関心事となっている場合においては、請求を見合わせるという不作為に処分行為を認めることが可能だとしたものといえよう。

もっとも、一時的に請求を免れたに止まる場合において財産上の利得を肯定するためには、利益移転の具体性・現実性が必要であることに注意を要するところ、これが認められるためには、支払の延期が相当程度の期間に及び、社会通念上別個の支払といえるに足りるものといえるとか、行為者が畏怖しなければ、支払を確保するための措置が確実になされたといった事情が求められよう。

▼**評釈**——田寺さおり・百選Ⅱ61、岡上雅美・百選Ⅱ（六版）59

不法原因給付と横領罪

89 最2判昭和23・6・5刑集二巻七号六四一頁

関連条文 二五二条、民七〇八条

他人から贈賄の委託を受けてその資金（不法原因給付物）を預かり保管している者が、これを自己のために費消したときに、横領罪が成立するか。

事　実　被告人甲は、I警察署等で、乙及び丙（原審相被告人）から同人らの収賄行為を隠蔽する手段として、同人らの上司であるI警察署司法主任A等を買収するため、金二万二〇〇〇円（「本件金員」という）を受け取り保管中、犯意を継続して、数回にわたり、同金員のうち二万円を自己のモルヒネ買入代金等に費消した。原審は横領罪の成立を肯定した。これに対して、「金員給付の原因は……不法原因による給付であつて給付者たる乙らは甲に対し給付した金員の返還請求権を有せないのである。従つて甲は給付を受けた前記金員を自由に処分し得べき地位にあり之を自己の用途に費消」しても横領罪が成立しないとして上告した。

裁判所の見解　上告棄却。「横領罪の目的物は……物の給付者において民法上その返還を請求し得べきものであることを要件としていないのである。……甲の占有に帰した本件金員は甲の物であるといふことはできない。……本件金員は結局甲の占有する他人の物であつてその給付者が民法上その返還を請求し得べきものであると否とを問わず甲においてこれを自己の用途に費消した以上横領罪の成立を妨げない」。

解　説　横領罪は「他人の物」を領得する犯罪である。この他人性の判断は法秩序の統一という観点からは民事法と同じく判断されるのが望ましい。では本事案ではどうか。民法上、贈賄契約は無効であり（民九〇条）、贈賄依頼者の不当利得による返還請求は原則として否定されている（民七〇八条・不法原因給付）。たしかに、返還請求は否定されるものの、その所有権が委託者たる贈賄依頼者にとどまるとすれば、本判決の言うように「甲のもの」とはいえず、横領罪を成立させることにも理由がありそうである。

しかし、本判決後に民事判例は、未登記不動産を不法な原因に基づいて贈与し、引き渡した給付者の不当利得返還請求権のみならず、物権的返還請求権も否定し、その反射的効果として、その所有権が被給付者に帰属するとした（最大判昭和45・10・21民集二四巻一一号一五六〇頁）。これを素直にとらえると、本件のような動産にも、給付物たる金員の所有権は甲に帰属することになり、「他人の物」といえず、横領罪の成立が否定されることになろう（なお、本判決以後、不法原因給付の事案で横領罪を認めた判決は見られない）。

こうしたことをふまえて、学説上、肯定説と否定説が対立している。

▼**評釈**――豊田兼彦・百選Ⅱ62

盗品の売却代金の着服

90 最3判昭和36・10・10刑集一五巻九号一五八〇頁

関連条文 二五二条・二五六条

他人が窃取した物の有償処分をあっせんした者が、その売却代金を着服（領得）した場合に、横領罪が成立するか。

事実 被告人甲は、乙が窃取したA所有の三輪車タイヤー一式の有償の処分をあっせんした（二五六条二項）。その後、Bより右タイヤー一式代金一万四〇〇〇円を受取り、乙のため預かり保管中に着服した。第一審、控訴審ともに横領罪の成立を肯定した。これに対し、甲は「有効なる委託関係の如く委託者たる盗犯は賍物の売却によつてその売却代金の上に所有権を取得する筈はない。……該代金に対する所有権は寧ろ被告人に存するものと云わなければならない」として判例違反（大判大正8・11・19刑録二五輯一一三三頁）を理由に上告した。

裁判所の見解 上告棄却。「横領罪の目的物は、単に犯人の占有する他人の物であることを以つて足るのであつて、その物の給付者において、民法上犯人に対しその返還を請求し得べきものであることを要件としない。論旨引用の大審院判決は、これを本件につき判例として採用し得ない。したがつて、所論金員は、窃盗犯人たる乙において、牙保〔有償あっせん〕者たる甲に対しその返還を請求し得ないとしても、甲が自己以外の者のためにこれを占有して居るのであるから、その占有中これを着服した以上、横領の罪責を免れ得ない」。

解説 通常、物の売却を委託され、売却後に代金を着服すれば、委託者に代金が帰属するのであり、横領罪が成立する（最1決昭和28・4・16刑集七巻五号九一五頁参照）。しかし、本件では、その委託者が窃盗犯人であり、無効な委託といえる。先の大審院判決は、「委託契約は民法第九十条の規定あるが為め当然無効に帰す……委託者に於ては該代金の上に所有権を獲得すべきいわれ」がないとして、横領罪の成立を否定した。

本判決は、これとは異なり、89判決と同様に、民法上返還請求がなしえないとしても、「他人の物」を占有していると評価した（なお、本判決は、89判決で触れた民事判例より以前の判決であることには注意を要する）。この意味で重要な判決ではあるものの、法秩序の統一性という観点からは一歩退いた考慮となっているとされる。

本事案の特徴は、委託者が本犯者であり所有者ではなく、また、こうした委託関係も保護に値しないことにある。それをふまえて学説では、盗品の所有者が被害者といえる以上、売却代金については遺失物横領罪（二五四条）の成立を認める見解も有力である（なお、二五六条二項に吸収され包括一罪となる。）。

▼**評釈**——吉川由己夫・最判解昭和36年度

使途を定められて寄託された金銭

91 最2判昭和26・5・25刑集五巻六号一一八六頁

関連条文 二五二条、民八五条

使途を定められて寄託された金銭について、受託者は「他人の物」を占有する者と解すべきか。

事実 被告人甲は、Aほか数名から製茶買い付けの資金として預かり保管中に、犯意を継続してこれを自己の用途（生活費遊興費等）に使用した。原審は横領罪の成立を肯定した。被告人甲上告。そこで「売買代金の内金として売主が買主から受領した金銭は受領と同時に売主の所有に帰するのである。即ち金も物であつて（民八五条）物権の設定及び移転は当事者の意思表示のみによりて其効力を生する（民一七六条）のだから、Aが代金の内金としてこれを甲に交付すれば即時に甲は其金銭の所有権を取得するのであり、Aの所有金ではなくなるから、他人の物を占有するものではなく自己の所有金を占有している」と主張した。

裁判所の見解 上告棄却。「かように使途を限定されて寄託された金銭は、売買代金の如く単純な商取引の履行として授受されたものとは自らその性質を異にするのであつて、特別の事情がない限り受託者はその金銭について刑法二五二条にいわゆる「他人ノ物」を占有する者と解すべきであり、従つて、受託者がその金銭について擅に委託の本旨に違つた処分をしたときは、横領罪を構成するものと言わなければならない。」

解説 他人から金銭を預かった者がそれを費消する場合、いわゆる封金として使用を全く許さない趣旨で預けられたとすれば横領罪が成立し、他方、消費寄託のように受託者の費消が予定されていれば横領罪は成立しないとされている。では、その中間の、本件で問題とされたような一定の使途に用いるために預けられた場合はどうか。本判決は、この場合にも特段の事情がない限り横領罪は成立するとした。この意味で、重要な判決である。

もっとも、民事法においては、金銭も民事法上の「物」（民八五条）であるので所有の対象であるものの、金銭の所有はその占有と一致すると解されるので、本件のような場合にもその所有は受託者に移転するとするのが一般的である（先の上告理由も参照）。それに素直に従うと、せいぜい背任罪が問われるにすぎない。しかし、他の物であれば横領罪が成立するが、金銭であると異なるというのは不合理であろう。

こうしたことから刑法学説でも、判例の結論を肯定する理由付けが求められることになる。民法で先のように考えるのは、第三者との関係があるからで、刑法では委託者と受託者二者間の問題だと考えれば、刑法上委託者を保護することもなお可能となろう。

▼**評釈**――橋本正博・百選Ⅱ63

不動産の二重譲渡と横領罪

92 福岡高判昭和47・11・22刑月四巻一一号一八〇三頁

関連条文 六〇条・二五二条

不動産の二重譲渡において①譲渡人（乙）に横領罪が成立するか、②第二譲受人（甲）にその共犯が成立するか。

事　実　被告人甲は、A所有の本件山林の登記が乙の親族名義であることから、これを乙から取得しようと企て、再三にわたり乙宅を訪れ、乙が拒絶したのにもかかわらず、法的知識に疎く、経済的にも困っていた乙に対し、執拗かつ言葉巧みに働きかけ、ついに乙をして本件山林を売却しても、裁判沙汰になるようなことはなく、万一そのようなことになっても被告人が引き受けてくれるものと誤信させて、本件山林を甲に売却することを承諾させ、同人から本件山林を代金一〇万円で買受けたうえ、これをBに直ちに代金二八万四〇〇〇円で転売し、中間省略の方法により同人名義に所有権移転登記を経由した。原判決は、甲に対し、乙との横領罪の共同正犯の成立を認めたが、甲が控訴した。

裁判所の見解　控訴棄却。「不動産の二重譲渡の場合、売主である乙の所為が横領罪を構成することは明らかである」。「甲の本件所為は、もはや経済取引上許容されうる範囲、手段を逸脱した刑法上違法な所為というべく、乙を唆かし、更にすすんで自己の利益をも図るため同人と共謀のうえ本件横領行為に及んだものとして、横領罪の共同正犯としての刑責を免れないものというべきである。」

解　説　本判決は、①二重譲渡の譲渡人（乙）に横領罪の成立を肯定し、②第二譲受人（甲）に横領罪の共同正犯を肯定した判決である。

①が「明らか」とされたのは、従来の判例がこれを肯定してきたからである。すなわち、不動産は第一譲受人（A）の所有物であり、譲渡人にとって「他人の物」にあたる。そして、横領罪における占有には、事実上の占有のみならず法律上の占有も含まれるから、登記名義人たる譲渡人は占有者である。契約上・信義則上の委託関係があり、他に譲渡することで領得行為をなしている。従って、横領罪の構成要件を充足する（たとえば、最3判昭和30・12・26刑集九巻一四号三〇五三頁）。なお、学説上、所有権の移転時期や既遂時期について、議論がなされている。

本判決は②について慎重に検討しており、意義はそこにあるといえる。というのも、かつて判例は第二譲受人が単純悪意者である場合には「横領の共犯と認めることはできない」としたからである（最3判昭和31・6・26刑集一〇巻六号八七四頁）。本判決はこれとは異なることを、甲の行為が「経済取引上許容され」ないと表現したものといえよう。これについては、さらに民法における議論をもふまえて検討する必要がある。

▼**評釈**――穴沢大輔・百選Ⅱ64

不実の抵当権設定仮登記と横領罪

93 最2決平成21・3・26刑集六三巻三号二九一頁

関連条文 二五二条

不動産の物権変動を仮装して仮登記を了する行為について、横領罪の成立が認められるか。

事実 A社の実質的代表者である被告人甲は、B会所有の本件建物を、B会のために預かり保管していた（移転登記が未了のためA社が登記簿上の所有名義人である）。甲は、C会理事長乙らと共謀の上、本件建物の登記簿上にC会を登記権利者とする不実の抵当権設定仮登記をすることにより、B会（またはD）から原状回復にしゃ口して解決金を得ようと企て、真実はC会と金銭消費貸借契約並びに抵当権設定契約を締結した事実がないのに、登記官に対し、本件建物につき、上記内容の虚偽を登記原因とする本件建物に係る抵当権設定仮登記の登記申請書等関係書類を提出し、登記記録にその旨の記録をさせ、その記録を閲覧できる状態にさせた。第一審、控訴審ともに横領罪の成立を肯定した。被告人甲が上告。

裁判所の見解 上告棄却。最高裁は職権で次のように述べた。「仮登記を了した場合、それに基づいて本登記を経由することによって仮登記の後に登記された権利の変動に対し、当該仮登記に係る権利を優先して主張することができるようになり、これを前提として、不動産取引の実務において、仮登記があった場合にはその権利が確保されているものとして扱われるのが通常である。以上の点にかんがみると、不実とはいえ、本件仮登記を了したことは、不法領得の意思を実現する行為として十分であり、横領罪の成立を認めた原判断は正当である。」

解説 本決定は、横領罪の成否について、①仮登記を了した行為でも成立する（東京高判昭和34・2・9東高刑時報一〇巻二号一〇一頁参照）とし、②さらにそれが仮装でも認められるとしており、重要な意義を有する。

①について、判例は、不法領得の意思（94判決参照）を実現する一切の行為を横領行為と評価する（大判大正6・7・14刑録二三輯八八六頁）。弁護人は先の上告理由を述べるが、抵当権設定仮登記は本来所有者でなければできない行為と指摘されており（第一審参照）、そうであれば横領行為にあたりうる。加えて、本決定が、仮登記の順位保全効と不動産取引実務の扱いを指摘している点が理論的には興味深いといえる。

②について、判例には、動産の仮装譲渡が問題とされた事案で横領罪の成立を否定したものがある（大判昭和2・3・18大審院裁判例（二）刑二七頁）。本件は不動産の事案であり、これとは異なる。この点は、①の理解によるところがなお大きいが、学説には、虚偽の仮登記は所有者でなくても可能であるとして本決定を批判するものもある。

▼評釈——島田聡一郎・ジュリ一四〇九号

横領罪における不法領得の意思

94 最3判昭和24・3・8刑集三巻三号二七六頁

関連条文 二五二条

農業会長として寄託された供出米を保管中に、後日補填する意思でそれを他人に送付した場合に、横領罪が成立するか。

事　実　被告人甲は居村の農業会長として、村内の各農家が食糧管理法及び同法に基づく命令の定めるところによって政府に売渡すべき米穀すなわち供出米を農業会に寄託し政府への売渡を委託したので、右供出米を保管中、米穀と魚粕とを交換するため、右保管米をA消費組合外二者に宛て送付した。原審は横領罪の成立を肯定した。これに対して被告人は「自己に領得の意思を以て不法に処分したものと認め得られないときは横領罪を構成しない」、「原審が保管米を使つて之に因る不足を後に補填する意思あることを認定しながら直に横領しと断定して居るのは論理が飛躍して居る」として上告した。

裁判所の見解　上告棄却。「横領罪の成立に必要な不法領得の意志とは、他人の物の占有者が委託の任務に背いて、その物につき権限がないのに所有者でなければできないような処分をする意志をいうのであつて、必ずしも占有者が自己の利益取得を意図することを必要とするものではなく、又占有者において不法に処分したものを後日に補填する意志が行為当時にあつたからとて横領罪の成立を妨げるものでもない。……農業会長がほしいままに他にこれを処分するが如きことは、固より法の許さないところである。」

解　説　横領罪が成立するためには、他人の物を「横領」する必要がある。これを委託の趣旨に反した権限逸脱行為と解すれば、不法領得の意思は不要となる（学説における越権行為説）。契約違反等の越権行為があれば直ちに横領罪の成立が認められる。しかし、判例は不法領得の意思を要求し、この意思を実現する行為を横領行為とする（領得行為説）。本判決は、その意思の内容を判示のように定義したことが重要である。

ここでは、窃盗罪におけるそれとは異なる表現が用いられている点が特徴である。すなわち、大判大正4・5・21刑録二一輯六六三頁では「権利者を排除して他人の物を自己の所有物として其経済的用方に従い之を利用若くは処分するの意思」と定義されている。この定義の差が生ずるとされるのが毀棄・隠匿意思の場合であるとされる（50決定参照）。横領罪の定義によるとこれも含まれる（横領罪で処罰される）ことになろう（大判大正2・12・16刑録一九輯一四四〇頁参照）。

さらに、本判決は自己の利益取得でなく、「後日に補填する意志」があっても同様であるとした。自己の利益を図らなくても物を所有者のように処分はできる。補填意思についてはなお、一時流用により処罰を否定する余地が議論されている。

▼**評釈**——北川佳世子・百選Ⅱ65

横領罪における不法領得の意思……國際航業事件

95 最2決平成13・11・5刑集五五巻六号五四六頁

関連条文 二五三条

買占めに対抗する資金交付は、横領罪になるか。

事実　A社の取締役経理部長である被告人甲は、BがA社の株式を買い占めてその経営権をC会長ら一族から奪取しようと画策していたのに対抗し、乙と共謀して、D研究所代表Eらに対し、Cによる経営権の取得を阻止するための工作を依頼し、支出権限がないのに、工作資金及び報酬等として業務上保管中のA社の現金合計八億九五〇〇万円をEらに交付した（さらに、解任後も乙と共謀してA社の資金現金合計二億八〇〇〇万円を交付した）。第一審は不法領得の意思が欠けるとして無罪としたが、控訴審はこれを肯定し、業務上横領罪の成立を肯定した。被告人甲が上告。

裁判所の見解　上告棄却。最高裁は職権で次のように述べた。「現金交付の意図が専らAのためにするところにあったとすれば、不法領得の意思を認めることはできず、業務上横領罪の成立は否定される。」「甲の意図は、自己の前記弱みを隠し又は薄める意図と、度重なる交付行為の問題化を避ける意図とが加わっていた。」「当時、Aとしては、乗っ取り問題が長期化すると、同社のイメージや信用が低下し、官公庁からの受注が減少したり、社員が流出するなどの損害が懸念されており、被告人らがこうした不利益を回避する意図をも有していた。……しかし、……本件交付は、それ自体高額なものであった上、もしそれによって株式買取りが実現すれば、Eらに支払うべき経費及び報酬の総額は……高額に上り、A社にとって重大な経済的負担を伴うものであった。……原判決の結論は、……正当」である。

解説　横領罪の成立には不法領得の意思が要求される（94判決）が、その内容につき、本決定は専ら本人のためにする意思であれば、それは認められないとしており、これは従来の判例の立場を踏襲するものである（例えば、最2判昭和28・12・25刑集七巻一三号二七二一頁参照。なお、これは、第一審、控訴審ともに前提としている）。とはいえ、本決定が重要なのは、その判断において、具体的な事実関係を挙げながらそれを否定したことである。本人たるA社の不利益回避の意図があるにせよ、問題を避ける意図のもとに、成功の見込みなくA社に高額な経済的負担を課することに重きを置いたといえる。もっとも、そもそもなぜこうした意思があると横領にならないのか、について学説では議論が続いている。

なお、本件では買占め対抗策として本人でもなしえない違法行為がなされたが、これにつき本決定は「行為者の主観において、それを専ら会社のためにするとの意識の下に行うことは、あり得ないことではない」としている点も注目される。

▼**評釈**――鎮目征樹・百選Ⅱ66

横領後の横領

96 最大判平成15・4・23刑集五七巻四号四六七頁

関連条文 二五三条

他人の土地に抵当権を設定した（先行行為）後に売却する行為（後行行為）は横領になるか。

事実 被告人甲は、本件土地について、合計で三億六八〇〇万円の（根）抵当権を設定（登記済み）したのち、A社に対し代金一億一八二四万円で売却し、その所有権移転登記手続を了した。第一審は、抵当権設定による横領（一部は公訴時効にかかる）後の売却による横領は不可罰的事後行為であるという主張を否定した。控訴審では「最3判昭和31・6・26刑集一〇巻六号八七四頁〔これは、「甲がその所有に係る不動産を第三者に売却し所有権を移転したものの、いまだその旨の登記を了していないことを奇貨とし、乙に対し当該不動産につき抵当権を設定しその旨の登記を了したときは、横領罪が成立する。したがって、甲がその後更に乙に対し代物弁済として当該不動産の所有権を移転しその旨の登記を了しても、別に横領罪を構成するものではない。」としたもの―評釈者注〕は、……先行行為の抵当権設定行為がその土地の交換価値のほぼ全額を把握していたものであって、それ自体実質的にも土地そのものの処分と同視できるという関係」であり、「本件とは事案を異にする」とされたので、被告人側が上告。

裁判所の見解 上告棄却（判例変更）。「売却等による所有権移転行為について、横領罪の成立自体は、これを肯定することができるというべきであり、先行の抵当権設定行為が存在することは、後行の所有権移転行為について犯罪の成立自体を妨げる事情にはならない」。

解説 本判決は、他人の土地につき抵当権設定行為後に売却した事案で、先行行為も後行行為も横領罪に問われることを前提に、前者が後者に影響を及ぼさないとした、判例変更を伴った判決である点で重要である。従来、一般的には、例えば財物の窃盗後にその財物を利用、破壊したとしても後行行為は窃盗罪によって評価され、それは不可罰的事後行為となるとされてきた。本判決を受けて、学説ではこの点に関する議論が深化している。

もっとも、この議論の前提としては、先行行為たる抵当権設定行為が横領罪にあたるのか（控訴審判決も参照）、また、そもそも不法領得行為が複数回可能なのか、という問題もある。判例の立場からは肯定的にとらえられることにはなろう。

なお、本判決はさらに「検察官は、事案の軽重、立証の難易等諸般の事情を考慮し、先行の抵当権設定行為ではなく、後行の所有権移転行為をとらえて公訴を提起することができる」としており、注目される。

▼**評釈**――杉本一敏・百選Ⅱ68

情報の不正入手と横領罪……新潟鉄工事件

97 東京地判昭和60・2・13判時一一四六号二三頁

関連条文 二五三条

社員が紙に化体された企業秘密を外部に一時持ち出し、コピーする行為は業務上横領罪にあたるか。

事実 新潟鉄工の社員である被告人甲、乙及びA社の代表取締役である丙は、共謀の上、被告人乙が新潟鉄工のために業務上保管中の本件各システムの設計書等の資料を、B社にコピー作成を依頼するために、B社の営業事務所へ持ち出させたり、A社の事務所でコピーするために、A社の事務所へ持ち出させたりした。弁護人は、甲らが本件資料を持ち出したのは、単にコピーするためであって、処分する意図はなく、コピーした後に元の場所に返還しているのであるから、被告人らには不法領得の意思はなかつた、と主張した。

裁判所の見解 被告人ら有罪（業務上横領罪）。「被告人らが持ち出した本件資料は、新潟鉄工が多大な費用と長い期間をかけて開発したコンピユーターシステムの機密資料であつて、その内容自体に経済的価値があり、かつ、所有者である新潟鉄工以外の者が同社の許可なしにコピーすることは許されないものであるから、判示のとおり被告人等が同社の許可を受けずほしいままに本件資料をコピーする目的をもつてこれを同社外に持ち出すにあたつては、その間、所有者である新潟鉄工を排除し、本件資料を自己の所有物と同様にその経済的用法に従つて利用する意図があつたと認められる。したがつて、被告人らには不法領得の意思があつたといわなければならない。」

解説 財物に化体された企業秘密が持ち出された場合、一定の財産犯の成否が問題となる（51判決も参照）。なお、現在、営業秘密が侵害された場合、不正競争防止法による処罰〔営業秘密侵害罪〕も可能な点に注意）。本判決は業務上横領罪の成立を肯定するものである（神戸地判昭和56・3・27判時一〇一二号三五頁も参照）。

横領罪の成立のために判例は不法領得の意思を要求する（94判決）ため、本件の弁護人は、①本件資料のコピーでは処分意思がない、②返還したので一時使用目的であったとしてそれを否定すべきと主張した。これに対し、本判決は、①所有者たる新潟鉄工の認めない資料の利用であり、②一時であれ、新潟鉄工を排除したとしてこれを肯定した（47、51判決参照）。

このように不法領得の意思を認めるか否かが争われることになるが、本判決の特徴は、資料の内容の経済的価値をも指摘し、領得意思の定義を窃盗罪におけるそれと同義に解したうえで、横領罪の成否を判断している点にある。ここでは「情報そのもの」の利用が認められているわけではないことにはなお注意を要する。

▼**評釈**——城下裕二・百選Ⅱ（六版）65

未成年後見人による横領と親族相盗例

98 最1決平成20・2・18刑集六二巻二号三七頁

関連条文 二四四条・二五二条・二五五条

未成年後見人たる直系血族の親族が横領した場合に、刑が免除されるか。

事 実　被告人甲は未成年者Aの祖母であって、F家庭裁判所家事審判官によりAの後見人に選任され、Aの預貯金の出納、保管等の業務に従事していた。甲及び乙らは、共謀の上、被告人らの用途に費消するため、ほしいままに、被告人Aが業務上預かり保管中貯金口座から一定金額を引き出した。弁護人は親族相盗例による刑の免除を主張したが、第一審は「家庭裁判所という親族でない第三者を巻き込んだことが明らか」とし、控訴審は「後見人の場合は、専ら親族間の親族関係に基づく関係にない……地位を悪用している」とし、刑の免除を認めなかった。被告人側が上告。

裁判所の見解　上告棄却。最高裁は職権で次のように述べた。「二四四条一項は、親族間の一定の財産犯罪については、国家が刑罰権の行使を差し控え、親族間の自律にゆだねる方が望ましいという政策的な考慮に基づき、その犯人の処罰につき特例を設けたにすぎ」ない。「民法上、未成年後見人は、未成年被後見人と親族関係にあるか否かの区別なく、等しく未成年被後見人のためにその財産を誠実に管理すべき法律上の義務を負っていることは明らかである。そうすると、未成年後見人の後見の事務は公的性格を有するものであって、……上記のような趣旨で定められた刑法二四四条一項を準用して刑法上の処罰を免れるものと解する余地はない」。

解 説　横領罪にも親族相盗例（二四四条、53決定参照）が準用される（二五五条）。これを素直に適用すれば、本件では直系血族たる祖母が横領行為をしたとしてもその刑が免除されることになろう。しかし、本決定がそれを認めなかった点に意義がある（さらに、成年後見人についても同様に解する（最2決平成24・10・9裁時一五六三号三頁））。

判例はかねてより、親族相盗例が認められる根拠を本決定のように解してきた（最3判昭和25・12・12刑集四巻一二号二五四三頁。政策説）。本決定はそれをふまえて、後見の事務が「公的性格を有する」として二四四条の適用を制限した。民法上、未成年後見人が負う義務は親族であるか否かによって制限されているわけではないので、親族のみが刑を免除されるのは政策的見地からみても妥当でないとの評価であろう。もっとも、学説では、罪刑法定主義に反するとの疑問も指摘されている。

こうした本決定は、第一審の構成とは異なることに注意すべきである。すなわち、法律が未成年後見人の事務を決めているのであり（控訴審も参照）、第一審のように家庭裁判所が財物を未成年後見人に委託したとはみていないのである。

▼**評釈**――林陽一・百選Ⅱ35

横領罪と背任罪の区別(1)

99 大判昭和9・7・19刑集一三巻九八三頁

村長が村の基本財産を、村会決議を経ずに、村の計算で、ある会社の利益のために貸し付けて村に財産上の損害を発生させる行為は、横領か、背任か。

事実 被告人甲は、秋田県の村長の職にあったが、親交のあった乙より甲が村長として業務上保管していた村の基本財産を、乙が社長として経営していたA社から金銭を貸与してほしい旨懇願されてこれを承諾し、基本財産のうち金五八〇〇円余を村会の決議を経ずに、ただA社に費消させようと、預金名義をもって乙に交付した。原審は、業務上横領罪の共同正犯の成立を肯定した。被告人らは不法領得の意思が認められない本件は、「背任罪を構成するは格別決して……業務横領となる可きものに非ざる」と主張して上告した。

裁判所の見解 （横領の点につき）破棄自判。「他人の為其の事務を処理するに当り、自己の占有する本人の物を自ら不正に領得するに非ずして第三者の利益を図る目的を以て其の任務に背きたる行爲を爲し、本人に財産上の損害を加へたるときは背任罪を構成すべく、之を横領罪に問擬すべきものに非ざることは本院の判例とする所なり。」「基本財産を同村の計算に於て」交付した点につき、「原判決が背任行爲たる……事実に対し業務上横領罪……を適用したるは擬律錯誤の違法あるものにして論旨理由あり。」

関連条文 二四七条・二五三条

解説 会社財産の不正な支出行為は、業務上横領にも（特別）背任にも該当するように見える。すなわち、他人の事務を処理する者が、自己の占有する他人の物を利用、処分し、財産上の損害を与える場合、両者にあてはまりそうである。

判例は、このような場合に、両罪は法条競合の関係（複数の単純一罪に当たりそうだが、それらの条文の解釈により一罪とされる関係。本件の場合は択一関係とされる）にたち、より重い横領罪が優先的に適用されるとしてきた（大判明治43・12・16刑録一六輯二二一四頁）。

そのうえで問題は、横領罪と背任罪をどのように区別するか、である。学説ではかつて、権限逸脱であれば横領罪が、権限濫用であれば背任罪が成立するという見解が有力であった。しかし、両罪の要件はいくつかの点で異なっており、こうした区別はできないと指摘される。

本判決は、領得行為説に立った（94判決参照）うえで、「自ら不正に領得する」場合には横領罪が成立し、本件はこれとは異なるとした。そして、その具体的判断では、本人（村）の名義及び計算でなされた場合には背任罪になるとした。これは、領得行為が存在しているかを検討して、横領が成立しなければ背任を検討するという多数説と同様であろう。

▼**評釈**――照沼亮介・百選Ⅱ67

横領罪と背任罪の区別

100 最2判昭和33・10・10刑集一二巻一四号三二四六頁

関連条文 二四七条・二五三条

信用組合の支店長が、組合の金員を、組合が禁止する方法で支出した場合に、横領か、背任か。

事実 H信用組合I支店の支店長で一切の事務を総括処理していた被告人甲及び同支店に外務員として勤務していた被告人乙は、共謀の上、(一)前記支店の預金成績の向上を装うため、預金者に対して組合正規の利息以外に預金謝礼金を交付することにより預金の増加を図ろうと企て、A外一四名から合計四九〇万円の預金を受入れこれに対する預金謝礼金として、A等に対して合計金八六万九八〇〇円を業務上保管する金員の中から支出交付し、(二)前記のとおり支出した預金謝礼金を補填するためH組合から正規に貸付を受ける資格のない者に組合正規の利息より高利で金員を貸付けようと企て、合計七二万五七〇〇円を被告人甲から業務上保管する金員の中から貸付けた。第一審及び控訴審ともに、業務上横領罪の共同正犯の成立を肯定した。「判例によれば、本事案は背任罪には該当するとも横領罪を構成することはない」として上告。

裁判所の見解 上告棄却。(一)は仮払伝票により(二)は貸出伝票により「組合から支出を受けて、甲等が自由に処分し得る状態に置き、これを甲等が預金謝礼金として支払いまたは融資希望者に貸付けていたものであることが窺われるから……本件は、所論のように組合の計算においてなされた行為ではなく、甲等の計算においてなされた行為であると認むるを相当とする。従つて原判決が本件につき業務上横領罪の成立を認めたのは正当で」ある。

解説 99判決と同様に、本件でも横領罪が成立するか、背任罪が成立するかが争われた。判例は、領得行為説に立ち(94判決)、領得といえる場合には横領罪の成立を肯定するとされる(なお、判例は、客体が物ではなく、権利・利益の場合には権限逸脱でも背任罪の成立を肯定する)。

そして、判例は、事案の解決としては、本人の名義・計算で行われた場合には背任罪が、自己の名義計算で行われた場合には横領罪が成立するとする。本判決でも、名義の点は不明であるものの、本人たるH信用組合に効果が帰属する性質のものではないため、本人ではなく自己の計算でなされたと評価され、業務上横領罪とされたのだろう。

なお注意を要するのは、違法目的(例えば、贈賄に支出)での財産の支出において、判例は広く横領罪の成立を認めてきたことである(大判明治45・7・4刑録一八輯一〇〇九頁。もっとも、95決定ではこの点を絶対視していない)。本判決は、たしかに委託の趣旨に反する支出ではあるが、こうした事案とは異なるものと位置付けておくべきであろう。

▼**評釈**――竜岡資久・最判解昭和33年度

逃げた鯉の領得と遺失物横領罪

101　最3決昭和56・2・20刑集三五巻一号一五頁

湖に逃げ出した他人の鯉を占有し、売り渡した者に遺失物横領罪は成立するか。

事　実　被告人甲は、H湖東部承水路において、建網を設置して漁業を営んでいた者であるが、鯉の養殖業者Aの網生けすから逃げ出し、付近に設置されていた甲の雑建網の中にその日のうちに入り込んだ錦鯉及び緋鯉約六〇kgを、付近の養殖業者の網生けすから逃失した鯉であることを知りながら捕獲して養鯉業乙（二五六条二項により処罰）に売り渡した。第一審、控訴審ともに、甲に遺失物横領罪の成立を肯定した。これに対し、「逃失鯉の占有取得者は何らの法律上の返還義務もないし、……逃失者は完全に支配管理能力を失い」、「養殖者の追求不可能な湖沼等に逃失した場合には……遺失物横領罪の客体となり得」ないとして上告した。

裁判所の見解　上告棄却。「H湖のような広大な水面に逃げ出した鯉は、飼養主においてこれを回収することは事実上極めて困難な場合が多いと考えられるが、そのことのゆえに右鯉が直ちに遺失物横領罪の客体となり得ないと解すべきものではなく、甲において右鯉を他人が飼養していたものであることを知りながらほしいままに領得した以上、……遺失物横領罪が成立する」。

関連条文　二五四条、遺失物四条

解　説　遺失物横領罪（「本罪」という）は、他人の占有を離れたる物を領得するときに成立する。他人の所有物を、それと知りながら利用・処分する行為がこれにあたる。本決定は、最高裁として、①逃げた鯉も本罪の客体となり、②誰か他人の鯉と知りつつ「ほしいままに領得」した行為について、本罪の成立を肯定するものである。

①について、もし仮に湖に逃げたことでAが鯉の所有権を放棄するような場合にそれは無主物となり、他人の物ではないので本罪は成立しない。この点につき、甲の弁護人は事実上不能であることを論ずるが、他人の所有を否定はできない。なお、本決定は「直ちに」客体となり得ないと述べており、期間が経過して事情が加わる場合には判断を変える余地が残されているといえる（なお、遺失物法四条は拾得物件の速やかな返還義務を定める〔これにつき詳しくは第一審参照〕）。

②について、他人の物である認識（故意）に加え、領得行為も必要である。本事案で甲は直ちに対価を得て鯉を売却しており、これが領得行為であることに異論はないだろう。では、他人の鯉と認識し、売ろうと決意した時点で本罪の既遂なのだろうか（第一審も参照）。本決定はこの点につき詳論を避けるが、横領罪においては領得意思を実現する一切の行為があればよいとされている（94判決も参照）のが参考になる。

▼**評釈**――中川武隆・最判解昭和56年度

「他人の事務」の意義

102 最3決昭和38・7・9刑集一七巻六号六〇八頁

農地たる田を売却したが、県知事による許可前に抵当権を設定する行為が背任罪にあたるか。

事　実　被告人甲は、昭和三五年一一月三〇日頃に、その所有の田をAに対し代金一万五千円で、県知事の許可を条件として売渡し、当時同人から右各代金をそれぞれ受領し、その後県知事から所有権移転の許可を得た。しかし、その許可前である昭和三六年一月二〇日頃、それまでにたびたびB協同組合から支払いの督促を受けていた同組合に対する五〇万円の債務の担保として、右の田が登記簿上被告人名義になっているのを幸いに、Aに無断で田を一括し、その他の農地と共にB組合のため抵当権を設定し、翌日、C地方法務局支局にその登記手続をし、その旨の登記をした。第一審、控訴審ともに背任罪の成立を肯定。他人の事務につき、控訴審は「許可があれば買主のため所有権移転登記することに協力すべき任務を有するものといわなければならない」とした。これに対し、そうした所有権移転登記協力義務はないとして上告した。

裁判所の見解　上告棄却。最高裁は適法な上告理由にあたらないとしたうえで括弧書きで次のように述べた。「被告人の所論担保権設定行為は背任罪を構成するとした原判決の判断は正当である。」

解　説　背任罪が成立するためには「他人のためにその事務を処理する者」が任務違背をして本人に財産上の損害を加えねばならない。二重抵当（103判決参照）とは異なる事案の本件の甲が「事務処理者」といえるのか、この点が問題となる。本決定は、農地である田の所有権が、県知事の許可前には甲のもとになおとどまることから担保権を設定した行為について背任罪の成立を肯定するものである。

事務処理者は「他人の」事務を処理せねばならない。自己の事務と評価されればこれにあたらないが、その事務の内容によってはその区別は容易ではない。

農地法（当時）によると、都道府県知事に所有権移転の許可を得る必要があるが、これに違反すると罰則がある。このように農地法違反の売買を許容できない以上、所有権移転は許可の有無によらざるをえないという事案の特殊性がある。本決定はこうした制約ある条件付買主のために田を保管すべき任務を負うと評価したといえ、直ちに一般化するのは難しいといえる。

実は、本件では県知事の許可「後」に抵当権が設定された点については横領罪により処罰されている。もし仮に事務処理者でないとすると背任罪が適用できず、両者に差が生ずる。本件でそこまで大きな有意差をもたせることはできないという点にも、本決定が背任を認めた背景にはあるように感じられる。

関連条文　二四七条

▼**評釈**——藤木英雄・百選Ⅱ（二版）59

二重抵当と背任罪

103 最2判昭和31・12・7刑集一〇巻一二号一五九二頁

関連条文 二四七条

いわゆる二重抵当の事案で、先順位の抵当権者に対して登記協力義務を有する抵当権設定者を、背任罪における「他人のためにその事務を処理する者」と認めてよいか。

事実 被告人甲は、昭和二七年五月末頃、Aとの間に自己の所有にかかる家屋一棟につき極度額を金二〇万円とする根抵当権設定契約を締結して同人に抵当権設定に必要な書類を交付したが、Aが未だ登記を完了していないことを知りながら、自己の利益を図る目的をもって、昭和二七年九月二七日頃、Bから金二〇万円を借受けるに当たり、同一家屋につき極度額を金二〇万円とする第一順位の根抵当権設定契約を締結し同月三〇日その登記を完了した。その結果、Aは後順位の抵当権者として登記された。第一審は、書類交付がある以上「登記はその相手方に於て完了すべきであつて被告人は……一応の責を免れ」るとして無罪としたが、控訴審は抵当権設定の登記に協力する「義務は抵当権設定登記が完了するまでは存続する」として有罪とした。被告人上告。

裁判所の見解 上告棄却。「抵当権設定者はその登記に関し、これを完了するまでは、抵当権者に協力する任務を有することはいうまでもないところであり、右任務は主として他人である抵当権者のために負うものといわなければならない。」

解説 本判決は、いわゆる二重抵当をした抵当権設定者に対し、背任罪の成立を肯定したものである。不動産の二重譲渡が横領罪にあたるとすれば（92判決参照）、同様に先順位抵当権者に背く行為であり、当罰性は同じようにもみえる。もっとも、背任罪では条文上その主体が「事務処理者」に限定されている。本事例の場合にも、これに当たらなければ背任罪は成立しないのである（さらに、株券の質権侵害につき、最3決平15・3・18刑集五七巻三号三五六頁参照）。

第一審は、抵当権設定登記のためにすべての書類を交付している本事案においては、登記は相手方たる抵当権者が完了させるべきであることを理由として義務を免れるとした。これは登記協力義務の内容を限定する趣旨といえよう。もっとも、これに対しては、協力義務の根拠が先順位抵当権を取得させることにあるならば、なお義務は免れえないとする疑問も呈される。

この点につき、本判決は、主として他人のために負う事務もこれに含められるとした。学説では、他人の事務ではないとして、否定する見解も有力である。結局のところ、この対立は、背任罪の本質をめぐる議論にまで遡る。信任関係を侵害する背信性という観点を前提としてみてもなお本判決が妥当であるか、なお議論が展開されている。

▼**評釈**——高橋則夫・百選Ⅱ69

任務違背行為の意義……北海道拓殖銀行事件

104 最3決平成21・11・9刑集六三巻九号一一一七頁

銀行の代表取締役頭取が実質倒産状態の企業に対してなした無担保融資が銀行の任務に違背したといえるか。

事　実　被告人甲及び乙は、それぞれ拓銀の頭取在任中に、Aグループが悪化した資産状態、経営状況にあることを熟知しながら、赤字補てん資金等の本件各融資を決定し、実質無担保でこれを実行した。すなわち、被告人らは、経営改善や債権回収のための抜本的な方策を講じることもないまま、合計八五億七一五〇万円を貸し付けた。Aグループについては、本件各融資当時、営業改善努力によって既存の貸付金を含めその返済が期待できるような経営状況ではなかった上、貸付金の返済のために残されていたほとんど唯一の方途であったB地区の開発事業もその実現可能性に乏しく、仮に実現したとしてもその採算性に大きな疑問があるものであった。被告人らは、そのような状況も十分に認識していた。第一審は図利加害目的（106決定参照）を否定して被告人らを無罪としたが、控訴審はこれを破棄し、特別背任罪の成立を肯定した。被告人ら上告。

裁判所の見解　上告棄却。最高裁は、任務違背がないという主張に対し「実質倒産状態にある企業に対する支援策として無担保又は不十分な担保で追加融資をして再建又は整理を目指すこと等があり得るにしても、これが適法とされるためには客観性を持った再建・整理計画とこれを確実に実行する銀行本体の強い経営体質を必要とするなど、その融資判断が合理性のあるものでなければならず、手続的には銀行内部での明確な計画の策定とその正式な承認を欠かせない」と述べ、本件の両被告人の行為はこれにあたらないとした。

関連条文　会社九六〇条（旧商法四八六条）

解　説　任務違背行為とは、誠実な事務処理者としてなすべきものと法的に期待されるところに反する行為であり、被害者からの委託の趣旨に反する、被害者に財産上の不利益を生じさせる危険のある行為とされている。法令・定款・契約等への違反は任務違背を推認するものといえる。では、銀行取締役による融資に関してはどう判断すべきか。

本決定は、いわゆる経営判断の原則（取締役の善管注意義務違反の判断において経営上の裁量権限を広く尊重するという原則）を考慮する余地があることを前提に、「融資業務に際して要求される銀行の取締役の注意義務の程度は一般の株式会社取締役の場合に比べ高い水準」だとしたうえで、無担保の融資について先のように判示した（なお、田原判事の補足意見では、本件はこの原則の適用の可否を論ずるまでもなく任務違背とされている）。本決定は、商事法の議論をも慎重にふまえたうえで任務違背を論じたものであり、その点に重要な意義がある。

▼**評釈**――橋爪隆・百選Ⅱ70

背任罪における財産上の損害……信用保証協会事件

105 最1決昭和58・5・24刑集三七巻四号四三七頁

関連条文　二四七条・二五〇条

金融機関の「事務処理者」による不良保証において、「財産上の損害」はどのように解すべきか。

事実　被告人甲（信用保証協会岩国支所長）及び被告人乙（同支所長代理）は、いずれも信用保証協会において中小企業者等による債務保証承諾の申込みを受けた際、一企業者について合計金七〇〇万円を限度とする一般保証を超える信用保証については、同保証協会長宛てに稟議し、同協会長がこれを検討したうえで指示した事項についてはこれを遵守して同保証協会のため誠実に職務を執行しなければならない任務を有していた。しかし、被告人らは共謀のうえ、AからB名義で金一〇〇〇万円の債務保証承諾の申込みを受けた際、Aが当時多額の負債を抱えその資産状態が不良で返済能力がないことを知りながら、その利益を図る目的で、事実に反した調査説明表を作成したうえで、さらに協会長の決定に従わずに、Aにその信用保証書を交付した。AはC銀行で信用保証に基いて金一〇〇〇万円を借入れた（さらに、両名は合計金九五〇万円の一般保証について、稟議もせずに保証を認めた）。第一審、控訴審ともに背任罪の成立を肯定した。被告人甲が上告。

裁判所の見解　上告棄却。「刑法二四七条にいう「本人ニ財産上ノ損害ヲ加ヘタルトキ」とは、経済的見地において本人の財産状態を評価し、被告人の行為によって、本人の財産の価値が減少したとき又は増加すべかりし価値が増加しなかつたときをいうと解すべきである」。

解説　背任罪は全体財産に対する罪とされ、財産上の損害の発生が既遂となるためには必要である。この判断につき、かつての判例は「財産上の実害を発生させた場合だけではなく、財産上の実害発生の危険を生じさせた場合をも包含する」としていた（最3判昭和37・2・13刑集一六巻二号六八頁）が、結論の当否は措くとしても、この表現では背任未遂と既遂との区別が不明確になりかねない。本決定は、こうしたことをもふまえて「経済的見地」からの財産状態の評価を求めたといえる。

そしてこれによると、本件では、法律的見地から見れば、Aの債務不履行の段階に至っていないものの、経済的見地から見れば、協会の「財産的価値は減少したものと評価される」ことになる（なお、団藤補足意見は、経済的見地のみではなく、「無効とされるべき法律行為が介入」するような場合には、法的見地からの修正を要するとするが、本件の事案とは異なる）。

このような判例の解釈によるとしてもさらに問題となるのが、いわゆる穴埋め背任の事案である（例えば、最1決平成8・2・6刑集五〇巻二号一二九頁）。

▼評釈――内田幸隆・百選Ⅱ71

背任罪における図利加害目的……平和相互銀行事件

106 最1決平成10・11・25刑集五二巻八号五七〇頁

関連条文　二四七条、会社九六〇条（旧商法四八六条）

不正融資における図利加害目的の意義について。

事　実　被告人甲は、平和相互銀行の監査役、顧問弁護士であるが、経営についても強い発言力があった。平和相互銀行（取締役乙、丙、丁）は、昭和五七年一一月一七日、AクラブのB社及びC社に対する土地売却に当たり、その購入資金、開発資金及び利払い資金として合計八八億円をB社及びC社に対して貸し付けた。Aクラブでは、償還問題（会員権預り保証金の償還請求が殺到するおそれ）の対策の一環として、同社の遊休資産を売却して償還資金を捻出することを考えて同社の幹部が甲に対してもその協力を依頼した。もっとも、先の融資を実行してまでもなお当面の償還資金を確保する必要性、緊急性は存在しなかった。それでも甲が積極の意向でこれに関与したのは、自分の手掛けてきた案件であり、これに関わった知人との関係もあって、今更引き下がるわけにいかないという事情があったことによるものであり、Aクラブの償還問題の解決のためという動機があったとしても、この段階ではそれは潜在的なものにとどまっていた。第一審、控訴審ともに甲らを特別背任罪により処罰した（ただし、身分なき甲の刑は背任罪にとどまる〔六五条二項〕とされた）。被告人らが上告。上告棄却。

裁判所の見解　「Aクラブと密接な関係にある平和相互銀行の利益を図るという動機があったにしても、……それは融資の決定的な動機ではなく、本件融資は、主として……Aクラブ、B社及びC社の利益を図る目的をもって行われたということができる。」

解　説　（特別）背任罪成立のためには故意以外に図利加害目的（自己図利目的・第三者図利目的・加害目的）という主観的要件が要求される。ここで注意すべきは、財産上の損害に対する故意と本人に損害を加える目的（加害目的）が同じだとすると、目的により処罰範囲は限定されなくなってしまう。そこで、学説では、（未必の故意とは異なる）確定的認識または意欲を要するという見解も主張されている。もっとも、判例はすでに「意欲ないし積極的認容までは要しない」としている（最2決昭和63・11・21刑集四二巻九号一二五一頁）。

本判決はこうした中で被告人の動機を考察し、銀行の利益を図る動機は決定的でなく、「主として」Aクラブ等の利益を図る目的であったとした。これは、本人に財産上の損害が生ずるような任務違背行為は原則として許されず、主として本人の利益のための行為を例外的に処罰範囲から除こうとする、学説上有力な消極的動機説の立場に親和的表現といえよう（最3決平成17・10・7刑集五九巻八号七七九頁参照）。

▼**評釈**――品田智史・百選Ⅱ72

コンピューター・プログラムの不正入手……綜合コンピューター事件

107　東京地判昭和60・3・6判時一一四七号一六二頁

関連条文　二四七条

管理システムのプログラムを記録してあるフロッピーシートから、それを無断で他のコンピューターに入力した場合に背任罪が成立するか。

事　実　A社の社員である被告人甲（営業課長）、乙（インストラクター）が、A社のサブディーラーである丙（分離審理。背任罪で有罪）と共謀して、A社と営業内容が競合する新会社の設立を企て、コンピューターを販売するに際し、自ら独自のプログラムを開発するには多大な時間及び経費がかかるため、A社が開発し同社の中心的財産でかつ、営業上の生命ともいえる本件オブジェクトプログラムをそのまま自らの販売するコンピューターに入力した事件である。

裁判所の見解　被告人ら有罪（背任罪）。被告人両名及び丙は、共謀の上、被告人乙の任務に背き、自己らの利益を図る目的で、丙及び甲が同社と無関係に読売新聞販売店であるBに賃借（リース）させ、同人方に設置予定であったオフィスコンピューターエリア三D型一台に、被告人乙において、フロッピーシート五枚分の〔B新聞販売店用に開発したB販売店購読者管理システムの―評釈者注〕オブジェクトプログラムを入力し、もってA社に対し、右オブジェクトプログラム入力代金相当額（……約一七〇万余円となる。）の財産上の損害を加えたものである。

解　説　企業秘密の侵害がなされる場合、それが財物に化体されており、例えばその窃取がなされるならば窃盗罪が成立するとするのが下級審判決である（51判決）。これに当たらないような事務処理者が企業秘密を任務に背いて利用した場合に、背任罪の成否が問題となる。本判決は、下級審判決ではあるが、オブジェクトプログラムを他社の設置したコンピューターに入力し、財産上の損害が加えられた事案につき、背任罪の成立を肯定した点に意義がある。

まず、背任行為として本件のような権限を逸脱した（法律行為でない）事実行為でもたりるかが問題となるが、判例はこれを肯定的に解する（102決定参照）。また、これに関連して、事務処理者にあたるかについても議論がある。判例には、機械的事務の従事者にも認めたものがあり（大判大正11・10・9刑集一巻五三四頁）、それからすれば、本件の場合にも認められよう（さらに、任務違背も必要である〔104決定参照〕）。

このように判例上、企業秘密の漏えいの場合に背任罪の成立が認められる余地もありうるが、本判決では損害の確定が容易に可能であるという特徴がある。もっとも、現在、こうした行為は、不正競争防止法の営業秘密侵害罪として処罰される（同法二一条一項五号）が、同罪と背任罪との関係も一考に値する。

▼**評釈**――奥村正雄・百選Ⅱ（六版）69

不正融資の借り手側の責任

108 最3決平成15・2・18刑集五七巻二号一六一頁

関連条文 二四七条、会社九六〇条（旧商法四八六条）

融資担当者が不正融資（背任行為）をした場合に、それに関与した不正融資の借り手側も責任を負うのか。

事実 A社の融資担当者（「乙ら」という）は、A社の任務に背き、合計一八億七〇〇〇万円を、倒産の危機的状況にあるB社に貸し付けた（「本件融資」という）。被告人甲は、B社の代表取締役として、同社に返済能力がなく、B社以外の金融機関からの融資が受けられない状態であるにもかかわらず、本件融資が実質無担保の高額な継続的融資であること、本件融資がA社に対する任務に違背し、財産上の損害を与えるものであることを十分認識していた。しかし、甲は、抜本的な経営改善策を講じないまま、A社に対し繰り返し運転資金の借入れを申入れて、乙らをして任務に違背するよう仕向けた。その際、甲は、乙らが責任を回避し、保身を図る目的で本件融資に応じざるを得ないことを知っていた。第一審、控訴審ともに特別背任罪の共同正犯を認めた（六五条一項）うえで、背任罪の刑に処した（六五条二項）。被告人甲が上告した。

裁判所の見解 上告棄却。最高裁は職権で次のように判示した。「被告人甲は、乙ら融資担当者がその任務に違背するに当たり、支配的な影響力を行使することもなく、また、社会通念上許されないような方法を用いるなどして積極的に働き掛けることもなかったものの、乙らの任務違背、A社の財産上の損害について高度の認識を有していたことに加え、乙らが自己及びB社の利益を図る目的を有していることを認識し、本件融資に応じざるを得ない状況にあることを利用しつつ、……本件融資の実現に加担しているのであって、乙らの特別背任行為について共同加功をしたとの評価を免れないというべきである。」

解説 不正融資する側の処罰とともに、借りる側も処罰されるのか。融資自体が民事法上有効だとしても、相手方も共同正犯になるとするのが判例である（例えば、最2決昭和63・11・21刑集四二巻九号一二五一頁）が、どのような要件でこれを認めるか、が問題である。

本決定は、甲が乙らに積極的に働きかけずとも、その目的を認識し、本件融資に応じざるを得ない状況を利用するように、甲と乙らの利害関係が一体化しているような状況では認められるとした。こうした限定が要請される理由は、事務処理者と相手方とでは利害関係が対立するのが通常だからである。本決定がこの点を慎重に判断した点に意義がある（最1決平成20・5・19刑集六二巻六号一六二三頁参照）。なお、借り手側に財産上の損害の故意がない場合には成立しない（最3判昭和40・3・16裁判集刑一五五号六七頁参照）。

▼**評釈**——井田良・百選Ⅱ73

盗品の同一性

109 最1決昭和24・10・20刑集三巻一〇号一六六〇頁

盗品である自転車の車輪及びサドルを他の自転車に組替え取付けした場合、それら車輪及びサドルは盗品性を失うか。

事実

被告人甲は、盗品であることを知りながら、一六歳の少年Kが窃取してきた婦人用自転車の車輪及びサドルを取りはずし、これをKが持参した男子用自転車の車体に組替え取付け、これをAに代金四千円にて売却するあっせんをした。第一審は、贓物牙保罪（現行法の盗品等有償処分あっせん罪）の成立を認めた。第二審も、本件自転車に取り付けた車輪及びサドルは容易に分離できるので、民法の添付に当たらず、右取付けに係る部分の所有権は依然被害者に帰属し、盗品たる性質を失わないとして、同罪の成立を認めた。これに対して、弁護人は、民二四六条一項ただし書および同条二項により本件盗品は本犯者（つまりK）が所有権を取得し、盗品性を失い、従って、甲に本罪は成立しないと主張して上告した。

裁判所の見解

上告棄却。本件車輪とサドルは原形のまま容易に分離し得ること明らかであるから、付合したともいえず、また、もとより婦人用自転車の車輪及びサドルを用いてKの自転車の車体に工作を加えたものともいうことはできない。されば、婦人用自転車の所有者たる窃盗の被害者は、依然として、その車輪及びサドルに対する所有権を失うべき理由はなく、したがって、盗品性（判決文は贓物性）を有するものであることは明白である。

関連条文　二五六条二項、民二四三条・民二四六条

解説

盗品等に関する罪（平成七年の刑法改正前は贓物に関する罪）の意義について、判例は、「被害者の返還請求権の行使を困難もしくは不能ならしめる点」（最3判昭和23・11・9刑集二巻一二号一五〇四頁）に求め、学説においても、追求権を基本として、本犯助長性、利益関与性も考慮すべきとする見解が有力である。このような見解からは、本罪の客体について、盗品の同一性を要する。そして、民法の規定により所有権が移転し、よって本犯の被害者が所有権を失った場合、盗品性の有無が問題となる。本判決は、この点について、本件のような組替え取付けをした場合に民法二四三条の付合または同二四六条の加工にあたり、盗品性を失うか、具体的判断を下したものである。本判決は、本件車輪等は原形のまま容易に分離しうるので付合にあたらないとした。そして、従来、判例は、単に原形を変更したにすぎない場合は民法二四六条の加工にあたらないとしてきたが（大判大正4・6・2刑録二一輯七二一頁等）、本判決も本件は加工にあたらないとし、盗品性を認めた。窃盗犯人が盗品を加工することで容易に処罰を免れることのないよう、判例は、加工や付合に当たるとして盗品性を失うとすることに慎重であると指摘されている。

▼**評釈**——設楽裕文・百選Ⅱ76等

盗品等であることの知情の時期

110 最1決昭和50・6・12刑集二九巻六号三六五頁

関連条文　二五六条二項

盗品であることを知らずに物品の保管を開始した後、盗品であることを知るに至ったものの、その後も本犯のためにその保管を継続した場合、盗品等保管罪が成立するか。

事　実　被告人甲は、Tから背広等を預かり自室で保管中、これら物品がTが窃取してきた物であることを知ったが、その後もその保管を続けた。第一審は、知情後の保管行為について贓物寄蔵罪（現行法の盗品等保管罪）の成立を認めた。第二審も、甲は知情後、そのまま保管を継続したに過ぎず、保管場所を変える等の行為をしていないことは認めるも、追求権や本犯助長性の禁止という本罪の保護法益や立法趣旨に徴すると、盗品の返還が可能であり、かつそれを拒否する理由がないにもかかわらず知情後においても保管を継続する行為と当初から盗品であることを知りながら保管する行為とを区別する理由はない等として、本罪の成立を認めた。これに対して、弁護人は、盗品であることを知ったというだけで直ちに返還の義務が生ずるとはいえず、知情後の不返還という不作為を捉えて本罪の成立を認めるべきではないと主張して上告した。

裁判所の見解　上告棄却。盗品であることを知らずに物品の保管を開始した後、盗品であることを知るに至ったのに、なおも本犯のためにその保管を継続するときは、盗品等の保管（判決文は贓物の寄蔵）にあたる。

解　説　盗品等関与罪の成立において、盗品等であることをいつ認識していることを要するか。無償・有償譲り受け罪の場合は、占有の取得時点で当該物が盗品等であることを認識していることを要するが、保管罪や運搬罪については見解が分かれる。この見解の相違は、本件のような場合に知情後の保管行為について保管罪の成立を認めるか否かという点にあらわれ、本罪を継続犯と解する立場は成立を認める。また、知情のもと占有を移転する行為が行われることによって追求が困難になると解するならば、本罪の保護法益を追求権のみと解する立場からは本件について本罪の成立を認めることが困難となるが、保護法益を原判決のように解すると成立を認め得る。判例は、寄蔵（保管）を、「委託を受けて本犯のために賍物（盗品）を保管すること」（最2判昭和34・7・3刑集一三巻七号一〇九九号）とするが、この「委託を受けて」というのを、占有移転行為を要するという趣旨を表すものと解さなければ、本件のようにそのまま保管を継続したような場合も本罪の成立を認め得る。本決定は、知情後も「本犯のために」保管を継続するときは保管に当たるとしており、本決定に従うと、本犯の被害者に返還する意思や自ら不法に領得する意思で保管を継続した場合は成立しないことになる。

▼**評釈**——佐藤嘉彦・昭和50年重判（刑法8）等

111 有償処分あっせん罪の成否

最1決平成14・7・1刑集五六巻六号二六五頁

関連条文 二五六条二項

本犯の被害者を相手方として盗品等の有償処分のあっせんをする行為は、盗品等の「有償の処分のあっせん」にあたるか。

事実 A社は約束手形を盗まれたが、被告人甲らは、氏名不詳者らからこの盗難被害品の約束手形の一部である約束手形一三一通（額面合計約五億五三一三万円）をA社関係者に売りつけることを持ち掛けられ、それがA社から盗まれた盗品であることを知りながら、A社を代表してその窓口となった関連会社に代金八二二〇万円と引き換えに売却した。弁護人は、本件売却は被害者の追求権の行使を困難にするものではなく、また、被害者側の強い希望を受けて回収の上売却しているとして有償処分あっせん罪は成立しないと主張したが、第一審、第二審共に本罪の成立を認めた。これに対し、弁護人は、被告人は本犯である窃盗犯人と何ら関係なく、強窃盗を助長する危険があるとの原判決は適切でない等として上告した。

裁判所の見解 上告棄却。盗品等の有償の処分のあっせんをする行為は、窃盗等の被害者を処分の相手方とする場合であっても、被害者による盗品等の正常な回復を困難にするばかりでなく、窃盗等の犯罪を助長し誘発するおそれのある行為であるから、盗品等の「有償の処分のあっせん」に当たると解するのが相当である。

解説 盗品等関与罪の意義について、判例は基本的に追求権説に立つとされるが、同説によると、被害者に盗品の売却をあっせんする行為は追求権を侵害するものではなく、よって本罪は成立しないのではないかという問題が生じる。この点に関して、最1決昭和27・7・10日刑集六巻七号八七六頁は、本犯の被害者に盗品を運搬した事案について、被害者のためではなく窃盗犯人の利益のために運搬したものであり、「これによって被害者をして該贓物の正常なる回復を困難ならしめた」として盗品等運搬罪の成立を認めていた。本決定も、本件行為は被害者の正常な回復を困難にするばかりでなく、本犯助長・誘発のおそれのある行為であるとして、本罪の成立を認めた。また、本決定は、あっせん行為が行われれば盗品の売買の完成を待たずに本罪の成立を認め得るとした最3判昭和26・1・30刑集五巻一号一一七頁を引用している。このように、本決定も、追求権説を基本としつつ、本犯助長性・誘発性も考慮しており、そして、追求権の内容を「正常な回復」と解している。もっとも、これが何を指すのか（前掲27年最決第二審がいうところの無償回復請求権か、いわれなき負担・特段の負担を負うことなく追求できる権利か）は必ずしも明らかでない。

▼評釈——朝山芳史・最判解平成14年度、深町晋也・百選Ⅱ74等

建造物の他人性

112　最3決昭和61・7・18刑集四〇巻五号四三八頁

関連条文　二六〇条前段

二六〇条における建造物の「他人性」の判断は、民事法の判断に従属するか。

事　実　被告人甲は、Aに対する債務の担保として甲所有の建物に根抵当権を設定したが、Aが抵当権を実行し、自ら競落して所有権移転登記が経由された後、執行官が引渡命令の執行をしようとした際、本件建物を損壊した。甲は、根抵当権設定の意思表示はA側の詐欺によるものであり、損壊以前にその取消の意思表示をしたから、本件建造物の所有権は損壊当時も自分にあり、二六〇条の「他人の」建造物に当たらないと主張した。第一審は、甲が主張するような詐欺が成立する可能性を否定し去ることはできず、「他人の」建造物であったことについて合理的な疑いを容れない程度に証明があったとはいえないとして無罪とした。これに対し、第二審は、根抵当権設定の意思表示は詐欺によるものではなく、損壊当時、本件建物はAの所有であったと認められるとして、原判決を破棄し、建造物損壊罪の成立を認め、被告人側が上告した。

裁判所の見解　上告棄却。二六〇条の「他人の」建造物というためには、他人の所有権が将来民事訴訟等において否定される可能性がないということまでは要しないものと解するのが相当であり、たとえ詐欺が成立する可能性を否定し去ることができないとしても、本件建物は二六〇条の「他人の」建造物にあたるというべきである。

解　説　二六〇条における「他人の」建造物とは、他人の所有する建造物を意味する。所有権の帰属は、民事法によって決せられるが、同条における他人性は民事法の判断に従属するか。この点について、民事法の判断に拠るとする「民法従属（性）説」と所有権の帰属は基本的には民事法によって決せられるが、必ずしも民事法の判断に従属するわけではないとする「刑法独立（性）説」が主張されており、本決定は後者の見解に立っている。本決定の補足意見は、所有権の帰属は民事法によって決せられるとしつつ、刑法と民事法の目的の相違に着目し、刑法は「その物に対する現実の所有関係を保護することによって既に存在している財産関係の法秩序の破壊を防止することを目的とする」から民事法の判断に常に従属するわけではないとし、社会生活上、特定の人の所有に属すると信じて疑われない客観的な状況が存在し、かつ、民事法上の所有権を否定すべき明白な事由がない時は、他人性が認められるとする。そこには、自力救済禁止の発想が伺える。そして、本権説から占有説に移行した判例の流れ（最2判昭和34・8・28刑集一三巻一〇号二九〇六頁や39決定）に沿うものであり、刑法独立（性）説が占有説の見解に通ずることがみてとれよう。

▼**評釈**——只木誠・百選Ⅱ77等

建造物の意義

113 最1決平成19・3・20刑集六一巻二号六六頁

関連条文 二六〇条前段

建造物に取り付けられた物が建造物損壊罪の客体に当たるか否かの判断基準は何か。

事実 被告人甲は、A方玄関ドアを金属バットでたたいて凹損させた（修繕費用の見積額は二万五千円）。本件ドアは、居室の出入口に設置された、厚さ約三・五cm、高さ約二〇〇cm、幅約八七cmの金属製開き戸で、建物に固着された外枠と蝶番で接合され、外枠と同ドアとは構造上家屋の外壁と接続し、一体的な外観を呈していた。第一審も第二審も、建造物損壊罪の成立を認めた。第二審は、本罪の対象となる建造物の一部であるかどうかは、「その客体が、構造上および機能上、建造物と一体化し、器物としての独立性を失っていると認めるのが相当であるか」という観点から決定するのが相当であるとした。これに対して、弁護人は、本件ドアは適切な工具を使用すれば損壊せずに容易に取り外しが可能であり、器物損壊罪が成立するにすぎないと主張して上告した。

裁判所の見解 上告棄却。建物に取り付けられた物が建造物損壊罪の客体に当たるか否かは、建造物との接合の程度のほか、当該物の建造物における機能上の重要性をも総合考慮して決すべきものである。本件ドアは、住居の玄関ドアとして外壁と接続し、外界とのしゃ断、防犯、防風、防音等の重要な役割を果たしているから、本罪の客体に当たるものと認められ、適切な工具を使用すれば損壊せずに同ドアの取り外しが可能であるとしても、この結論は左右されない。

解説 「建造物」とは、家屋その他これに類似する建築物をいい、屋蓋を有し障壁又は柱材により支持されて土地に定着し、少なくとも人の出入するものであることを要する（大判大正3・6・20刑録二〇輯一三〇〇頁）。建造物損壊罪は、建造物の一部を損壊することで成立し得ることから（大判明治43・4・19刑録一六輯六五七頁）、建造物に取り付けられている物を損壊した場合、本罪と器物損壊罪のいずれに当たるのかが問題となる。両罪は、法定刑が大きく異なる上に、親告罪か否か等の点でも異なることから、建造物か器物かという判断基準は重要である。この点について、判例は、毀損せずに取り外すことが可能かという基準に拠っていたとされるが（大判明治43・12・16刑録一六輯二一八八頁等）、中には同基準を絶対視しないものもあった。そこには、近年の組立式建造物に対する意識が存在すると指摘されているが、そのような流れの中、本決定は、接合の程度のほか、建造物における機能上の重要性をも総合考慮して判断すべきとした。本決定を受けて、放火罪における「建造物」（最1判昭和25・12・14刑集四巻一二号二五四八頁）が見直される可能性があろう。

▼**評釈**——飯島暢・百選Ⅱ78等

落書きと建造物損壊罪

114 最3決平成18・1・17刑集六〇巻一号二九頁

建造物損壊罪の「損壊」とは何か。公衆便所の外壁への落書きは、「損壊」にあたるか。

事実　被告人甲は、公園内に設置された公衆便所の白色外壁にラッカースプレーを用いて赤色及び黒色のペンキを吹き付け、その南東側及び北東側の外壁部分のうち、既に落書きされていた一部の箇所を除いてほとんどを埋め尽くすような形で、「反戦」等と大書した。第一審、第二審共に、建造物損壊罪の成立を認め、これに対し、弁護人は、本件落書きは軽犯罪法違反の程度を超えて、建造物の本来の効用を著しく減損させたとはいえない等と主張して上告した。

裁判所の見解　上告棄却。本件建物は、公園の施設にふさわしいようにその外観、美観には相応の工夫が凝らされていた。大書された文字の大きさ、形状、色彩等に照らせば、本件建物の美観は著しく損なわれ、その利用についても抵抗感ないし不快感を与えかねない状態となり、管理者としても、そのままの状態で一般の利用に供し続けるのは困難と判断せざるを得なかった。本件落書きは、ラッカーシンナーによっても完全に消去することはできず、再塗装により完全に消去するためには約七万円の費用を要するものであった。以上の事実関係の下では、本件落書き行為は本件建物の外観ないし美観を著しく汚損し、原状回復に相当の困難を生じさせたものであって、その効用を減損させたものというべきであるから二六〇条前段の「損壊」に当たる。

関連条文　二六〇条前段

解説　本決定は、落書き行為について建造物損壊罪の成立を認めた初めての最高裁判例である。本罪の「損壊」については、物理的毀損説と物理的な損壊に限らず、物の効用（使用価値）を減却・減損する一切の行為をいうとする効用侵害説が対立している。両説の違いは、本件のような物理的毀損を伴わない場合にあらわれる。判例は、効用侵害説に立ち（大判明治42・4・16刑録一五輯四五二頁等）、建造物を物理的には毀損しないビラ貼り行為について、行為態様・程度、建造物の用途・機能、原状回復の難易、その他諸事情を総合的に考慮して、社会通念上、建造物の効用を侵害したといえるか否かを基準に本罪の成否を判断している（肯定判例として、最3決昭和41・6・10刑集二〇巻五号三七四頁等）。本決定も、効用侵害説に立っているといえるが、同説に立つ場合、その「効用」の内容が問題となる。ここでいう建造物の効用は、本来的効用に限るべきか。また、本決定は効用の減損を認めるにあたり、「美観を著しく汚損し」た点を挙げているが、美観は効用に含まれるか。学説は、美観を含むとする見解と文化的価値のある建造物に限って美観を含むとする見解に分かれている。

▼**評釈**――関根徹・百選Ⅱ79等

複合建造物における現住建造物の一体性……平安神宮事件

115 最3決平成1・7・14刑集四三巻七号六四一頁

関連条文 一〇八条・一〇九条一項

現住部分と非現住部分とがある複数の建物から構成される建造物の非現住部分に放火した場合、現住建造物等放火罪にあたることになるか。

事実 被告人甲は平安神宮の本殿等を焼燬しようと決意し、午前三時過ぎころ、宿直員等が現住し、東西両本殿、祝詞殿、内拝殿、斎館、社務所等が、東西各内外廻廊、東西各歩廊等により接続している構造の平安神宮社殿の一部である祭具庫付近に放火し、祭具庫や接続する西翼舎、内拝殿、祝詞殿、東西両本殿等に燃え移らせ、それらを炎上させた。これらの建物はすべて木造で、祭具庫、西翼舎等に放火された場合、夜間宿直の神職や守衛らが執務する社務所、守衛詰所にも延焼する可能性は否定できなかった。また、夜間には、神職、守衛、ガードマンらが宿直にあたり、東西両本殿、祝詞殿のある区域以外の社殿の建物等を巡回するなどし、社務所や守衛詰所で就寝することになっていた。現住建造物等放火罪の成立を認めた第一審、控訴審に対し、弁護人は、平安神宮社殿は一体として現住建造物を構成していたわけではなく、甲が放火により焼燬した本殿、祭具庫、西翼舎等の建物と人が現住していた社務所等の建物とは別個の建造物であるから、非現住建造物等放火罪が成立する旨を主張し、上告した。

裁判所の見解 上告棄却。「以上の事情に照らすと、右社殿は、その一部に放火されることにより全体に危険が及ぶと考えられる一体の構造であり、また、全体が一体として日夜人の起居に利用されていたものと認められる。そうすると、右社殿は、物理的に見ても、機能的に見ても、その全体が一個の現住建造物であったと認めるのが相当であるから」、現住建造物等放火罪の成立が認められる。

解説 現住部分と非現住部分とがある複数の建物が接続され、その非現住部分に放火した場合、その部分を現住部分と一体とみるべきかという外観上・構造上の「建造物の一体性」が問題となる。その場合、現住建造物等には人の居合わせる蓋然性が高く、そういった人の生命、身体に対する危険を含めた公共の危険の発生が、現住建造物等放火罪（一〇八条）の加重処罰の根拠であると解されることから、当該部分への放火が、そのような危険を生じさせたか否かが判断される。具体的には、放火された非現住部分から現住部分への燃え広りの可能性(延焼可能性)、非現住部分と現住部分との機能的に一体的な使用(機能的一体性)の有無が判断要素となる。両者の関係や、その前提として、複数の建物の物理的な接続（物理的一体性)が必要かには争いもあるが、本件では、これら三要素が備わり、全体として現住建造物としての一体性が認められる。

▼**評釈**——齊藤彰子・百選Ⅱ（六版）84、星周一郎・百選Ⅱ82

建造物の現住性

116 最2決平成9・10・21刑集五一巻九号七五五頁

関連条文　一〇八条・一〇九条一項・一一五条

競売手続の妨害目的で従業員を交替で泊まり込ませていた家屋に、放火前にその従業員を旅行に連れ出してから放火した場合、一〇八条所定の現住建造物に該当するか。

事実　被告人甲は、転売目的で取得した本件家屋等に対する競売手続を妨害するため、人が生活しているように装うことにした。そこで、自己の経営する会社の従業員五名に指示して、本件家屋の鍵を従業員らに渡すなどし、本件家屋に自由に出入りできるようにしたうえで、十数回にわたり交替で本件家屋に宿泊させたため、近隣の住民にも、人が住み着いたと感じられる状態になった。他方で甲は、本件家屋等を焼燬して火災保険金を騙取しようと企て、従業員五名を二泊三日の沖縄旅行に連れ出し、その旅行中に、甲との共謀に基づき共犯者乙が本件家屋に放火し全焼させた。なお、従業員らは、旅行から帰れば再び交替で宿泊するものと認識しており、鍵も旅行に持参していた。本件家屋が「現に人の住居に使用」する建造物（現住建造物）にあたるとして現住建造物等放火罪（一〇八条）の成立を認めた第一審・控訴審に対し、弁護人は、本件家屋に現住性は認められないなどと主張して、上告した。

裁判所の見解　上告棄却。「以上の事実関係に照らすと、本件家屋は、人の起居の場所として日常使用されていたものであり、右沖縄旅行中の本件犯行時においても、その使用形態に変更はなかったものと認められる。そうすると、本件家屋は、本件犯行時においても、……刑法一〇八条にいう『現ニ人ノ住居ニ使用』する建造物に当たると認めるのが相当であるから」、現住建造物等放火罪の成立が認められる。

解説　一〇八条にいう「現に人が住居に使用し」とは、現に犯人以外の人の起居（起臥寝食）の場所として日常使用していることをいい、必ずしも昼夜間断なく使用している必要はなく、居住者がたまたま外出して一時その建物にいない場合でもよい。そのような建物には人の居合わせる蓋然性が高く、そういった人の生命、身体に対する危険を含めた公共の危険の発生が、同条の加重処罰の根拠として一般に挙げられる。本件建物は、生活の本拠としての住居ではないが、競売妨害目的であれ、人の起居の場所として日常使用されているという居住実態がある以上、前記危険の発生は認められるから、現住建造物にあたる。また、甲は、旅行から帰った後には本件家屋に宿泊しなくてもよい旨の指示を従業員らにしていたわけでなく、従業員らは、旅行から帰れば交代の宿泊が継続されると認識していた。そうであれば、本件旅行への連れ出しによっても本件建物の使用形態に変更はなかったことになり、本件放火時において、本件建物の現住性は失われていないことになる。

▼評釈——金尚均・百選Ⅱ83、原田保・百選Ⅱ（六版）85

放火罪の既遂時期

117　最1判昭和25・5・25刑集四巻五号八五四頁

関連条文　一〇八条

放火罪の既遂はどのような基準により判断すべきか。家屋の床板を約三〇ないし九〇センチメートル四方にわたり燃焼させた場合、現住建造物等放火罪の焼損（焼燬）にあたるか。

事実　被告人甲は、Aに賃貸していた本件家屋に放火し、同家屋にかけていた保険金を得るなどしようと企てた。そして、本件家屋床下に仕掛けた放火のための媒介物にライターで点火して放火し、本件家屋の床板約一尺四方及び押入床板及び上段各約三尺四方等を焼燬した。現住建造物等放火罪（一〇八条）の既遂を認めた控訴審に対し、弁護人は、判例の採用する独立燃焼説によっても、本件のように、火勢がただちに消し止めることができる程度である場合には、同条の未遂が成立するにとどまるなどと主張して、上告した。

裁判所の見解　上告棄却。「原判決挙示の証拠を綜合すれば、A及びその家族の現に居住する本件家屋の一部たる三畳間の床板約一尺四方並びに押入床板及び上段各約三尺四方を焼燬したる原判示事実の認定を肯認することができる。そして原判決は右のごとき現に人の居住する家屋の一部を判示程度に焼燬したと判示した以上被告人の放火が判示媒介物を離れて判示家屋の部分に燃え移り独立して燃焼する程度に達したこと明らかであるから、人の現在する建造物を焼燬した判示として欠くるところはないものといわなければならない。」

解説　現住建造物等放火罪（一〇八条）、他人所有非現住建造物等放火罪（一〇九条一項）は、条文所定の客体の焼損により既遂となる。焼損の意義については、物の燃焼作用に着目し、ⓐ客体の独立した燃焼の開始に求める独立燃焼説、ⓒ客体の燃え上がりを必要とする燃え上がり説と、放火客体の損傷の程度に着目し、ⓑ建物としての効用が失われたことをいうとする効用喪失説、ⓓ毀棄罪の程度の損壊を必要とする毀棄説とが対立してきた。これは、既遂時期をどこに認めるかに関する対立でもあり、もっとも早い時点に既遂を認めるⓐ説に対し、ⓑ説は、未遂がほとんど認められず不当であると批判し、ⓒ説ⓓ説は、両者の中間に既遂時期を設定しようとする。判例は、本判決も含め、一貫してⓐ説を採用する。放火罪の基本的罪質が公共危険犯であることを考えれば、燃焼作用に着目する見解が妥当で、放火客体が独立した燃焼を開始すれば、火勢の拡大という公共の危険の発生が認められる。また、ⓐ説を採用する現在の実務においても、放火未遂の認知件数は統計上一定割合を占めており、既遂時期に関するⓑ説ないしⓓ説の批判は妥当しない。本判決はⓐ説採用の根拠について何も言及していないが、以上の理解を前提にしたものであろう。耐火構造建物への放火でも、同様の判断が妥当する（118決定）。

▼**評釈**――伊東研祐・百選Ⅱ80、星周一郎・百選Ⅱ（五版）77

耐火構造のマンションと放火罪

118 最2決平成1・7・7判時一三三二号一五七頁

①マンション内部に設置されたエレベーターのかごは、現住建造物であるか。②エレベーター側壁の化粧鋼板の表面約〇・三㎡を燃焼させた場合、焼損（焼燬）にあたるか。

関連条文　一〇八条・一〇九条一項

事実　被告人甲は、一二階建てマンション内に設置されたエレベーターのかご内で、ガソリンの浸透した新聞紙に点火して放火し、かごの側壁を約〇・三㎡を燃焼させた。控訴審は、①エレベーターのかごをその収納部分から取り外すには、作業員約四人がかりで一日の作業量を要するから、「毀損しなければ取り外すことができない状態」にあり、また、エレベーターは、マンションの各居住空間の部分とともに一体として住宅として機能しているから、現住建造物たるマンションを構成し、②エレベーターのかごの側壁の一部（建造物の一部）が、媒介物から独立して燃焼したと認められるとして、現住建造物等放火罪の既遂を認めた第一審を是認した。これに対し弁護人側は、②について判例違反を主張して、上告した。

裁判所の見解　上告棄却。「一、二審判決の認定によれば、被告人は、一二階建集合住宅である本件マンション内部に設置されたエレベーターのかご内で火を放ち、その側壁として使用されている化粧鋼板の表面約〇・三平方メートルを燃焼させたというのであるから、現在建造物等放火罪が成立するとした原審の判断は正当である。」

解説　本件エレベーターのかごは、その収容部分から取り外すには、作業員四人がかりで一日の作業量を要するなど容易でなく、「毀損しなければ取り外すことができない」のと同等の状態にあり、マンションと構造上一体だといえる。だが、外観上一個の耐火構造建物の非現住部分に放火した場合、現住部分からの内部的な独立性が認められるかという類型の「建造物の一体性」が問題となる。本件エレベーターは、居住部分と機能的に一体的に使用され、いわば玄関の延長ととらえられ、住人等がそこに現在し害を被る危険は、居住部分と基本的に変わらないといえる。それゆえ、現住建造物等放火罪の加重処罰根拠である、建造物内部の人の生命、身体に対する危険も含めた公共の危険の発生が認められ、現住建造物としての一体性が肯定される。また、耐火構造建物への放火の場合、当該客体が独立燃焼状態に至らなくても、媒介物の火力で有毒ガスが発生しうる等の問題意識から、媒介物の火力によるコンクリート壁等の剥落等をもって焼損とする新効用喪失説も主張される。だが、「焼損」という文言からは客体自体の燃焼は必要で、当該建物の可燃部分の独立燃焼の有無をもって、危険発生の判断基準とするのが合理的である。本決定も、耐火構造建物への放火でも独立燃焼説を維持する旨の原審判断を是認した。

▼**評釈**——金光旭・百選Ⅱ81、丸山雅夫・百選Ⅱ（五版）78

公共の危険の意義

119 最3決平成15・4・14刑集五七巻四号四四五頁

一一〇条一項にいう「公共の危険」の意義は何か。市街地の駐車場で自動車に放火し、付近の自動車等に延焼の危険が及ぶなどの事態を生じさせた場合、その発生は認められるか。

関連条文　一一〇条一項

事　実　被告人甲らは、市街地の駐車場に駐車中のA所有の自動車（「被害車両」）に放火し、その近くに駐車されていた別の二台の自動車と、付近にあったゴミ集積場に延焼する危険を生じさせた。控訴審は、一一〇条一項にいう「公共の危険」は、延焼の危険が一〇八条、一〇九条所定の建造物等に及ぶ場合に限られないとした上で、前記延焼の危険の発生をもって公共の危険の発生が認められるとして、一一〇条一項の成立を認めた第一審を是認した。これに対し弁護人は、一一〇条一項にいう「公共の危険」は、一〇八条、一〇九条所定の建造物等への延焼の危険に限られると主張して、上告した。

裁判所の見解　上告棄却。刑法「一一〇条一項にいう『公共の危険』は、必ずしも同法一〇八条及び一〇九条一項に規定する建造物等に対する延焼の危険のみに限られるものではなく、不特定又は多数の人の生命、身体又は前記建造物等以外の財産に対する危険も含まれると解するのが相当である。そして、市街地の駐車場において、被害車両からの出火により、第一、第二車両に延焼の危険が及んだ等の本件事実関係の下では、同法一一〇条一項にいう『公共の危険』の発生を肯定することができるというべきである。」

解　説　他人所有非現住建造物等放火罪（一〇九条二項）および建造物等以外放火罪（一一〇条）は、条文上、「公共の危険」の発生が要件である。その意義について、本件とは事案を異にするが、大判明治44・4・24刑録一七輯六五五頁は、一一〇条一項にいう「公共の危険」は、一〇八条、一〇九条所定の建造物等に延焼する危険をいうとした。一〇八条等が、同条所定の建造物等への放火によりただちに公共の危険の発生が認められる抽象的危険犯であることを前提に、それへの延焼の危険をもって、一一〇条一項等の「公共の危険」とするのである（限定説）。だが、そういった延焼の危険以外の、燃焼作用に直接起因する「不特定または多数人の生命・身体・財産に対する危険」を処罰対象から除外すべき理由はない。本決定は、「不特定または多数の人の生命、身体または一〇八条等所定建造物等以外の財産に対する危険」も一一〇条一項にいう「公共の危険」に含まれるとした（非限定説）。また、本決定は、市街地の駐車場での放火である旨の事実関係も指摘しており、延焼等の危険の及ぶ法益が財産だけの場合には、一定程度以上の規模の危険が必要だとする判断を示したといえよう。

▼**評釈**――松宮孝明・百選Ⅱ84、大塚裕史・平成15年重判（刑法8）、芦澤政治・ジュリ一二六一号

公共の危険の認識

120 最1判昭和60・3・28刑集三九巻二号七五頁

関連条文 一一〇条一項

一一〇条一項の成立を認めるのに必要な故意として、公共の危険の発生までをも認識することは必要か。

事実 暴走族グループに属する被告人甲は、対立する暴走族グループの単車を焼燬して破壊するよう配下の乙に伝え、乙からその指示を伝えられた丙・丁が、A方一階の軒下に置かれたB所有の単車に放火して同車を焼燬し、さらにA方に延焼させて、公共の危険を生ぜしめた。第一審は、甲に他人所有建造物等以外放火罪（一一〇条一項）の共謀共同正犯の成立を認め、控訴審も、同罪の規定は、「その文言上からも明らかなように、結果的責任を定めたものであって、その成立には所論公共の危険発生についての認識は必要でない」とした。被告人側は、同罪は具体的公共の危険の発生が構成要件要素であるから、故意の成立には具体的公共の危険の発生についての認識が必要であり、甲には、その認識がなかったので、同罪の共謀共同正犯は成立しないなどと主張して、上告した。

裁判所の見解 上告棄却。「刑法一一〇条一項の放火罪が成立するためには、火を放って同条所定の物を焼燬する認識のあることが必要であるが、焼燬の結果公共の危険を発生させることまでを認識する必要はないものと解すべきである。」

解説 他人所有非現住建造物等放火罪（一〇九条二項）および建造物等以外放火罪（一一〇条）は、条文上「公共の危険」の発生が要件となっている具体的危険犯とされる。そして多数説は、公共の危険の発生の認識も、これらの罪の故意として必要だとする認識必要説を主張する。責任主義に忠実な当然の帰結ともいえるが、たとえば、一一〇条所定の物に放火し一〇八条所定の建物等に延焼する危険を認識内容として要求すると、それは一〇八条の故意に他ならないことになるため、その内実を、「一般人をして延焼の危惧感を与えること」といった程度の希薄な認識内容でもって構成する必要がある。これに対し判例は、大審院時代からほぼ一貫して、公共の危険の発生の認識は不要とする認識不要説に立脚し、本決定もそれを確認した。その実質的根拠については何ら言及されていないが、①「よって公共の危険を生じさせた者は」とする、結果的加重犯類似の規定形式（なお東京高判昭和53・3・20東時二九巻三号四六頁参照）であることに加え、②一定程度以上の規模の公共の危険を発生させうる客体を焼損することの認識（客体、行為および焼損の認識。117判決・119決定参照）があれば、それは、認識必要説が要求する程度の前記「公共の危険の認識」と同等の心理状態と評価できるため、具体的な法適用上の差異が生じないことを、実質的に考慮したものであろう。

▼**評釈**――丸山雅夫・百選Ⅱ85、星周一郎・百選Ⅱ（六版）87

電車転覆致死罪の成否……三鷹事件

121　最大判昭和30・6・22刑集九巻八号一一八九頁

関連条文　一二五条・一二六条・一二七条

無人の電車を暴走させ往来の危険を生じさせた上、故意の内容を超えて、電車を脱線、転覆、破壊させ、居合わせた人を死亡させた場合、一二六条三項は成立するか。

事実　被告人甲は、三鷹電車区内の電車を同構内出口付近で脱線させて電車の入出庫を妨害しようとし、同電車を無人で暴走させ、電車の往来に危険を生じさせた。だが、甲の予期に反して、同電車は三鷹駅まで暴走し、車止を突破して脱線、転覆、破壊し、周囲に居合わせた六名を死亡させた。一二七条、一二六条三項の適用を認めた第一審、控訴審に対し、弁護人は、その判断の不当性等を主張して、上告した。

裁判所の見解　上告棄却。一二七条は、一二五条の罪を犯し因て汽車電車の顛覆又は破壊の結果を発生せしめ、汽車電車の顛覆又は破壊によって致死の結果を生じた場合には、一二六条三項の例によって処断すべきを定めたものと解する。一二七条は、文理上当然に、一二六条各項所定の結果の発生した場合には、すべて同条項と同様処断すべきことを示しており、一二五条の汽車又は電車の往来に危険を生ぜしめる所為は、本質上汽車又は電車の顛覆若しくは破壊、延いては人の致死の結果等の惨害を惹き起す危険を充分に包蔵しているから、右各重大な結果が発生した以上は、一二六条各項の場合に準じそれと同様に処断することを相当とする。一二六条三項にいう人とは、必ずしも同条一項二項の車中船中に現在した人に限定すべきでなく、汽車又は電車の顛覆若しくは破壊に因って死に致された人をすべて包含する。人の現在する汽車又は電車を顛覆又は破壊せしめ、若しくは汽車又は電車の往来の危険を犯しもって右と同様の結果が発生するときは、人命に対する危害の及ぶところは、当該車中の人に局限せられるわけではないからである。また一二七条にいう汽車又は電車とは、一二五条の犯行に供用されたものを含まないと解すべき理由はない。

解説　往来危険による汽車転覆等の罪（一二七条）は、往来危険罪（一二五条）の結果的加重犯であるが、結果の重大性に鑑みて、故意犯たる汽車転覆等の罪（一二六条）と同一視する規定である。往来の危険は、転覆等される電車等に現に人がいるか否かで差異は生じず、当該電車等を往来の危険を発生させる手段とした場合にも一二五条は成立する以上、本件の無人電車も、一二七条の客体に含まれる。また、本件のような致死結果について、一二五条が類型的に致死の危険を含むものであり、往来の危険という観点からは、交通機関の周囲にいる人の安全も保護の対象と解されることから、一二七条に基づく一二六条三項の適用は肯定される。文理上の制約もないことも踏まえ、本判決の多数意見は、以上の見解を示した。

▼**評釈**――吉田宣之・百選Ⅱ（六版）90、星周一郎・判プラⅡ419

往来の危険の意義

122 最1決平成15・6・2刑集五七巻六号七四九頁

関連条文　一二五条

往来危険罪の「往来の危険」の意義は何か。線路沿いの土地を掘削し、現場に居合わせた者が、電車の走行に危険な状態にあると認識したことをもって、その発生は認められるか。

事実　被告人甲は、鉄道用地と境界を接する自己の所有地内で、乙に、パワーショベルで同所有地を同境界に沿って掘削させたため、線路敷地の電柱付近の掘削断面が著しく損なわれ、安全基準を大幅に超える急斜面となった。これを目撃した保線区長は、この掘削により土砂が崩壊して境界杭が落下するなどしたことから、このまま電車を運行させると電柱の倒壊等により電車の乗客に危険が及ぶと判断して、電車の運行を中止させた。往来危険罪（一二五条）の成立を認めた第一審、控訴審に対し、弁護人は、この掘削によっても、電柱付近の路盤は物理的、土木工学的にみて不安定な状態になっておらず、実害の発生する物理的可能性はなかったから、同罪所定の「往来の危険」は生じていないなどと主張して、上告した。

裁判所の見解　上告棄却。一二五条一項にいう「往来の危険」とは、汽車又は電車の脱線、転覆、衝突、破壊など、これらの交通機関の往来に危険な結果を生ずるおそれのある状態をいい、単に交通の妨害を生じさせただけでは足りないが、上記脱線等の実害の発生が必然的ないし蓋然的であることまで必要とするものではなく、上記実害の発生する可能性があれば足りる。本件掘削行為の規模及び掘削断面と電柱等との位置関係や、職員・工事関係者らが。上記掘削により電柱付近で地すべりが生じ同電柱が倒壊するなどして、電車の脱線など安全な走行ができない状態に至るなど、極めて危険な状態にあると一致して認識しており、その認識は、現場の状況からして相当な理由があり合理的なものであったから、上記実害の発生する可能性があったと認められる。

解説　往来危険罪（一二五条）にいう「往来の危険の意義」につき、本決定は、汽車又は電車の脱線、転覆、衝突、破壊など、これらの交通機関の往来に危険な結果を生ずるおそれのある状態をいうとして、従来の判例の立場を確認した。学説には、一二五条が、条文上危険の発生を要件とする具体的危険犯であることから、「差し迫った相当高度の危険」が必要だとする見解もある。だが、本決定は、脱線等の実害の発生する可能性があれば足りるとする見解を示した。これは、当該犯罪類型の当罰性の観点に基づいた判断だといえる。そして、現場の状況などの客観的事情や、現場にいた者の危険に対する認識などを踏まえ、社会通念によって実害発生の可能性の有無が判断されており、鑑定等の科学的な証拠によらなくても、その発生を認定できる場合のあることが示されている。

▼**評釈**――加藤正明・百選Ⅱ86、金尚均・百選Ⅱ（六版）88

通貨偽造罪における行使の目的

123 最3判昭和34・6・30刑集一三巻六号九八五頁

他人を通じて偽造通貨を真正な通貨として流通に置く目的も通貨偽造罪における行使の目的に当たるか。

事　実　被告人甲は、当時、日本国内で流通していた米国軍軍票一〇ドル紙幣を偽造し、これを上海、香港、朝鮮との間に密貿易を行っている密輸業者に法定の交換価格以下である一〇ドル三千円位で売捌き、利益を得ようと計画し、Aらと共謀の上、同軍票一〇ドル紙幣約二万一千枚を偽造した。一審・二審が、甲の行為につき、外国通貨偽造罪（一四九条一項）の成立を認めたため、弁護人が上告し、甲らは偽造通貨を商品として売却する目的を有していたにすぎないので、行使の目的があったとはいえないなどと主張した。

裁判所の見解　上告棄却。「行使の目的は自己が行使する場合に限らず他人をして真正の通貨として流通に置かせる目的でもよいのであつて、判示事実によればかかる目的が認められるので原判決の判断は正当である。」

解　説　通貨偽造罪（一四八条一項）・外国通貨偽造罪（一四九条一項）は「行使の目的」が主観的要件とされている。通貨偽造罪の保護法益である「通貨の真正に対する公共の信用」は、偽造通貨の流通によって具体的に危殆化されることになるのであるから、ここでの行使の目的とは、偽造通貨を真正な通貨として流通に置く目的を意味すると解される。通貨の真正に対する公共の信用の保護という観点からは、偽造通貨を流通に置く者が、偽造者自身であるか、第三者であるかは重要でないはずであり（なお、偽造通貨交付罪・偽造外国通貨交付罪についても行使の目的が要求されているが、交付とは、偽造通貨を情を知っている者の所持へ移すことであるから、ここでの行使の目的が交付を受けた者〔第三者〕を通じて、偽造通貨を流通に置く目的を意味することは明らかである）、本判決が「行使の目的は自己が行使する場合に限らず他人をして真正の通貨として流通に置かせる目的でもよい」とした理由もこの点に求められよう。このような理解によれば、偽造通貨を観賞用の美術品等として売却する意図であった場合等については、それが真正な通貨として流通に置かれることの認識が認められず、行使の目的は否定されるように思われる。本件の弁護人の主張もこのような趣旨であると解されるが、甲らは、本件偽造紙幣を真正の紙幣として売却する意図を有していたことに照らすと、譲受人がそれを真正のものとして流通に置くことは予定されており、甲らもそのことに関する認識（譲受人を通じて偽造通貨が流通に置かれることの認識）を有していたといえるであろう。

▼評釈――三井明・最判解昭和34年度

関連条文　一四九条一項

写真コピーの文書性

124 最2判昭和51・4・30刑集三〇巻三号四五三頁

関連条文 一五五条一項

原本の写真コピーは文書偽造罪における文書に該当するか。

事実 被告人甲は、行使の目的をもって、A地方法務局供託官B作成名義の真正な供託金受領証から切り取った供託官の記名印及び公印押捺部分を、虚偽の供託事実を記入した供託書用紙の下方に接続させてこれを電子複写機で複写する方法により、真正な供託金受領証の写であるかのような外観を呈する写真コピー（以下、本件コピー）を作成した。一審・二審は、本件コピーは、B名義の公文書に該当せず、有印公文書偽造罪は成立しないとしたため、検察官が上告した。

裁判所の見解 破棄自判。「公文書偽造罪の客体となる文書は、これを原本たる公文書そのものに限る根拠はなく、たとえ原本の写であっても、原本と同一の意識内容を保有し、証明文書としてこれと同様の社会的機能と信用性を有するものと認められる限り、これに含まれるものと解するのが相当である。」手書きの写のように、原本と写との間に写作成者の意識が介在混入するおそれがある文書は、信用性に欠け、写作成者の認証がない限り、証明文書としての社会的機能を有せず、文書とはいえないが、写真コピーは、写ではあるが、複写した者の意識が介在する余地のない機械的に正確な複写版で、複写された原本がコピーどおりの内容、形状において存在していることにつき極めて強力な証明力をもちうるもので、実生活上、原本に代わるべき証明文書として一般に通用し、原本と同程度の社会的機能と信用性を有するものとされている場合が多い。このような公文書の写真コピーの性質と社会的機能に照らすと、それは、文書本来の性質上、原本と同様の機能と信用性を有しえない場合を除き、原本作成名義人の印章、署名のある文書として公文書偽造罪の客体たりうる。

解説 写しは、文書要件である「意思・観念の表示」と「名義人の認識可能性」を欠くことから文書偽造罪における文書に当たらないと解されてきた。これに対し、本判決は、写真コピーは原本と同様の社会的機能と信用性を有しており、文書として保護する必要があるとの実質論を基礎にしつつ、写真コピーは機械的に正確な複写版であるから、原本作成者の意識内容を直接伝達保有しており（＝原本と同一内容の意思・観念を表示しており）、その名義人も原本名義人と解される（＝それはコピーに表示されている）として、文書要件を満たしている（＝もう一つの原本である）ことを示した。現在では写真コピーも文書であるとするのが確立した判例であるが、学説上は、本判決の説明は不十分であるとして、写真コピーの文書性を否定する見解も有力である。

▼**評釈**――南由介・百選Ⅱ87、曲田統・判プラⅡ445

偽造の意義

125 大阪地判平成8・7・8判タ九六〇号二九三頁

関連条文 一五五条一項

偽造と認めるために必要な外観を備えているか否かの判断はどのように行うべきか。

事実 被告人甲は、金融会社から融資金入出用カードを騙し取ろうと企て、甲の運転免許証の上に、Aの運転免許証の写しから切り取った氏名欄等を該当箇所に重なるようにして置いた上、当該氏名欄の氏の部分にBの文字のある紙片を置き、上からメンディングテープを全体に貼り付けて固定して、甲がBであるかのような外観を呈する書面（以下、本件書面）を作成した。その後、甲はC社D支店の自動契約受付機設置コーナーにおいて、同所に設置された自動契約受付機のイメージスキャナーに本件書面等を読み取らせ、回線で接続されたD支店設置のディスプレイにこれを表示させるなどして、同支店の係員Eに対して本件書面等を呈示した。

裁判所の見解 偽造というためには「文書が一般人をして真正に作成された文書であると誤認させるに足りる程度の形式・外観を備えていることが必要である」。当該形式・外観を備えているか否かは、文書の客観的形状のみならず、文書の種類・性質や社会における機能から想定される行使の形態等も考慮して判断しなければならない。運転免許証は身分証明書としての役割も果たしており、イメージスキャナー等の電子機器を通して、間接的に相手方に呈示・使用されることもあるため、このような行使形態も念頭に置いて判断するのが相当である。本件書面は、直接手に取って見れば改ざんを見破ることができるかもしれないが、運転免許証について通常想定される様々な行使形態を考えると、一般人をして真正に作成された文書であると誤認させるに足りる程度と認められる。

解説 本判決が示した偽造と認めるために必要な文書の形式・外観の程度の理解は、通説・判例を踏まえたもので、この点に関しては特に争いはない。問題は上記程度の形式・外観を備えているか否かの判断方法である。学説上は、人の視認による真正性の確認をクリアできない場合に、有形偽造の成立を肯定することには疑問がある等として文書の行使形態を考慮することに批判的な見解と通常想定される行使形態との関連で、一般人に真正文書であると誤信させる可能性が認められる場合には、文書に対する公共の信用が害される危険が認められるとして、行使形態を考慮することに肯定的な見解が対立している。本判決は、後者の見解と親和的な判断を示したが、文書の客観的形状を基本に判断すべきであるとした裁判例もあり、学説・実務とも、統一的な見解が定着しているとまでは言い難いのが現状である。

▼**評釈**——松尾誠紀・百選Ⅱ89、成瀬幸典・判プラⅡ453

事実証明に関する文書の意義

126 最3決平成6・11・29刑集四八巻七号四五三頁

関連条文 一五九条一項

私立大学の入学選抜試験答案は一五九条一項の「事実証明に関する文書」に当たるか。

事実 A大学の職員であった被告人甲及びBは、A大学の入学選抜試験に際し、入学希望者に合格点を取らせるため、いわゆる替え玉受験を計画し、Cらと共謀の上、入学希望者に代わって、共謀に加わった大学生Dらが同試験を受験することとした。試験当日、Dらは、共謀に基づき、配布された解答用紙の氏名欄に志願者名を、また、解答欄に記号を記入するなどした。一審・二審が、有印私文書偽造罪の成立を認めたため、甲が上告した。

裁判所の見解 上告棄却。「本件入学選抜試験の答案は、試験問題に対し、志願者が正解と判断した内容を所定の用紙の解答欄に記載する文書であり、それ自体で志願者の学力が明らかになるものではないが、それが採点されて、その結果が志願者の学力を示す資料となり、これを基に合否の判定が行われ、合格の判定を受けた志願者が入学を許可されるのであるから、志願者の学力の証明に関するものであって『社会生活に交渉を有する事項』を証明する文書……に当たると解するのが相当である。」

解説 一五九条一項の「事実証明に関する文書」につき、判例は、社会生活に交渉を有する事項を証明するに足る文書と解してきた（大判大正9・12・24刑録二六輯九三八頁、最3決昭和33・9・16刑集一二巻一三号三〇三一頁）。本決定の意義の一つは、このことを改めて確認した点にある。学説上は、右の判例の立場による場合、ほとんどすべての文書が事実証明に関する文書に当たることになるとして、法律的に何らかの意味のある事実や社会生活の重要な利害に関係のある事実を証明しうる文書に限られるなどと限定的に理解する見解が多い。しかし、社会生活に関連する事項について、特定の人物が一定の意思や観念を表示したという事実は、通常、（少なくとも潜在的には）何らかの法的意味を有するはずであるから、「権利・義務に準じる事実を証明しうる文書」に限定されるとする見解を除いては、両者の間に結論上の大きな相違は存在しないと考えられる。本件で問題になった入学選抜試験答案につき、本決定は、当該試験答案に関して予定されている使用手続を指摘した上で、「志願者の学力の証明に関するもの」であるとし、「社会生活に交渉を有する事項」を証明する文書であると結論付けた。ここでは、文書の証明対象や社会的意味を考えるに当たっては、文書の性質・機能を踏まえることが必要であることが示されているといえよう。

▼**評釈**——井上宜裕・百選Ⅱ88、曲田統・判プラⅡ448

通称の使用

127 最2判昭和59・2・17刑集三八巻三号三三六頁

関連条文 一五九条一項

広範囲に定着していた通称を使用して文書を作成する行為は偽造に該当するか。

事実 被告人甲は、A名義の再入国許可を取得して北朝鮮に向け出国しようと企て、A名義で法務大臣宛の再入国許可申請書（以下、本件文書）を作成した。甲は密入国者であり、外国人の新規登録申請をしていないにもかかわらず、甲の写真が貼付されたA名義の外国人登録証明書を不正に入手し続けてきた者であり、長年にわたってAという氏名を自己の氏名として用い続けてきたため、Aが甲を指称するものであることは、公的生活・行政機関に接触する場面のみならず、一般社会生活においても定着していた。一審・二審とも、甲の本件文書の作成行為について有印私文書偽造罪の成立を否定したため、検察官から事件受理の申立てがなされた。

裁判所の見解 破棄差戻。私文書偽造とは「私文書の名義人でない者が権限がないのに、名義人の氏名を冒用して文書を作成すること」であり、その本質は「文書の名義人と作成者との間の人格の同一性を偽る点にある」。再入国許可申請書は再入国の許可という公の手続内において用いられる文書であり、また、再入国の許可の審査の実質に照らすと、再入国許可申請に際しては、「性質上、当然に、本名を用いて申請書を作成することが要求され」る。「本件文書に表示されたAの氏名から認識される人格は、適法に本邦に在留することを許されているAであつて、密入国をし、なんらの在留資格をも有しない被告人とは別の人格であることが明らかであるから」、甲の行為は有印私文書偽造罪に当たる。

解説 本判決は、偽造を「文書の名義人と作成者との間の人格の同一性を偽ること」とした最初の判例である。本件文書の作成者が甲であることは明らかであるため、偽造の成否は名義人を甲と解することができるか否かにかかっている。Aという通称名は、一般社会生活関係において甲を指称するものとして定着していたので、名義人を甲（Aこと甲）と解することも考えられるが（二審判決参照）、本判決は、再入国許可申請手続や再入国許可申請書の性質等を指摘した上で、Aという氏名から認識される人格（本件文書の名義人）は、適法に本邦に在留することを許されているAであり、在留資格を有しない甲とは別の人格であるとした。本判決は、名義人の特定は、文書の性質・内容等を踏まえた上で、重視されるべき属性を確認し、その属性を含めた形で行われる必要があるとの理解を前提にした上で、本件の場合、在留資格の有無という属性が重視されるべきことを示したものといえる。

▼**評釈**——石井徹哉・百選Ⅱ93、成瀬幸典・判プラⅡ456

同姓同名の使用

128 最1決平成5・10・5刑集四七巻八号七頁

関連条文 一五九条一項

本名に虚偽の肩書を付して文書を作成する行為は偽造に該当するか。

事実 被告人甲は、第二東京弁護士会に所属する弁護士が自己と同姓同名であることを利用して、甲を弁護士と誤信していたAから弁護士報酬を得ようと考え、①「第二東京弁護士会所属、弁護士甲」と記載した「弁護士報酬金請求について」と題する書面、②「甲法律事務所大阪出張所、第二東京弁護士会所属、弁護士甲」と記載した振込依頼書、③「甲法律事務所（大阪事務所）、弁護士甲」と記載した請求書、④「甲法律税務事務所大阪出張所、辯護士甲」と記載した土地の調査結果報告を内容とする「経過報告書」と題する書面、⑤「甲法律事務所（大阪事務所）、弁護士甲」と記載した領収証を作成した。一審・二審が有印私文書偽造罪の成立を認めたため、弁護人が上告した。

裁判所の見解 上告棄却。「私文書偽造の本質は、文書の名義人と作成者との間の人格の同一性を偽る点にある」。甲は同姓同名の弁護士になりすまして「弁護士甲」の名義で本件各文書を作成したのであり、「たとえ名義人として表示された者の氏名が被告人の氏名と同一であったとしても、本件各文書が弁護士としての業務に関連して弁護士資格を有する者が作成した形式、内容のものである以上、本件各文書に表示された名義人は、第二東京弁護士会に所属する弁護士甲であって、弁護士資格を有しない被告人とは別人格の者であることが明らかであるから、本件各文書の名義人と作成者との人格の同一性にそごを生じさせたものというべきである。」

解説 本件各文書の作成者が甲であることは明らかであるので、甲の行為が偽造に当たるか否かは名義人を甲と解することができるか否かにかかっている。この点、本件各文書には甲の氏名が記載されているため、その名義人は甲であるようにも思われる。しかし、本名で文書を作成しても、それ以外の属性に関して偽りがあれば、作成者以外の者が名義人として特定される可能性は生じるので、名義人の特定は、文書の性質・内容等を踏まえた上で、重視されるべき属性を確定し、当該属性も含めた形で行わなければならない。このことは、すでに127判決で確認されていたが、本決定はそれを踏襲した上で、本件各文書は弁護士業務に関連して弁護士資格を有する者が作成した形式・内容のものであるから、名義人の特定にとっては「弁護士」という属性が重要であるとし、その名義人は「第二東京弁護士会に所属する弁護士甲」であって、「弁護士資格を有しない甲」とは異なるとしたのである。

▼**評釈**――林幹人・平成5年重判（刑法5）、成瀬幸典・百選Ⅱ94

架空名義の履歴書作成

129 最1決平成11・12・20刑集五三巻九号一四九五頁

関連条文 一五九条一項

偽名と自己の顔写真を使用して履歴書を作成する行為は偽造に該当するか。

事　実　指名手配され、潜伏生活を過ごしていた被告人甲は、偽名を用いて就職しようと考え、Aという氏名・虚偽の生年月日・住所・経歴等を記載し、かつ、Aと刻した印鑑を押捺した履歴書（以下、本件履歴書）とAという氏名等を記載した押印のある雇用契約書等を作成した。なお、甲は、本件履歴書に甲自身の顔写真を貼付した。一審・二審が有印私文書偽造罪の成立を認めたため、弁護人が上告した。

裁判所の見解　上告棄却。「私文書偽造の本質は、文書の名義人と作成者との間の人格の同一性を偽る点にある」が、甲は、Aの偽名を用いて就職しようと考え、虚偽の氏名、生年月日、住所、経歴等を記載し、甲の顔写真をはり付けた押印のあるA名義の履歴書及び虚偽の氏名等を記載した押印のあるA名義の雇用契約書等を作成して提出行使したものであって、これらの文書の性質、機能等に照らすと、たとえ甲の顔写真がはり付けられ、あるいは甲が右各文書から生ずる責任を免れようとする意思を有していなかったとしても、これらの文書に表示された名義人は、甲とは別人格の者であることが明らかであるから、名義人と作成者との人格の同一性にそごを生じさせたものというべきである。

解　説　偽名・仮名を使用して文書を作成した場合、通常は、作成者以外の者が名義人として特定されるため、当該文書作成行為は偽造に当たる。しかし、名義人の特定にとって氏名以外の属性が重要な意義を有し、かつ、当該属性に関して偽りが存在しない場合には、作成者以外の者が名義人として特定される可能性はないため、偽造には当たらないと解されている（その例として、芸能人がホテルの宿泊申込書に仮名を記載する場合等が挙げられる）。本件の場合、甲は、本件履歴書を作成するに際し、氏名等の虚偽の個人識別情報と顔写真という真実のそれを用いたため、名義人の特定にとって、いずれが決定的な意義を持つのかが問題になる。この点、本決定は、履歴書という文書の性質・機能等に照らすと、名義人は甲とは別人格の者であることが明らかであるとして、偽造の成立を認めた。もっとも、本決定は、履歴書のいかなる性質・機能から、甲とは別人格の者が名義人と解されることになるのかについて説明していないため、一部の学説から、本件における雇用形態等を考慮した場合、本件履歴書の名義人は「Aこと写真の人物」と解されるべきであり、甲の行為は偽造に当たらないとの批判を受けている。

▼**評釈**――葛原力三・百選Ⅱ95、成瀬幸典・判プラⅡ457

代表名義の冒用

130 最2決昭和45・9・4刑集二四巻一〇号一三一九頁

関連条文 一五九条一項

代理・代表名義の文書の名義人の特定方法。

事　実　学校法人Aの理事会（以下、A理事会）は、理事の任免・理事長選任を議案として検討したが、結論を出さないまま解散した。Aの理事であった被告人甲は、A理事会が甲を理事長に選任することも、甲に理事会議事録を作成する権限を付与する旨の決議を行うこともなかったにもかかわらず、A理事会において、甲を理事長に選任し、甲を議事録署名人とすることを可決したこと等を内容とし、末尾に理事録署名人甲と記載され、甲の印が押された理事会決議録という文書（以下、本件文書）を作成した。甲の行為につき、一審・二審が有印私文書偽造罪の成立を認めたため、弁護人が上告した。

裁判所の見解　上告棄却。代表者・代理人として文書を作成する権限のない者が、他人を代表・代理すべき資格、または、普通人をして他人を代表・代理するものと誤信させるに足りる資格を表示して作成した文書は、文書に表示された意識内容にもとづく効果が、代表・代理された本人に帰属する形式のものであるので、その名義人は「代表もしくは代理された本人」と解するのが相当である。本件文書はその内容体裁等から、A理事会の議事録として作成されたものと認められ、また、理事録署名人という記載は、普通人をして、A理事会を代表するものと誤信させるに足りる資格の表示と認められるので、甲はA理事会の代表者・代理人として本件文書を作成する権限がないのに、普通人をして、A理事会を代表するものと誤信させるに足りる理事録署名人という資格を冒用して、A理事会名義の文書を偽造したものというべきである。

解　説　「X代理人Y」や「X代表Y」と記された文書の名義人については、①「X（本人）」とする見解、②「代理・代表権を有するY」とする見解、③「Y（代理人・代表）」とする見解が主張されている。Yが代理権・代表権を有さない場合、①・②によれば、名義人と作成者の間の人格の同一性に偽りがあるので有形偽造に当たるが、③によれば、代理・代表資格という文書の内容に関する虚偽があるだけなので、無形偽造にすぎないことになる。本決定は、文書の効果が本人に帰属することを根拠に①の立場をとった。名義人とは、文書から見てとれる「文書作成に関する責任主体」のことであるから、本決定はこれを「文書の効果の帰属主体」の意味で理解したものといえる。これに対しては、事実証明に関する文書のように法的効果が問題にならない文書も存在するとして批判する見解が多いが、批判する論者も文書作成に関する責任の内容を十分には説明できていないのが現状である。

▼**評釈**――塩谷毅・百選Ⅱ92、成瀬幸典・判プラⅡ459

資格の冒用

131 最2決平成15・10・6刑集五七巻九号九八七頁

関連条文　一五九条一項

文書の名義人の特定の場面における資格の意義。

事実　被告人甲は、Aらと共謀の上、ジュネーブ条約に基づく正規の国際運転免許証に形状・記載内容等が酷似した文書（以下、本件文書）を作成した。本件文書は、そこに刻された印章様のもの等から、国際旅行連盟（ITA）という団体が発給者と解されるものであったが、同条約上、ITAは国際運転免許証を発給する権限を有しておらず、甲もこのことを認識していた。一審・二審が有印私文書偽造罪の成立を認めたので、弁護人が上告し、本件文書の名義人はITAであり、甲はITAから本件文書の作成権限を与えられていたので、偽造には当たらないと主張した。

裁判所の見解　上告棄却。「私文書偽造の本質は、文書の名義人と作成者との間の人格の同一性を偽る点にある」。本件文書の記載内容・性質等に照らすと、本件文書の社会的信用性を基礎付けるものは、ジュネーブ条約に基づく国際運転免許証の発給権限を有する団体により作成されているという事実であるから、本件文書の名義人は「ジュネーブ条約に基づく国際運転免許証の発給権限を有する団体であるITA」と解すべきである。ITAは、実際には、国際運転免許証の発給権限を有していないのであるから、ITAが実在の団体で、甲に本件文書の作成を委託していたとしても、甲がITAの名称を用いて本件文書を作成した行為は、文書の名義人と作成者との間の人格の同一性を偽るものである。

解説　ITAという団体が本件文書の作成を甲に委託していたとすると、観念説の意味での作成者はITAであることになるから、文書の外観を基礎に、本件文書の名義人をITAと解した場合、文書の名義人と作成者との間の人格の同一性に偽りはないことになりそうである。しかし、本決定は名義人を「国際運転免許証の発給権限を有するITA」とし、作成者である「当該権限を持たないITA」との間には人格の同一性に関する偽りがあるとした。本決定の意義は、127判決や128決定の立場を踏襲し、名義人の特定にとって重要な属性は文書の性質・内容等を踏まえて確定すべきであるとした上で、偽造を認めるために、当該属性に関する虚偽が積極的に記載される必要はないことを示した点にある。また、文書に対する社会的信用性を基礎づける事項か否かが、右属性の判断基準となることを明示したことも本決定の意義の一つであるが、文書に対する社会的信用という概念は、右の判断基準とするには不明確であり、その実質的内容の解明を課題として残している。

▼**評釈**——長井長信・平成15年重判（刑法9）、成瀬幸典・判プラⅡ463

名義人の承諾

132 最2決昭和56・4・8刑集三五巻三号五七頁

関連条文 一五九条一項

あらかじめ承諾を得た上で、承諾者名義の文書を作成する行為は偽造に当たるか。

事　実　運転免許を有することなく普通乗用自動車を運転していた被告人甲は、巡査Aから無免許運転の取締りを受けた。甲は、Bから交通取締りにあった場合、交通切符にBの氏名を書くことにつき、あらかじめ承諾を得ていたので、道路交通法違反（無免許運転）の刑責を免れるために、Aに対して、免許証は家に忘れてきた旨を述べた上、氏名をBと詐称し、Aが道路交通法違反（免許証不携帯）の交通事件原票を作成するに当たり、当該原票の供述書欄の末尾にBの氏名を記載した。甲の行為につき、一審・二審が有印私文書偽造罪の成立を認めたので、弁護人が上告した。

裁判所の見解　上告棄却。「交通事件原票中の供述書は、その文書の性質上、作成名義人以外の者がこれを作成することは法令上許されないものであつて、右供述書を他人の名義で作成した場合は、あらかじめその他人の承諾を得ていたとしても、私文書偽造罪が成立すると解すべきである」。

解　説　文書偽造罪における文書の作成者とは、文書に表示された意思・観念が精神的に由来する者、つまり、文書作成に関する意思主体であると解されている（観念説）。観念説によると、XがYに対してX名義で文書を作成することについて事前に承諾を与えていた場合、作成された文書の内容はXに精神的に由来するため、その作成者は名義人として表示されているXであることになるので、文書の名義人と作成者との間の人格の同一性に偽りはない（偽造には当たらない）ことになる。本判決が「あらかじめその他人の承諾を得ていたとしても」と述べているのも、この理解を前提にしているためである。もっとも、本判決は「文書の性質上、作成名義人以外の者がこれを作成することは法令上許されない」場合には、名義人の承諾があっても文書偽造罪が成立するとして、上記の原則に例外があることを認めた。同様の判断は、他の裁判例においても示されており、本件で問題になった交通事件原票中の供述書以外に、運転免許証申請書、一般旅券発給申請書、私立大学の入学選抜試験答案等が、文書の性質上、名義人以外の者が作成することが許されない文書に当たるとされている。学説上は、判例の立場を支持する見解が多いが、その理由づけに関する共通理解は形成されておらず、名義人が承諾を与えている以上、その者は文書作成に関する意思主体として、文書作成に関する責任を免れることはないので、文書偽造罪は成立しないとする見解も有力に主張されている。

▼**評釈**——城下裕二・百選Ⅱ97、成瀬幸典・判プラⅡ454

無効な養子縁組によって得た戸籍上の氏名の使用

133 東京地判平成15・1・31判時一八三八号一五八頁

関連条文 一五九条一項

戸籍名を使用した文書の作成が偽造に当たることはあるか。

事実 金融会社のブラックリストに登載され、これ以上融資を受けることができなくなった被告人甲は、知人から養子縁組をして姓を変えれば融資を受けることができると聞き、Aの承諾を得ずに、Aを養父とする養子縁組届を行い、戸籍上の氏名をXとした。その後、甲は、B社において、備付けの極度借入基本契約書（以下、本件文書）の氏名欄にXと記載するなどして、キャッシングカードの交付を申し込んだ。

裁判所の見解 申込者に関する融資適格審査の判断資料である本件文書は、社会通念上も、取引信義則上も、「申込者の人格に帰属する経済的信用度を誤らせることがないよう、その人格の本来的帰属主体を表示することが要求され、その帰属主体を偽ることが許されない性質の文書」である。また、当事者間に縁組をする意思がないとき、養子縁組は無効であり、氏の変更の効果は生じないので、本件の場合、甲の氏をA姓とする氏の変更の効果も生じない。本件の甲の行為は、以後の融資契約等の法律効果の帰属主体を、本件養子縁組以前の甲とは別個の人格であるXと偽り、融資契約等の法律効果が帰属する人格の経済的信用度を誤らせるもので、虚偽の人格の帰属主体を表示し、文書の作成名義を偽るものであるから、有印私文書偽造罪が成立する。

解説 本件の養子縁組は、金融機関のブラックリストに登載されていることを隠蔽する目的で、Aの承諾を得ることなく、無断でなされたものであるから、本件の実質は、Xに成り済ました甲がX名義の文書を権限なく作成した事案と異ならない。ただ、本件文書は、戸籍名を用いて作成されているため、理論的には、名義人と作成者との間の人格の同一性に偽りはなく、偽造に当たらないのではないかが問題になる。本判決は、本件文書の性質・機能に照らした場合、申込者の経済的信用度に関する情報を含めて名義人を特定すべきであるとし、名義人は「融資適格者X」であるが、作成者は「融資不適格者X」であるので、偽造に当たると判断したものと考えられる。これは、文書の性質・内容等を根拠に、名義人の特定にとって重視されるべき属性を判断する128、131決定の延長線上に位置するものといえよう。なお、本判決は、本件養子縁組が無効で、氏の変更の効果が生じていないことも指摘しているが、このことが、「一般的に」偽造の成否に影響を持つかについては慎重な検討が必要であろう（甲がX名義で新聞の購読契約書を作成しても、私文書偽造罪には当たらないようにも思われる）。

▼評釈――成瀬幸典・判プラⅡ458

補助公務員の文書作成権限

134 最1判昭和51・5・6刑集三〇巻四号五九一頁

関連条文 一五五条一項

公文書の作成権限者が、作成手続に違反して文書を作成する行為は公文書偽造に当たるか。

事実 A市役所本庁の市民課調査係長であった被告人甲は、必要な手続を履践せずに、自ら印鑑証明書を作成しようと考え、印鑑証明書用紙に必要事項を記入し、自己及びBの印鑑を押捺した上（事前にBの承諾は得ていた）、市長の公印を押捺する等して市長作成名義の甲宛とB宛の各印鑑証明書を、また、C及びDに必要事項を記入し、印鑑を押捺してもらった印鑑証明書用紙を用いて、市長の公印を押捺する等して市長作成名義のC宛とD宛の各印鑑証明書を作成した。印鑑証明書の作成は市民課長の専決事項とされていたが、印鑑証明書作成発行事務は、慣行上、甲を含む市民課員全員が事務を執る権限を有していた。甲の行為につき、一審・二審が有印公文書偽造罪の成立を認めたため、弁護人が上告した。

裁判所の見解 破棄差戻。公文書偽造罪における偽造とは、公文書の作成名義人以外の者が、権限なしに、その名義を用いて公文書を作成することを意味する。特定の条件の下において公文書を作成することが許されている補助者も、その者への授権を基礎づける一定の基本的条件に従う限度において作成権限を有している。本件の場合、印鑑証明書の作成は市民課長の専決事項とされていたが、甲を含む市民課員も、市民課長の補助者の立場で、一定の条件の下において作成権限を有していた。本件の印鑑証明書は内容が正確で、通常の申請手続を経由すれば、当然に交付されるものであったので、甲の行為を作成権限を超えた行為と見ることはできない。

解説 ①公文書の作成名義人及び②代決者（①の決済を待たずに自らの判断で公文書を作成する権限を有する者）が公文書を作成することが許されている者）が公文書を作成することについては、特に問題はないが、③補助公務員（①や②を補助し、公文書の作成を事実上行っている者）については、事務分担や権限の内容が多様であるため、具体的な事実関係を基礎にして、事案ごとに作成権限が認められる条件を明らかにし、偽造の成否を判断する必要がある。本判決も③に当たる甲につき、A市における印鑑証明書の作成発行手続を詳細に認定した上で、作成権限を認め、公文書偽造罪の成立を否定した。その際、本判決は、文書の内容が真実であったことを指摘したが、これは内容の正確性を根拠に作成権限を認めたわけではなく、内容が正確で、通常の申請手続を経由すれば、交付されるはずのものであったことから、作成権限を否定するほどの重大な手続違反はなかったことを示したものとみるべきであろう。

▼**評釈**——金澤真理・百選Ⅱ90、成瀬幸典・判プラⅡ452

虚偽公文書作成罪の間接正犯

135 最2判昭和32・10・4刑集一一巻一〇号二四六四頁

関連条文　一五六条

公務員が内容虚偽の公文書の起案を行い、作成権限者を誤信させて公文書を作成させた行為と虚偽公文書作成罪の間接正犯。

事　実　被告人甲は、A県地方事務所において同所長Bの下で、住宅金融公庫からの融資により建築される住宅（以下、融資住宅）の建築設計審査等に関する文書の起案等の職務を担当していた。甲は当該地位を利用して、融資住宅に対する融資金を詐取しようと考え、融資を受けるために必要な現場審査申請書に虚偽の内容を記載し、Bに提出した。Bは記載内容を真実と誤信し、申請書の末尾に審査の結果合格と認める旨の記載と所要の記名・捺印を行い、内容虚偽の現場審査合格書（以下、本件文書）を作成した。甲の行為につき、一審・二審が虚偽公文書作成罪の間接正犯の成立を認めたため、弁護人が上告した。

裁判所の見解　上告棄却。刑法一五六条の虚偽公文書作成罪は、公文書の作成権限者たる公務員を主体とする身分犯であるが、作成権限者たる公務員の職務を補佐して公文書の起案を担当する職員が、その地位を利用し行使の目的をもってその職務上起案を担当する文書につき内容虚偽のものを起案し、情を知らない上司に提出して、起案文書の内容が真実であると誤信させたうえで、署名又は記名・捺印をさせて内容虚偽の公文書を作らせた場合にも、虚偽公文書作成罪の間接正犯が成立すると解すべきである。この場合、行為者は職務に関し内容虚偽の文書を起案し、情を知らない作成権限者たる公務員を利用して虚偽の公文書を完成したものとみるべきである。

解　説　虚偽公文書作成罪は「公務員が、その職務に関し」て行ったことが要件とされており、本判決も本罪を公文書の作成権限者たる公務員を主体とする身分犯であるとしている。したがって、本件の甲の行為を同罪の間接正犯に問擬するためには、本件文書の作成が「甲の職務に関するもの」といえなくてはならない。この点、本判決は①甲が本件文書の作成権限者であるBの職務を補佐して公文書の起案を担当する補助公務員であったことと、②甲はその職務上本件文書の起案を担当していたことから、甲に本件文書に関する実質的な作成権限を認め、本件文書の作成を甲の職務に関するものと判断したものと考えられる（134判決の解説参照）。なお、最1判昭和27・12・25刑集六巻一二号一三八七頁は、行為者が私人（非公務員）であった場合につき、同罪の成立を否定したが、その理由は、主体が公務員であったか否かという点に加え、当該公文書の実質的な作成権限の有無という点でも、本件とは事案が異なっていたためであると考えられる。

▼**評釈**――小名木明宏・百選Ⅱ91、成瀬幸典・判プラⅡ467

運転免許証の携帯運転と偽造公文書行使罪

136 最大判昭和44・6・18刑集二三巻七号九五〇頁

関連条文　一五五条一項・一五八条一項

偽造された運転免許証を携帯して自動車を運転する行為は、偽造公文書行使罪に当たるか。

事実　被告人甲は、自動車の運転手として稼働するため、運転免許証を入手しようと企て、交付を受けた第一種原動機付自転車運転免許証に加工を加えた上、A県公安委員会作成名義を冒用して、同公安委員会の記名・押印のある大型自動車運転免許証一通を作成した（第一行為）。その後、B社にタクシー運転手として採用された甲は、前後一九回に亘って、右偽造運転免許証を携帯して、営業用普通乗用車を運転した（第二行為）。一審・二審は、甲の第一行為・第二行為につき、それぞれ有印公文書偽造罪と偽造公文書行使罪の成立を認め、両者を牽連犯としたため、検察官が上告した。

裁判所の見解　破棄差戻。「偽造公文書行使罪は公文書の真正に対する公共の信用が具体的に侵害されることを防止しようとするものであるから、同罪にいう行使にあたるためには、文書を真正に成立したものとして他人に交付、提示等して、その閲覧に供し、その内容を認識させまたはこれを認識しうる状態におくことを要する」。「自動車を運転する際に運転免許証を携帯し、一定の場合にこれを提示すべき義務が法令上定められているとしても、自動車を運転する際に偽造にかかる運転免許証を携帯しているに止まる場合には、未だこれを他人の閲覧に供しその内容を認識しうる状態においたものというには足りず、偽造公文書行使罪にあたらない」。

解説　本判決の意義は、同罪における行使概念を最高裁として明確に定義したこと、及び、自動車を運転する際に、偽造運転免許証を携帯する行為は偽造公文書行使罪に当たらないことを示したことにある。本判決がいうように、運転免許証は「一定の場合にこれを提示すべき義務が法令上定められている」にすぎないので、偽造運転免許証を携帯しただけでは、それを他人が閲覧可能な状態に置いたとはいえないように思われるが、他方で、一定の場合に提示義務が認められるということは、第三者がそれを認識する可能性があることを意味しており、偽造公文書行使罪が危険犯であることを併せ考えると、同罪の成立を認めることも不可能ではないように思われる。本判決は、右に示した第三者の認識可能性の程度は低く、同罪の成立を認めるためには不十分であると判断したものと考えられる。なお、東京高判昭和44・11・5高刑集二二巻六号八三五頁は、偽造運転免許証の携帯行為は偽造公文書行使罪の未遂（一五八条二項）にも当たらないとしている。

▼**評釈**——武藤眞朗・百選Ⅱ99

無権限による手形の作成

137 最3決昭和43・6・25刑集二二巻六号四九〇頁

関連条文 一六二条一項

対外的に有効な手形を無権限で作成する行為が、有価証券偽造罪に当たるか。

事実 被告人甲は鰹鮪漁業協同組合（以下、組合）の参事であり、組合が組合員又は准組合員のために融通手形として振り出す組合長振出名義の約束手形（以下、手形）の発行事務等を担当していたが、組合内部の定めによれば、手形の振り出しに当たっては、少なくとも組合専務理事Aの決裁が必要であり、甲がその一存で手形を作成することは許されていなかった。甲らは、B社のために、組合長やAの決裁・承認を受けずに、独断で多数回にわたって手形を作成した。一審・二審が、甲らの行為につき有価証券偽造罪の成立を認めたため、弁護人が上告した。

裁判所の見解 上告棄却。組合内部の定めによると、手形の作成権限はすべて専務理事Aに属するものとされ、甲は単なる起案者、補佐役として右手形作成に関与していたにすぎない。甲は、水産業協同組合法四六条三項により準用されている商法三八条一項の支配人としての地位にあったが、本件は、甲の手形作成権限の行使方法に内部的制約があった事案ではなく、甲には手形の作成権限がなかった事案とみるべきであるから、本件行為は有価証券偽造罪に当たるとした原審の判断は、結論において相当である。

解説 文書（有価証券もその一種である）の作成権限者が、権限の範囲内で文書を作成した場合、それが権限の濫用に当たるとしても、権限自体は存在するので、偽造には当たらない。本決定は、手形作成権限の行使方法に関する内部的制約違反の事案（権限濫用事案）なのか、手形の作成権限そのものがなかった事案なのかという観点から偽造の成否を判断しており、同様の理解を前提にしていると考えられる。本件の場合、甲は商法三八条一項（現在の会社法一一条一項）の支配人としての地位にあり、組合に代わってその事業に関する一切の裁判上・裁判外の行為を行う権限を有していたが、Aの決裁を得ることなく単独で手形を振り出すことは許されていなかったのであるから、組合との内部関係においては手形の作成権限を有しておらず、本決定が示したように、作成権限がなかった事案であったといえよう。なお、商法三八条三項（現在の会社法一一条三項）が、このような権限の制約を善意の第三者に対抗することはできないと規定しているにもかかわらず、偽造の成立が認められたということは、本決定は文書の法的効果が名義人に帰属するか否かは偽造の成否にとって直接的な意味を持つものではないことを示したものといえ、130決定との関係をどのように整理するかが問題になる。

▼**評釈**――橋田久・百選Ⅱ98、成瀬幸典・判プラⅡ461

印章と記号の区別

138 最3判昭和30・1・11刑集九巻一号二五頁

関連条文 一六五条一項・二項

公印（一六五条）と公記号（一六六条）とは、どのような基準によって区別されるか。

事実 参議院議員選挙に立候補した議員候補者Aの選挙運動員であった被告人甲らは、共謀の上、選挙運動用のポスターを多数作成することを企て、Aの選挙事務所の二階において、Aの選挙運動のために使用するポスター約千五百枚に、偽造した全国選挙管理委員会の検印を押捺し、情を知らないBらを使用して、群馬県下において前記ポスター約七百六十枚を公衆の見易い場所に掲示させた。甲らの行為につき、一審・二審が、公印偽造罪及び同行使罪の成立を認めたので、弁護人が上告した。

裁判所の見解 上告棄却。「公務所の印章と記号とを区別する標準は、その使用の目的物の如何にあるもので、文書に押捺して証明の用に供するものは公務所の印章であり、産物、商品等に押捺するものはその記号であることは、つとに大審院の判例……としたところであつて、いま右大審院判決の見解と異なる見解をとる必要は認められない。」「全国選挙管理委員会の検印は、同委員会が、選挙運動のために使用する文書であるポスターが法定の枚数内であり、規格の制限に違反していないことを確認した上、これに押捺するものであるから、刑法一六五条一項にいわゆる公務所の印章に該当するものというべきである。」

解説 一六五条一項の印章とは、人の同一性を証明するための文字その他の符号であり、一六六条一項の記号とは、一定の事項を証明・表示するための簡略な表示であると説明されるが、これによれば、人の同一性という事項を証明するための簡略な表示については、印章にも、記号にも該当することになるため、両者をどのようにして区別するかが問題になる。この点につき、学説上は、文書に押捺して証明の用に供するものが印章であり、それ以外の物（産物、商品等）に押捺するものが記号であるとする「使用目的物標準説」と主体の同一性を証明するものが印章であり、その他の事項を証明するものが記号であるとする「証明目的標準説」が主張されているが、本判決は使用目的物標準説に依拠すべきことを明示した。もっとも、本判決はその理由については述べていない。学説上は、人の同一性に関する証明は、その他の事実に関する証明よりも重要であるために、公印偽造罪の法定刑は公記号偽造罪のそれよりも高く設定されているとして証明目的標準説を支持する見解が有力である。ただ、本件で問題となった全国選挙管理委員会の検印は、いずれの立場によっても印章と解されることになろう。

▼**評釈**——吉川由己夫・最判解昭和30年度

わいせつの意義……「四畳半襖の下張」事件

139 最2判昭和55・11・28刑集三四巻六号四三三頁

関連条文　一七五条一項

わいせつ性の判断は、どのような方法によるべきか。その際に、考慮すべき要素は何か。

事実　出版社の代表取締役である被告人甲が、自社の出版する雑誌の編集長である乙に、男女の性交場面等を露骨かつ詳細に描写した記述を含む小説「四畳半襖の下張」の掲載を提案したところ、乙がこれに賛成し、両名は、同小説が掲載された雑誌を販売した。以上の事実につき、わいせつ文書販売罪（二〇一一年改正前の一七五条）の成否が争われた。第一審が、表現の自由との調和の要請を根拠に、文書のわいせつ性が肯定される場合にも、その芸術的価値等に基づく社会的有用性の観点から販売が正当行為（三五条）として正当化される余地を認めたのに対して、控訴審は、これを構成要件該当性判断において機能する要素とした。そして、その判断にあたっては、性的な描写の「支配的効果が好色的興味にうったえるものと評価され」ることを要するとした上で、その際に考慮すべき要素として本決定と同様の点を挙げ、同罪の成立を認めた。弁護人は、一七五条の違憲性を主張して上告した。

裁判所の見解　上告棄却。「文書のわいせつ性の判断にあたっては、当該文書の性に関する露骨で詳細な描写叙述の程度とその手法、右描写叙述の文書全体に占める比重、文書の構成や展開、さらには芸術性・思想性等による性的刺激の緩和の程度、これらの観点から該文書を全体としてみたときに、主として、読者の好色的興味にうったえるものと認められるか否かなどの諸点を検討することが必要であ」る。

解説　本判決は、わいせつ性の判断にあたって判例が示してきた「徒らに性欲を興奮又は刺戟せしめ、且つ普通人の正常な性的羞恥心を害し、善良な性的道義観念に反するもの」という基準（最大判昭和32・3・13刑集一一巻三号九九七頁）を維持しつつ、文書を全体としてみる方法により、これを判断すべきとした。わいせつ性と芸術性との関係について、判例は、両者を「別異の次元に属する概念」とし、「高度の芸術性といえども作品の猥褻性を解消するものとは限らない」との立場（前掲最大判）から、「部分の猥褻性の有無は、文書全体との関連において判断されなければならない」とし、芸術性が性的刺戟を緩和させて「猥褻性を解消させる場合がある」との立場（最大判昭44・10・15刑集二三巻一〇号一二三九頁）へと変遷してきた。本判決は、これをさらに進め、文書全体が判断の対象となることを示したともいえるが、重要なのは、その際に考慮すべき要素を具体的に示した点であり、それは、後の判例にも引き継がれている。なお、改正後の頒布罪（一七五条一項）についても、同じ議論が妥当することとなろう。

▼**評釈**――園田寿・百選Ⅱ100

わいせつ物の意義……アルファネット事件

140　最3決平成13・7・16刑集五五巻五号三一七頁

関連条文　一七五条一項

「わいせつ物」とは、有体物に限られるか。コンピュータの記録媒体は、「わいせつ物」にあたるか。

事実　被告人甲は、自ら管理運営するパソコン通信のホストコンピュータのハードディスク内にわいせつ画像データを蔵置させ、不特定多数の会員が自己のコンピュータを操作し、わいせつ画像を閲覧可能な状態を設定した。以上の事実につき、わいせつ物公然陳列罪（二〇一一年改正前の一七五条）の成否が争われた。第一審は、「本件におけるわいせつ物とは、わいせつ画像が記憶・蔵置されている特定の右ハードディスクである」とし、控訴審も、「本件ハードディスクは、絵画や写真等の伝統的な図画の概念からは外れるとしても、象徴的な方法でパソコン画面に容易に表示できるわいせつ画像のデータが記憶・蔵置されていることから、規範的な意味において、同条にいう『図画』の概念に当てはまる」とした。弁護人は、許されざる類推解釈で違憲などと主張して上告した。

裁判所の見解　上告棄却。「被告人がわいせつな画像を記憶、蔵置させたホストコンピュータのハードディスクは、刑法一七五条が定めるわいせつ物に当たる」。

解説　本決定は、わいせつ画像データではなく、データが蔵置された記録媒体たるハードディスクが「わいせつ物」にあたるとした。コンピュータネットワークを通じてわいせつな情報を拡散する行為については、何が一七五条の客体たる「物」にあたるかが議論されてきた。「有体物としてのコンピュータはなんらわいせつ性のない物であり、これをわいせつ物であるということはあまりにも不自然かつ技巧的」とし、「情報としてのデータをもわいせつ物の概念に含ませることは、刑法の解釈としても許される」とした下級審判例もあるが（岡山地判平成9・12・15判時一六四一号一五八頁）、「物」と定めた同条の文理や、映画フィルム（大判大正15・6・19刑集五巻二六七頁）や磁気テープ（東京高判昭和46・12・23高刑集二四巻四号七八九頁）に係る判例を踏まえ、「物」とは有体物に限られ、記録媒体たるハードディスクもこれに含まれるとする立場が有力である。本決定により、この立場は実務上も確立したといえるが、改正により「物」の例示に「電磁的記録に係る記録媒体」が加えられたことで（一七五条一項）、立法的解決が図られた。なお、同改正により、「電気通信の送信によ」る「電磁的記録その他の記録」の「頒布」も規制対象となったが、これと記録媒体の「陳列」との異同が問題となろう（最3決平成26・11・25刑集六八巻九号一〇五三頁参照）。

▼**評釈**——山口厚・百選Ⅱ101

販売の目的の意義

141 最3決平成18・5・16刑集六〇巻五号四一三頁

関連条文 一七五条二項

わいせつ物を「販売する目的」とは、「所持」の客体自体を販売する目的に限られるか。

事実 被告人甲は、児童のわいせつな姿態に係る画像データをコンピュータのハードディスク内に蔵置し、目の部分にぼかしを入れるなどの加工をした上で、コンパクトディスクに複写し販売する目的であったところ、データの破壊などに備え、加工前のデータを光磁気ディスクに蔵置し所持していた。以上の事実につき、児童ポルノ法違反の罪の他、わいせつ物販売目的所持罪（二〇一一年改正前の一七五条）の成否が争われた。第一審は、「バックアップ用として利用する意思しか有しないとしても、光磁気ディスクから複写物が生み出され、社会一般に流布される危険性は極めて高い」とし、控訴審も、「画像データのファイルが蔵置されている媒体を所持することにより、容易にそのファイルをそのままの性質で他の媒体に複製して販売することができるから、法益侵害の実質的危険性は直接的で、かつ切迫したもの」として同罪の成立を認めた。弁護人は、「販売する目的」がないなどとして上告した。

裁判所の見解 上告棄却。「光磁気ディスク自体を販売する目的はなかったけれども、これをハードディスクの代替物として」所持していたのだから、データに加工を施すとしても、その所持は「販売の目的」で行われたといえる。

解説 本決定は、「所持」の客体たる光磁気ディスク自体を販売する目的がなかったとしても、わいせつ物を「販売する目的」が認められるとした。複写物を販売する目的で原本を所持する行為については、例えば、ダビングしたビデオテープを販売する目的で原本のビデオテープを所持していた事案につき、「条文自体が販売目的の対象物と所持の対象物との同一性を明らかに要求している」と解し得るような「限定を加えていない」とした上で、「ビデオ機器の急速な普及にともない、わいせつ図画を寸分たがわず、かつ大量に複写することが極めて容易になった」ことから、「それ自体は原本としてのみ使用し、販売の対象とする意思がない場合であっても、その原本から多量の複写物が次々に生み出され、社会一般に流布される危険性が高い」として、同罪の成立を認めた下級審判例がある（東京地判平成4・5・12判タ八〇〇号二七二頁）。本決定は、具体的な理由を述べていないが、いったんデータをハードディスク内に蔵置させて加工を施すという手順が予定されていたとしても、その「代替物」たる光磁気ディスクの所持の時点で、既に複写物が社会一般に流布される危険性は高いと判断したものと思われる。なお、改正後の有償頒布目的所持罪（一七五条二項）についても、同じ議論が妥当することとなろう。

▼**評釈**―― 荒川雅行・百選Ⅱ102

常習賭博罪における常習性

142 最2決昭和54・10・26刑集三三巻六号六六五頁

関連条文 一八六条一項

常習性の判断は、どのような基準によるべきか。その際に、考慮すべき事情は何か。

事実 被告人甲は、長期間営業を継続する意思のもとに、五二〇〇万円の資金を投下してスロットマシン三四台を設置した遊技場の営業を譲り受け、警察の摘発を受け廃業するまでの三日間の営業で、延べ約一四〇名の客から合計約七〇万円の売上利益を挙げた。以上の事実につき、常習賭博罪（一八六条一項）の成否が争われた。第一審は、「営業形態による賭博の場合における営業の継続は、必ずしも常に賭博習癖の形成をもたらすものではない」として常習性を否定した。これに対して控訴審は、「少なくとも投下資金を回収するまでは、任意に右営業を廃止することの困難であることは、経済人の常として、資本の理論として、当然のこと」であり、このような「いわば資本的もしくは経済活動上の依存性もまた習癖の一内容をなし得る」などとして常習性を認めた。弁護人は、「常習」の解釈適用を誤っているなどと主張して上告した。

裁判所の見解 上告棄却。「原判示の諸事情に徴すると、被告人に賭博を反覆累行する習癖があり、その発現として賭博をしたと認めるのを妨げない」。なお、「賭博遊技機を設置した遊技場の営業を単純な営利の意図から譲り受け、短期間これを継続したにとどまるような場合」、直ちに「賭博を反覆累行する習癖があると認定することは許されない」とする、塚本重頼裁判官の反対意見が付されている。

解説 本決定は、常習性の判断にあたって判例が示してきた、「賭博を反覆累行する習癖」という基準（最1判昭和23・7・29刑集二巻九号一〇六七頁）を維持しつつ、賭博遊技場の営業者について、営業継続の意思や営業の態様といった事情を考慮して、これを判断した。従来の判例も、常習性の判断にあたって必ずしも賭博の前科を要するものではなく、賭金の多寡や賭博の行われた度数等の「諸般の事情」を考慮すべきとしている（最2判昭和25・3・10裁判集刑一六号七六七頁）。もっとも、同罪の常習性は、あくまでも「賭博」を対象とするから、「営利の意図」により「営業」としての賭博を反覆累行する習癖を、常習性判断における習癖とは異なる性質のものと理解することも可能である。しかし、本決定は、「経済活動上の依存性」をも習癖に含むとした控訴審判決を是認しており、習癖の性質はともかく、行為者において賭博を反覆累行する可能性があれば、常習性を認めるに足りると考えたと思われる。その可能性判断にあたって、行為者の意思や行為の態様が考慮されたことは、これらが、相当期間営業を継続する可能性を基礎づけると判断されたからと考えることができる。

▼**評釈**——大谷實・昭和55年重判（刑法4）

職務行為の適法性……佐賀県議会乱闘事件

143　最大判昭42・5・24刑集二一巻四号五〇五頁

関連条文　九五条一項

職務行為の適法性判断にあたって、手続要件の具備はどの程度考慮されるか。

事　実　県議会議長Aは、懲罰動議が提出され、会議規則が当該動議の先議を定めているにも関わらず、「すべての質疑を打ち切り、討論を省略して直ちに全上程議案を一括採決すべき」旨の緊急動議を受け、一括採決を議場に諮ろうとした。これを不当とした被告人甲ら五名は、採決を阻止しようと議長席に詰め寄り、机を手で叩き、マイクのコードを引っ張り、椅子を掴んで揺り動かすなどした。以上の事実につき、公務執行妨害罪（九五条一項）の成否と行為の正当化の可否が争われた。第一審が、討論省略を「違法な議事手続」と認めつつ、「有形力の行使は防衛の手段としての相当性を欠く」としたのに対して、控訴審は、本件の事実関係の下では「直ちに議会規則に違反した違法又は不当のものとは断定し難い」とした。弁護人は、職務行為の違法性などを主張して上告した。

裁判所の見解　上告棄却。「議長のとつた本件措置が、本来、議長の抽象的職務権限の範囲内に属することは明らかであり、かりに会議規則に違反するものである等法令上の適法要件を完全には満していなかつたとしても、原審の認定した具体的な事実関係のもとにおいてとられた当該措置は、刑法上には少なくとも、本件暴行等から保護されるに値いする職務行為にほかならない」。

解　説　本判決は、職務行為の刑法上の保護にあたって、法令上の手続要件の完全な具備は必要ないとした。一般に、適法な職務でなければ刑法上の保護に値しないから、職務行為の「適法性」は書かれざる構成要件要素とされるが、手続要件の具備については、重要な方式を履践していれば足りるとされる。確かに、「適法性」が要求される根拠からすれば、手続要件の趣旨を問わずに、その完全な具備を要求する必要はない。この点、判例は、例えば、税調査に際して収税官に検査章の携帯を義務づけた規定について、「相手方の自由及び権利に及ぼす影響」に鑑みて「単なる訓示規定」ではないとしつつ、当該義務が、検査章を「相手方に呈示して」権限を証明するために課されていることからすれば、呈示要求がない場合に、携帯がないだけでは同罪の成立は否定されないとした（最2判昭和27・3・28刑集六巻三号五四四頁）。本件についても、懲罰動議の先議についてはともかく、討論が議決と並んで議員の議会活動の本質だとすれば、その省略は許されないともいえるが、具体的な事実関係に照らして、既に討論が尽くされている状況であれば、その段階で採決に移行しても、当該行為の刑法上の保護は、直ちには失われないこととなろう。

▼**評釈**——原田保・百選Ⅱ112

適法性の判断基準

144 最1決昭和41・4・14判時四四九号六四頁

関連条文 九五条一項

職務行為の適法性判断は、誰の立場から、どのような事情を基礎に行うべきか。

事実 巡査A及びBは、日本刀の仕込杖を所持していた被告人甲を銃刀法違反の罪の現行犯人として逮捕しようとしたが、同人の傍に寄りかかってきた乙が甲から何かを手渡されている気配を察し、Bが両名の間に割り込んだところ、乙の腹あたりから拳銃が落ちてきたので、乙をも同罪違反の現行犯人として逮捕しようとした。これを免れようとした甲乙ら数名が、Bらの顔面左肩を手拳で殴打する等の暴行を加えた。以上の事実につき、公務執行妨害罪（九五条一項）の成否と行為の正当化の可否が争われた。第一審は、乙の銃刀法違反の罪については無罪としつつ、公務執行妨害罪については有罪とした。控訴審も、「職務行為の適否は事後的に純客観的な立場から判断されるべきでなく、行為当時の状況にもとづいて客観的、合理的に判断されるべき」とした上で、乙の挙動は、「現行犯人と認められる十分な理由がある」から、乙を逮捕しようとしたBらの行為は適法であるとした。弁護人は、Bらの行為の違法性を主張するなどして上告した。

裁判所の見解 上告棄却。「所論の点に関する原判決の判断は、相当である。」

解説 本決定は、職務行為の適法性判断は、「客観的、合理的」に「行為当時の状況にもとづいて」行うべきとする控訴審の判断を支持した。一般に、適法な職務でなければ刑法上の保護に値しないから、職務行為の「適法性」は書かれざる構成要件要素とされる（143判決参照）。その判断を誰の立場から行うべきかについて、職務行為を行う公務員本人（大判大正7・3・24刑集一一巻二九六頁）や一般人の立場から判断すべきとする見解もあるが、裁判所が法令を解釈して客観的に判断すべきとする見解が有力である。もっとも、本件のように、逮捕の理由とされた事実の評価が行為時と裁判時とで異なり得る場合に、どのような事情を基礎に「適法性」を判断すべきかは、なお問題となる。この点、判断の客観性が要請される以上、裁判時に事後的に明らかになった事情もその基礎におかれるべきとの見解もある。しかし、そもそも、「罪を犯したことを疑うに足りる」理由が逮捕の許容性を決することからすれば（刑訴法一九九条）、少なくとも逮捕については、現行犯逮捕を含めて行為時における被疑者の挙動の評価が判断の基礎におかれるべきといえよう。そして、それが裁判官の立場からの判断だとすれば、その判断は、法令に照らした「合理的」なものでなければならない。なお、逮捕以外の場合に、どのような事情を基礎にすべきかは、残された課題である。

▼**評釈**――髙橋直哉・百選Ⅱ113

「職務を執行するに当たり」の意義……熊本県議会事件

145 最1決平成1・3・10刑集四三巻三号一八八頁

関連条文 九五条一項

委員会の休憩宣言後の委員長に対する暴行は、職務執行中の暴行といえるか。

事実 県議会公害対策特別委員長Aは、環境庁に陳情に赴いた際の委員の発言として報じられた内容に抗議するために訪れた被告人甲らに対し、委員会の回答文を朗読したが、納得しない甲らが執拗に抗議したため審議を継続できないと判断し、休憩を宣言して退席しようとした。これを不服とした甲ら四名はAの腕などを引っ張り、委員会室を出た後も手拳で殴打し、足蹴りにするなどしたため、Aは、加療約一二日の打撲傷等を負った。以上の事実につき、傷害罪（二〇四条）の他、公務執行妨害罪（九五条一項）の成否が争われた。第一審は、「委員長は、委員会の議事を整理し、秩序を保持する権限を有する」ところ、この権限は「審議中に限らず、委員その他委員会関係者の入場時、退場時等審議に接着した時間」内は行使可能であるから、Aは職務執行中であったとした。控訴審も、「休憩宣言後であっても、引き続きこれと接着した時間内に、当該委員会の議事に関して紛議が生じ」、これに「対処することが求められている間」は、Aは職務執行中であったとした。弁護人は、既に職務は終了していたと主張するなどして上告した。

裁判所の見解 上告棄却。「右の事実関係の下では、Aは、休憩宣言後も、前記職責に基づき、委員会の秩序を保持し、右紛議に対処するための職務を現に執行していたものと認めるのが相当である」。

解説 本決定は、委員長の職責に照らし、休憩宣言後も職務執行中といい得るとした。公務執行妨害罪は、「公務員を特別に保護する趣旨の規定ではなく、公務員によつて執行される公務そのものを保護するものである」から（最2判昭和28・10・2刑集七巻一〇号一八八三頁）、公務員に対する暴行は、職務執行中に加えられなければならない。当該職務は「具体的・個別的に特定されていることを要する」が、「当該職務の執行と時間的に接着しこれと切り離し得ない」行為についても保護の対象となるとされてきた（最3判昭和45・12・22刑集二四巻一三号一八一二頁）。もっとも、職務の性質によっては、「ある程度継続した一連の職務として把握することが相当と考えられるものがあり、そのように解しても当該職務の具体性・個別性を失うものではない」ともされる（最1判昭和53・6・29刑集三二巻四号八一六頁）。本件のように、職務の内容が「委員会の秩序を保持」する職責に基づく場合は、そもそも、当該職務自体が審議時間内の行為に限定されず、休憩宣言後も、職務執行中といえる場合があり得ることとなろう。

▼**評釈**――鈴木優典・百選Ⅱ114

公務執行妨害罪における暴行の意義

146 最1判昭和41・3・24刑集二〇巻三号一二九頁

関連条文 九五条一項

公務執行妨害罪における「暴行」は、公務員に対して直接向けられている必要があるか。

事実 解雇後も社宅を立ち退かなかった被告人甲に対する社宅明渡しの執行を委任された執行吏Aが、Bら六名を指揮して強制執行に着手した。甲は、Bが搬出しようとした羽釜でその頭頂部を殴打し、抵抗するBの左腕を殴り、「殺すぞ」と言って包丁を突きつけたため、Bは、治療三日間を要する打撲傷等を負い、Aは、一時執行を中断した。以上の事実につき、傷害罪（二〇四条）の他、公務執行妨害罪（九五条一項）の成否が争われた。第一審は、同罪の成立を認め、控訴審も、「公務執行妨害の行為は、直接公務員の身体に対し暴行、脅迫を加えることは必ずしも必要でなく、公務員の手、足となり、その職務の執行に密接不可分に関与する者に加えられ、ひいてそれが当該公務員の職務執行を妨害する関係にあるものであれば足りる」とした。弁護人は、公務員ではないBに対する暴行脅迫は、同罪を構成しないなどと主張して上告した。

裁判所の見解 上告棄却。「公務執行妨害罪の成立には、公務員が職務の執行をなすに当り、その職務の執行を妨害するに足りる暴行脅迫がなされることを要するけれども、その暴行脅迫は、必ずしも直接に当該公務員の身体に対して加えられる場合に限らず、当該公務員の指揮に従いその手足となりその職務の執行に密接不可分の関係において関与する補助者に対してなされた場合もこれに該当する」。

解説 本判決は、暴行が公務員に対して直接向けられていなくとも、公務執行妨害罪が成立し得るとした。同罪は、「公務員を特別に保護する趣旨の規定ではなく、公務員によって執行される公務そのものを保護するものである」（最2判昭和28・10・2刑集七巻一〇号一八八三頁）が、同罪における暴行は、公務員に「対して」加えられなければならないから、公務員に対する何らかの働きかけを通じた公務妨害が必要といえる。例えば、専売局事務官に押収された煙草を路上に投げ捨てた事例（最3判昭和26・3・20刑集五巻五号七九四頁）や司法巡査に差し押さえられた覚せい剤入りアンプルを足で踏み付けた事例（最2決昭和34・8・27刑集一三巻一〇号二七六九頁）につき、同罪における暴行は「直接」ではなく「間接に」公務員に対して加えられれば足りるとされてきた。本判決は、Aの職務の執行にBが「密接不可分の関係において関与する補助者」であったことを指摘するが、この点が「間接」暴行とされた前記事例と同視する理由となるかが問われよう。なお、二〇一一年改正により、本件のような事例には、新設された強制執行行為妨害罪（九六条の三）が適用される。

▼**評釈**――大下英希・百選Ⅱ118

公務執行妨害罪における暴行の程度……湊川公園事件

147 最3判昭和33・9・30刑集一二巻一三号三二五一頁

関連条文 九五条一項

公務執行妨害罪における「暴行」とは、どの程度のものが予定されているか。

事実 集会のため混雑する公園で多数の警察職員が警備並びに交通整理にあたっていたところ、これに対する反感から、同集会の参加者である被告人甲、乙及び丙は、各々公園内外において、巡査A、B及びCに対し後方より石一個を投げつけて、Aの耳あたりをかすめさせ、Bの鉄兜に命中させ、Cの臀部に命中させた。以上の事実につき、公務執行妨害罪（九五条一項）の成否が争われた。第一審は、「警察職員に対しいずれも石を投げたというだけで、直ちにその職務執行の妨害になるということはできず更に進んでその投げられた石の大小、その個数、投げられた時の状況等を考慮して、右暴行がその職務執行の妨害となるべき程度のものなりや否やを判断すべき」であり、「証拠は充分でない」として、暴行罪（二〇八条）の成立にとどめた。控訴審も、「只一回の瞬間的な暴行に過ぎない程度」で、「未だ以て公務執行の妨害となるべきものとは思はれない」とした。検察官は、「暴行」該当性は、妨害の具体的危険の有無にかかわらないなどと主張して上告した。

裁判所の見解 破棄差戻。「投石行為はそれが相手に命中した場合は勿論、命中しなかつた場合においても本件のような状況の下に行われたときは、暴行であることはいうまでもなく、しかもそれは、相手の行動の自由を阻害すべき性質のものであることは経験則上疑を容れない」から、「本件被告人等の各投石行為はその相手方である前記各巡査の職務執行の妨害となるべき性質のものであり、従つて公務執行妨害罪の構成要件たる暴行に該当すること明らかである」。

解説 本判決は、一回の投石行為であっても、公務執行妨害罪にいう「暴行」にあたり得るとした。同罪は、「公務員を特別に保護する趣旨の規定ではなく、公務員によって執行される公務そのものを保護するものである」が（最2判昭和28・10・2刑集七巻一〇号一八八三頁）、暴行を「加えた」と規定するのみで妨害結果を要求していないから、当該暴行が職務執行の「妨害となるべきものであれば足る」とされる（最2判昭和25・10・20刑集四巻一〇号二一一五頁）。もっとも、本判決がこれを認めた理由は、本件の投石行為に暴行罪における暴行該当性が認められたことに尽き、そこから直ちに公務執行妨害罪における暴行該当性が認められたともいえる。危険を明文で要求しない抽象的危険犯であっても何らかの危険の発生がなければ処罰し得ないとの立場からは、さらに、職務執行の妨害の危険が必要となるが、これに対して本判決は、行為の「性質」における危険性をもって足りるとしたといえよう。

▼評釈——西岡正樹・百選Ⅱ115

強制執行妨害と債務名義の存在

148 最2判昭和35・6・24刑集一四巻八号一一〇三頁

関連条文　九六条の二

強制執行妨害罪の法益を如何に解すべきか。同罪成立の前提として、執行名義や債権の存在が必要か。

事実　被告人甲は、一一〇万円の連帯保証債務につき訴訟を提起された。甲は、妻乙と共謀の上、宅地建物の登記を長女丙に移転した。以上の事実につき、強制執行妨害罪（二〇一一年改正前の九六条の二）の成否が争われた。第一審は、「仮装譲渡」として同罪の成立を認め、控訴審も、これを是認したが、この間、債務履行請求訴訟において、連帯保証の証書は乙が無断で甲の実印を押捺したもので、債務が存在しないとの判決が確定した。弁護人は、同罪は債権保護を目的とするから、前提として債権の存在が必要と主張して上告した。

裁判所の見解　破棄差戻。同罪が「国家行為たる強制執行の適正に行われることを担保する趣意をもつてもうけられたものであることは疑のないところであるけれども、強制執行は要するに債権の実行のための手段であつて、同条は究極するところ債権者の債権保護をその主眼とする」から、債務者が「現実に強制執行を受けるおそれのある客観的な状態の下において、強制執行を免れる目的をもつて同条所定の行為を為すことを要する」。「本件のように、何らの執行名義も存在せず単に債権者がその債権の履行請求の訴訟を提起したというだけ」では足らず、「刑事訴訟の審理過程において債権の存在が否定されたときは、保護法益の存在を欠くものとして本条の罪の成立は否定されなければならない。」なお、同罪は保全執行も対象とする「公務執行妨害罪の一種」であるから、債権の存否はその成否に影響せず、上告を棄却すべきとする、池田克裁判官の反対意見が付されている。

解説　本判決は、同罪による債権保護機能を指摘した上で、「法益の存在を欠く」ことを理由に、債権が存在しない場合には同罪の成立が否定され得るとした。ただし、執行名義が存在しない事案についての判断であり、債権の存在を常に前提とする趣旨とはいえない。「執行を受けるおそれ」が問題とされたことからすれば、執行名義や債権の存否は、判断資料として重要だが絶対的な基準とはいえず、それゆえ、本判決のいう「法益」が、強制執行により実現される債権を意味しているとも言い切れない。債権実現のための強制執行という公務自体の機能の保護を問題にし、債権が存在しない場合には強制執行が行われる可能性に乏しく、当該機能が害される可能性が否定されたとも解し得る。なお、「執行を受けるおそれ」は、執行を免れる「目的」の解釈として論じられたともいえるが、改正により強制執行を「受けるべき財産」が客体とされたことで、これが客観的に明示されたといえる。

▼**評釈**――鋤本豊博・百選Ⅱ117

偽計競売入札妨害罪の成否

149　最2決平成10・7・14刑集五二巻五号三四三頁

関連条文　九六条の四

競売入札妨害罪における「競売の公正を害すべき行為」とは、どのようなものか。

事実　弁護士である被告人甲は、裁判所が競売開始決定をし、期間入札により競売する旨の売却実施命令を発したX社やX社代表取締役乙ら所有の宅地建物等につき、乙、丙及び丁と共謀の上、最低売却価額を低落させ乙らに買い取らせようと企てた。甲が、同裁判所に対し、当該宅地建物等につき競売開始決定以前から丙ないし丁と短期賃貸借契約を締結していた旨の契約書の写しと、貸借関係の調査を要求する上申書を、乙の代理人として提出した。以上の事実につき、競売入札妨害罪（二〇一一年改正前の九六条の三第一項）の成否が争われた。第一審は、甲が「契約書が実体のない内容虚偽のものであることを十分認識しつつ」乙らと共謀を遂げたとして、同罪の共同正犯の成立を認めた。控訴審もこれを是認した上で、「本件行為は、入札希望者を減少させ、本件競売手続も遅延させ、競売価格も低下させる事態を招来するおそれ」があるから「競売の公正を害すべき行為」に当たるとした。被告人は、関与の程度が低く共謀に当たらないなどと主張して上告した。

裁判所の見解　上告棄却。「偽計による競売入札妨害罪が成立することは明らかであり、これと同旨の原判決の判断は、正当である。」

解説　本決定は、控訴審の判断を是認する結論を示したが、理由を述べていない。しかし、本件行為を「競売の公正を害すべき行為」に当たるとした控訴審の判断をも是認したと解し得る。当該行為は、「偽計又は威力」を手段とする。「偽計」とは、業務妨害罪（二三三条）と同じく、人の不知・錯誤を利用する行為を含み得る広い概念であるところ、同罪と同様に「威力」との区別は明らかではなく、区別の実益もない。問題は「公正を害すべき行為」の意義であるが、例えば、入札予定価格を特定の入札予定者に漏示する行為につき、「入札の公正を害すべき行為」に当たるとした判例は、被漏示者が入札した事実をも認定している（最2決昭和37・2・9刑集一六巻二号五四頁）。本件控訴審も、契約書等の提出後に裁判所が売却実施命令を取り消したことなども認定しているから、具体的な危険の発生を要件としないとしても、漠然とした危険では「害すべき」行為に足りないと解されたともいえよう。また、手続の遅延が問題とされているから、「公正」の内容には手続の円滑が含まれると解されたともいえる。なお、改正により、強制執行に係る「売却の公正を害すべき行為」（九六条の四）と「公の競売又は入札」に係る「公正を害すべき行為」（九六条の六第一項）とに、条文が整理された。

▼**評釈**――岡部雅人・百選Ⅱ119

「差押えの表示」の存在

150 最1決昭和62・9・30刑集四一巻六号二九七頁

関連条文 九六条

封印等破棄罪における「差押えの表示」は、行為時に存在していることが必要か。

事実 被告人甲は、A所有地とB所有地に跨がる区画に無断で土盛りをし、周囲にゴルフ練習用ネットを張るための支柱を建てる工事に着手した。Bの申立によりBの土地を執行官の占有に移し工事を禁ずる仮処分が執行され、その旨記載した公示札が立てられたが、その後、当該公示札は包装紙で覆われ、その上からビニールテープで十文字に縛りつけられた。この状況を知りながら、甲は、情を知らない乙らをして工事を続行した。以上の事実につき、不動産侵奪罪（二三五条の二）の他、封印等破棄罪（二〇一一年改正前の九六条）の成否が争われた。第一審は、同罪の成立を認め、控訴審も、「包装紙を除去すれば、公示札の内容を了知することができる」から、「いまだ差押の標示としてその効力を減却するに至っていなかった」として、これを是認した。弁護人は、公示の内容を了知し得ないから差押は無効と主張して上告した。

裁判所の見解 上告棄却。公示札は、「執行官が立てた場所に外見上も立札とわかるように立っており、包装紙で覆われその上からビニールひもが十文字に掛けられていて、そのままではその記載内容を知ることができなかったものの、右包装紙、ビニールひもとも容易に除去して記載内容を明らかにすることができる状態にあったというのであるから、右公示札は、差押の標示としての効用を一部減殺されてはいたけれども、いまだその効用を減却されるまでには至っておらず、有効な差押の標示」といえる。

解説 本決定は、そのままでは記載内容を知り得ない場合でも有効な「差押の標示」（「表示」）といい得るとした。封印等破棄罪は、表示による差押え処分の公示性を失わせる行為として、表示自体を「損壊」した場合だけでなく、差押え対象物を改変するなどして表示を「無効にした」場合をも規制していた。行為時に有効な表示が存在することが前提であり、例えば、表示が剥離され存在しなかった場合、同罪は成立しない（最3判昭和29・11・9刑集八巻一一号一七四二頁）。もっとも、例えば、表示が紙で覆われていたとしても、紙を剥がせば記載内容を知り得る場合もある。本決定は、このように原状回復が容易な場合は「効用を一部減殺され」たに過ぎないとし、表示を有効とした。なお、行為時に表示が存在しなくとも、処分の趣旨に反する行為によって、処分が有効に機能している状態は失われ得る。そこで、表示ではなく表示に係る「命令若しくは処分」を無効にした場合を規制する改正が行われ、立法的解決が図られた。

▼**評釈**――森川恭剛・百選Ⅱ116

逃走罪の既遂時期

151 福岡高判昭和29・1・12高刑集七巻一号一頁

関連条文　九七条・四三条

外塀を乗り越えた後、未だ看守者の追跡を受けている場合には、逃走罪は既遂に達したと評価すべきなのか、それとも未遂段階にとどまるのか。

事実　被告人甲は窃盗罪を犯した嫌疑で起訴され警察署の留置場内に勾留されていた。甲は、第四回公判のため裁判所に出頭した折に、看守者Aが他の被告人の用便のため同行していった隙に乗じて手錠をかけたまま裁判所の構外へ逃走した。Aは甲の逃走に気づき甲を直ちに追跡した。Aは甲の姿を一時見失ったものの、裁判所構内から六〇〇m隔てたB社の社宅内で甲を逮捕した。原審は、逃走既遂罪の成立を認めた。甲側が控訴。

裁判所の見解　破棄自判。「原判決が……被告人の所為を……単純逃走罪の既遂と認定したのは、事実を誤認したものでその誤が判決に影響を及ぼすことが明らかであるから、原判決中被告人甲に関する部分は、刑事訴訟法第三百九十七条第三百八十二条に則り破棄を免れない」。

解説　本件のように、看守者の隙に乗じて施設の外塀を乗り越えて逃走したケースで単純逃走罪の既遂を認めてよいかは微妙な問題である。本件で福岡高裁は甲の所為は単純逃走罪の未遂にすぎないとした。このような事案の処理に関しては、二つの考えが主張されている。一つの考えは、刑事施設の外壁を乗り換えても、看守者の追跡を持続的に受けている場合には未遂段階にすぎないとするものである（判例の立場）。もう一つの考えは、刑事施設の門扉等から脱している以上は既遂でよいとするものである。思うに、九七条の予定する「逃走」とは拘禁状態から離脱することを指すが、拘禁状態からの離脱とは看守者の実力的支配を脱することを意味するはずである。従って、門扉等を乗り越えても、引き続き追跡を受けているケースでは、当該公務員の実力的支配を完全に脱したとはいえないものと評価されよう。このように考えれば、本件は、単純逃走罪の既遂を認めることが不可能な事案であったように思われる。ところで、本件とは逆に、逃走後一五分経過した後に看守者が気づき三〇分後警察署の外で看守者が発見した事案では、単純逃走罪の既遂が認められていることには注意が必要である（広島高判昭和25・10・27高刑判特一四号一二八頁。この事案の方は看守者の実力的支配を完全に離脱した事案だと理解すべきである）。なお、旧監獄法二二条は、天災時の受刑者の解放に関する規定であったが、「解放後二十四時間内に出頭セサルトキハ刑法第九七条ニ依リ処断」する旨規定していた（刑事収容施設法の施行により現在では削除）。

▼**評釈**――高橋各論六二九頁以下、大コンメ（二版・六巻）二三一頁以下

加重逃走罪の着手時期

152 最3判昭和54・12・25刑集三三巻七号一一〇五頁

関連条文 九八条・一〇二条・四三条

拘禁場等の損壊を手段とする加重逃走罪の実行の着手時期はどの時点か。損壊の開始時点か逃走の開始時点か。また、拘禁場等の損壊を手段とする加重逃走罪は結合犯だと捉えることは可能なのか。

事　実　被告人甲は、A拘置支所第三舎第三一房に収容されていたが、同房の未決の囚人である乙・丙・丁と共謀の上、同拘置支所から逃走しようと企てた。被告人らは、昭和五〇年六月二一日午後二時頃、第三一房北側の便所の換気孔の周辺のモルタル壁を、ドライバー状に研いだ蝶番の鉄製芯棒を使用して削り取るなどして穴を開け、同所から房外に脱出しようとしたが、脱出可能なまでの穴を開けることができず、その目的を遂げることができなかった。第一審は加重逃走未遂罪の成立を認め、原審も第一審の判断を是認した。甲側が上告。

裁判所の判断　「刑法九八条のいわゆる加重逃走罪のうち拘禁場又は械具の損壊によるものについては、逃走の手段としての損壊が開始されたときには、逃走行為自体に着手した事実がなくとも、……加重逃走罪の実行の着手があるものと解するのが相当である。これを本件についてみると……刑法九八条のいわゆる加重逃走罪の実行の着手があったものとした原審の判断は正当である」。

解　説　拘禁場等の損壊を手段とする加重逃走罪が問題となるケースで、同罪の実行の着手時期をどの時点とするかをめぐっては、従前より盛んな議論がある。本判決は損壊の開始時点に実行の着手時期が到来した旨判示しているが、本判決に反対する裁判例もある。すなわち、佐賀地裁は、拘禁場を損壊しただけで直ちに同罪の未遂を認めることは妥当でなく、拘禁場所から脱出する具体的な危険が存しない限り、同罪の未遂を成立させるべきではないと判示している（佐賀地判昭和35・6・27下刑集二巻五＝六号九三八頁）。たしかに、拘禁場の一部を損壊する逃走企図の段階では未だ建造物損壊罪が成立するにすぎないと解釈することもできる。しかし、拘禁場等の損壊を手段とする類型が問題となるケースでは、加重逃走罪は結合犯として把握し得るので、拘禁場の一部損壊の段階で既に同罪の実行の着手時期は到来していると理解すべきである。すなわち、拘禁場等の損壊を手段とする加重逃走罪は手段・目的の関係を有する結合犯であり、損壊行為は、構成要件の一部である構成要件該当行為だと把握し得る（損壊は刑の加重事由ではないと考えられる）。従って、本件で、逃走行為が開始される前の段階で加重逃走罪の着手時期が到来したと解釈することは不可能ではないと考えられる。

▼**評釈**——高橋各論六三一頁、大コンメ（二版・六巻）二四五頁

刑法一〇三条にいう「罪を犯した者」の意義

153 最3判昭和24・8・9刑集三巻九号一四四〇頁

関連条文 一〇三条

一〇三条にいう「罪を犯した者」は真犯人のみを指すのか、それとも犯罪の嫌疑を受けて捜査・訴追中の者をも含むのか。

事実　被告人甲は、恐喝事件の被疑者として逮捕状を発せられていた乙を、逃走中であることを認識した上で自己の家に一定期間宿泊させてこれを蔵匿した。原審の東京高判（東京高判判決年月日不明刑集三巻九号一四四六頁）は、甲の行為は一〇三条の犯人蔵匿罪として捕捉される旨判示し甲に懲役二年を言い渡した。これに対し、甲側は、刑法一〇三条は蔵匿の対象者を「罰金以上ノ罪ヲ犯シタル者」と規定しているため被蔵匿者の犯罪事実が確定しない以上犯人蔵匿罪は成立しないと解するべきでそれが文理解釈上当然の帰結である、本犯者であるAの事件は未だ地方裁判所で審理中であり罪を犯したとの認定を受けるか否かは不明であるといった趣旨の主張を展開し、上告した。

裁判所の見解　上告棄却。「刑法第一〇三条は司法に関する国権の作用を妨害する者を処罰しようとするのであるから、『罪ヲ犯シタル者』は犯罪の嫌疑によつて捜査中の者をも含むと解釈しなくては、立法の目的を達し得ない」。

解説　一〇三条における「罪を犯した者」という文言が真犯人のみを指すのか、犯罪の嫌疑を受けて捜査・訴追中の者をも含むのかについては論議がある。判例は、本判決も含め、後者の立場を採る（最2判昭和28・10・2刑集七巻一〇号一八七九頁）。このような判例の立場に対しては、「罪を犯した者」という法文を素直に読めば、これは嫌疑を受けて捜査・訴追中の者を包含しない趣旨だと理解し得るとの批判も提起されているところである。しかしながら、刑訴法八九条等においても「罪を犯した者」という文言が使用されており、この場合には有罪と確認されていない者も包含する趣旨だと解されている。また、仮に、真犯人のみを指すとの立場を採るとすれば、被蔵匿者の確定裁判を待たないと蔵匿者の裁判を行うことはできない、被蔵匿者が逃亡に完全に成功すれば真犯人性の認定は著しく困難になる、真犯人性を蔵匿者の裁判で認定した後被蔵匿者の裁判が行われ無罪判決が下った場合には混乱が生じる、蔵匿者が被蔵匿者を無実の者だと軽率に誤信した事例で故意が阻却される等種々の問題が生ずることに留意する必要がある。また、被蔵匿者が犯した犯罪が親告罪であったケースや被蔵匿者が起訴猶予になったケースを念頭に置けば、真犯人のみを指すとの立場に与することは難しいものと思量される。このように考えれば、本件で甲の所為に犯人蔵匿罪の成立が認められたことには充分な理由があるように思われる。

▼**評釈**——高橋各論六三八頁、深町晋也・判プラⅡ497、大山徹・百選Ⅱ120

154 最1決平成1・5・1刑集四三巻五号四〇五頁

身代わり犯人と犯人隠避罪

関連条文　一〇三条

既に真犯人が身柄を拘束されている段階で、真犯人の身代わりとなって警察等の捜査機関に出頭することは犯人「隠避」罪に該当するのか。

事実　被告人甲は暴力団A組の若頭であったが、A組組長の乙が殺人未遂の被疑事実により逮捕されたことを知ると、乙の処罰および訴追を免れさせる目的で、身代わり犯人を立てて乙を隠避させようと考えた。甲は、A組の組員であった丙に対し「事件の現場にいたのは、おれとおまえだから、どっちかが身代わりに出るしかない」「おれが身代わりに立つより、おまえが出た方が自然だ」等と申し向け、丙に身代わり犯人になるよう慫慂《しょうよう》し、丙は乙の身代わり犯人として警察署に出頭した。一審は、真犯人の拘禁後は身柄の拘束を解かない限り乙に犯人隠避罪は成立しない旨判示したが、原審は乙に犯人隠避罪の成立を認めると同時に甲に犯人隠避教唆罪の成立を認めた。被告人側が上告。

裁判所の見解　上告棄却。「刑法一〇三条は、捜査、審判及び刑の執行等広義における刑事司法の作用を妨害する者を処罰しようとする趣旨の規定であって……、同条にいう『罪ヲ犯シタル者』には、犯人として逮捕勾留されている者も含まれ、かかる者をして現になされている身柄の拘束を免れさせるような性質の行為も同条にいう『隠避』に当たると解すべきである」。

解説　真犯人が既に検挙された後に身代わり犯人となって自首した事例で犯人隠避罪が成立するかは問題である。本決定は犯人隠避罪の成立を認めた。しかし、一審で無罪判決が出されたことにも示されているように、本決定の結論は必ずしも自明のものではない。一審は、同罪の保護法益を身柄の拘束に向けられた刑事司法作用の適正に求めた。一審の立場からは、真犯人が釈放され身柄の拘束状態に変化が生じない限り、身代わり犯人となって自首したケースでも犯人隠避罪は成立しないとの結論が導かれる。一審の考え方の背後には、同罪の成立を認めるためには隠避行為と真犯人の身柄の釈放との間に因果関係が必要だとの理解があるように思われる。しかし、犯人隠避罪は危険犯であるはずで、結果犯を前提にしたこうした理解は適切なものとはいえない。また、刑事事件には身柄が拘束されない在宅事件も存在する。従って、同罪の保護法益を捜査機関等による犯人の特定作用に求め、端的に犯人隠避罪の成立を認めるべきであろう。そもそも、身代わり犯人となって自首したケースでは、捜査の円滑な遂行に支障を来すため、本件で犯人隠避罪の成立を肯定したことはむしろ論理的であるとすらいえるように思われるのである。

▼評釈——深町晋也・判プラⅡ500、松生光正・百選Ⅱ125

犯人の死亡と犯人隠避罪の成否

155 札幌高判平成17・8・18高刑集五八巻三号四〇頁

関連条文 一〇三条

無罪や免訴の確定判決があった者を隠避したケースでは犯人隠避罪は成立しない。他方、被隠避者が死亡した場合に、犯人隠避罪の成立は認められるのか。

事実　被告人甲が同乗した自動車が運転者一名をも被害者とする交通事故を起こしたが、当該自動車には合計五名が乗車していた。甲以外の同乗者四名はいずれも飲酒していたため、道路交通法違反（酒気帯び運転の罪）の事実が露見するのを恐れた甲は、警察官に事故当時運転をしていたのは自己である旨申告し、乙の身代わり犯人として警察署に出頭した。なお、甲が警察署に出頭していた段階では、乙は既に死亡していた。原審の札幌地裁は犯人隠避罪を肯定したが、甲側は、一〇三条が予定する「罪を犯した者」には死者は含まれない等の主張を展開して控訴した。

裁判所の見解　控訴棄却。刑法一〇三条は「捜査、審判及び刑の執行等広義における刑事司法の作用を妨害する者を処罰しようとする規定である」。「捜査機関に誰が犯人か分かっていない段階で、捜査機関に対して自ら犯人である旨虚偽の事実を申告した場合には、それが犯人の発見を妨げる行為として捜査という刑事司法作用を妨害し、同条にいう『隠避』に当たることは明らかであ」る。「無罪や免訴の確定判決があった者などは、これを隠避しても同条によって処罰されないが、このような者はすでに法律上訴追又は処罰される可能性を完全に喪失し、捜査の必要性もなくなっているから、このような者は隠避しても何ら刑事司法作用を妨害するおそれがないのに対し、本件のような死者の場合には……なおそのおそれがあることに照らすと、同条にいう『罪を犯した者』には死者も含むと解すべきである」。

解説　無罪や免訴の確定判決があった者を蔵匿・隠避したとしても、犯人蔵匿罪や犯人隠避罪は成立しない。このように、被隠避者に訴追・処罰の可能性がないケースでは同罪は成立しない。本件では被隠避者が死亡した場合に犯人隠避罪を成立させてよいかが争われた。本判決は死者が犯人隠避罪の客体になりうると判示した点で重要な意義を有する。死者であっても、身代わり犯人が自首してくれれば捜査は攪乱される以上、本件で刑事司法作用が害される危険があったと解釈するのはむしろ当然である。もっとも、本件は捜査機関に誰が犯人か分かっていない段階で身代わり犯人が出頭してきた事案であることは念頭に置く必要がある。従って、本件を死者が常に同罪の客体になると一般的に判示した事案だと理解したとすれば、それは必ずしも的を射た解釈ではない。

▼**評釈**——十河太朗「身代わり犯人と犯人隠避罪」刑法の争点〔ジュリ増刊〕二五四頁

犯人に対する犯人隠避教唆

156 最1決昭和60・7・3判時一一七三号一五一頁

犯人が第三者に自己を隠避することを依頼し、当該第三者が犯人を隠避した場合に、犯人に犯人隠避教唆罪が成立するのか。犯人が第三者に自己を隠避するよう慫慂したときでも期待可能性は欠けるのだろうか。

事　実　暴力団員甲は、制限速度が毎時四〇kmである道路を毎時一〇五kmで進行していたが、道路交通法違反を現認した取締り警察官Aが検挙しようとしていることを察知すると、Aの制止を振り切り逃走した。その後、甲は、身代わり犯人を警察署に出頭させて、自己の道路交通法違反の刑責を免れようと考えた。甲は自己の配下である乙に依頼をして、前記道路交通法違反事件を起こしたのは乙であるとして乙を身代わり犯人として警察署に出頭させた。一審の名古屋地裁は甲の所為は犯人隠避教唆罪にあたると判示し、原審もこれを是認した。甲側が上告。

裁判所の見解　上告棄却「犯人が他人を教唆して自己を隠避させたときに、刑法一〇三条の犯人隠避罪の教唆犯の成立を認めることは、当裁判所の判例とするところであり……原判決の是認する第一審判決が被告人について犯人隠避教唆罪の成立を認めたのは相当である」。

関連条文　一〇三条、六〇条

解　説　犯人が自らを隠避するよう第三者に依頼をし、当該第三者が犯人を隠避した場合、犯人は犯人隠避教唆罪の罪責を負うのか。判例は同罪の成立を肯認する立場を堅持している（大判昭和8・10・18刑集一二巻一八二〇頁、最2決昭和35・7・18刑集一四巻九号一一八九頁）。本決定も同罪の成立を認める立場に与している。判例の立場の根拠は、①犯人が単独で自己を隠避したケースでは期待可能性が欠けるが、第三者に依頼して自己を隠避させたケースにおいては、それはもはや「防禦権の濫用」であり、後者の場合には期待可能性は欠けない、②一〇四条が規定する犯人隠避罪の保護法益は国の刑事司法作用だが、第三者に自己の隠避を教唆した事例の方が単独で自己を隠避した事例よりも法益侵害の程度が高い等である。判例の立場に対しては、共犯（他人に行わせること）は正犯（自ら行うこと）より程度の軽い違法行為なのであるから、重い違法行為について期待可能性がない以上、より軽い違法行為についてはますます期待可能性がないはずだとの批判もある。しかし、他の者と協力し合って行われる司法妨害行為は、司法作用に対する侵害性の程度が異なるため、単独行為の場合とは異なった独自の違法性があると解するのは可能である。被疑者・被告人の権利を守るために、「身代わり犯人を立てること」まで安易に許容すべきではない。

▼**評釈**——前田雅英『最新重要判例250刑法（十版）』二四〇

共犯者による犯人蔵匿罪

157 旭川地判昭和57・9・29刑月一四巻九号七一三頁

共犯者による犯人蔵匿・隠避は処罰されるのか。共犯者も人証であるが、自己の刑事事件に関する証拠の隠滅が不可罰であるとき、共犯者による犯人蔵匿・隠避も期待可能性が欠け不可罰ということになるのか。

事実　暴力団組長甲の配下であった乙等は、対立する組員のAを人質として拉致・監禁しようと企図し、玩具用手錠や鎖等を用いてAを緊縛し、さらに丸めたシャツを口腔内に奥深く押し込んで猿ぐつわをかませた後、Aを毛布等に包んで自動車トランク内に押し込んだ。甲は乙らがAを監禁していることを了知したが、乙らにAの監禁を継続させようと決意した。甲はAの生存確認後、自動車に乗車したが、Aはしばらく後に呼吸困難となり死亡した。甲は、監禁致死事件の犯人を蔵匿・隠避させようと考え、丙が単独でAを殺害した旨自首させ八名の逃亡を容易にするとともに、自己の配下の者の家屋に潜伏させた。また、七名を羽田空港まで飛行機で高飛びさせて自己の配下の者の家屋に潜伏させる等した。

裁判所の見解　一〇三条と一〇四条の保護法益は「抽象的には、いずれも国家の刑事司法作用であるが、同法一〇四条の証憑湮滅罪は他人の刑事被告事件に関する証憑の完全な利用を妨げる罪であるのに対し、同法一〇三条の犯人蔵匿、隠避罪は犯人を庇護して当該犯人に対する刑事事件の捜査、審判及び刑の執行を直接阻害する罪であ」る。「共犯者による犯人蔵匿、隠避が……被告人自身の刑事被告事件に関する証憑隠滅としての側面をも併有しているからといって……これを不可罰とすることはできない」。犯人自身の蔵匿、隠避行為は「防禦として放任される範囲を逸脱するもの」であり、「一般的に期待可能性を失わせる事由とはなりえない」。

関連条文　一〇三条・一〇四条・六〇条

解説　本判決は、被告人の所為は証拠隠滅罪としては不可罰でも（期待可能性が欠ける）、犯人蔵匿罪、隠避罪としては可罰的になり得るとの結論を導いた点で注目に値するものである。仮に、一〇三条と一〇四条の保護法益が異なることを前提にするのであれば、こうした立論も成り立ち得るように思われる（例えば、前者のそれは犯人の身柄の確保であり、後者のそれは証拠の完全な利用だと解釈する考え方も存在する）。たしかに、被告人が証拠隠滅をしたケースであっても、厳密にいえば期待可能性の有無の判断が異なってくる局面は存在する（例えば、証人の殺害は証拠隠滅罪としては不可罰だが殺人罪としては可罰的である。この場合、殺人罪として期待可能性が欠けるとはいうことはできないであろう）。従って、本件で甲に犯人蔵匿・隠避罪のみの成立を認めることは可能であるように思われる。

▼**評釈**——内海朋子・百選（六版）129、深町晋也・判プラⅡ504

参考人の隠匿と証拠隠滅罪

158 最1決昭和36・8・17刑集一五巻七号一二九三頁

関連条文 一〇四条

証拠隠滅罪における「証拠」には物証・書証のほか人証も含まれるか。参考人を隠匿する行為は、証拠「隠滅」罪に該当するか（平成七年の刑法の現代用語化前は「証憑」であった）。

事実 被告人甲は博徒仲間である乙と共謀して、丙がAに対する殺人未遂事件の嫌疑をかけられ捜査中であったことを知りながら、情を知らない丁をして丙を丁宅に宿泊させて隠匿した。原審は甲の所為に証憑湮滅（証拠隠滅）罪の成立を認めた。甲側は、物の場合と人の場合とを単純に同一視することは憲法に違反する等の主張を展開して上告した。

裁判所の見解 上告棄却。「刑法一〇四条の証憑湮滅罪は犯罪者に対する司法権の発動を阻害する行為を禁止しようとする法意に出ているものであるから、捜査段階における参考人に過ぎない者も右法条にいわゆる他人の刑事被告事件に関する証憑たるに妨げなく、これを隠匿すれば証憑湮滅罪が成立するものと解すべきであ」る。「被告人について犯人蔵匿罪の成立する余地がないものとした原裁判所の判断は当審もこれを正当として是認する」。

解説 判例上、証拠の隠滅とは、証拠そのものを滅失させる行為のみならず、その顕出を妨げ、若しくはその価値・効力を減少させる全ての行為をいうとされている（大判明治43・3・25刑録一六輯四七〇頁、大判昭和10・9・28刑集一四巻九九七頁）。一〇四の客体たる「証拠」には、物証、書証、人証のすべてが含まれるものと考えられている。しかし、甲側の上告趣意において、同条における「証拠」には人証は含まれないとの主張もなされていることから、この点に予め言及しておく必要がある。「証拠」という字句の通常の語義は「事実を証明するための根拠」であり、同条の「証拠」とは一般に証拠方法のみを指すと解釈されている。かかる見地からすれば、同条にいう「証拠」には人証も含まれると理解してよいであろう（従って、証人や参考人そのものを殺害することは証拠隠滅罪として捕捉される）。次に、参考人を隠匿する行為が証拠「隠滅」行為として評価されるかにつき検討しておきたい。本決定は、参考人の隠匿は証拠「隠滅」に当たるとの結論を導いており、この意味で重要な意義を有するが、本件のように、丙が丁宅に自発的に赴いている事案でかかる帰結を導いてよいかは再考の余地もある。本決定に対しては、参考人に出頭義務や宣誓・証言義務が課せられていないことを理由に、本件では証拠隠滅罪は成立させるべきではないとの批判もある。もっとも、参考人・証人の隠匿は捜査・審判においてこれを利用することができなくなるため、本件で証拠隠滅罪の成立を認めることは不可能ではないように思われる。

▼**評釈**――深町晋也・判プラ507、神例康博・百選Ⅱ（六版）126

参考人の虚偽供述と証拠偽造罪

159 千葉地判平成7・6・2判時一五三五号一四四頁

関連条文　一〇四条

参考人が捜査官の面前で虚偽の供述をし、参考人の陳述を基に供述調書が作成された場合、参考人の所為は証拠偽造罪を構成するか。また、証拠偽造罪における「証拠」とは証拠方法のみを指すのか。

事実　被告人甲は、自己の覚せい剤取締法違反の被疑事実につき取調べを受けた際、被疑者乙と同房となった。その際、甲は乙から「風邪薬だと言って覚せい剤を渡したことにしてくれ」等と懇願され、架空の話を警察や検事の取調べの折りに話して欲しいと依頼された。甲は、乙を不起訴にするため、参考人として検察官Aに対し内容虚偽の事実を供述し、Aはその内容を録取し、甲に署名・押印してもらい供述調書を作成した。

裁判所の見解　「参考人が捜査官に対して虚偽の供述をすることは、それが犯人隠避罪に当たり得ることは別として、証憑偽造罪には当たらないものと解するのが相当である……参考人が捜査官に対して虚偽の供述をしたにとどまらず、その虚偽供述が録取されて供述調書が作成されるに至った場合……形式的には、捜査官を利用して同人をして供述調書という証憑を偽造させたものと解することができるように思われる。しかし、この供述調書は、参考人の捜査官に対する供述を録取したにすぎないものであるから……、参考人が捜査官に対して虚偽の供述をすることそれ自体が、証憑偽造罪に当たらないと同様に、供述調書が作成されるに至った場合であっても、やはり、それが証憑偽造罪を構成することはあり得ないものと解すべきである」。

解説　参考人が虚偽の陳述をし、捜査官がその陳述を基に内容虚偽の供述調書を作成したケースで証拠偽造罪が成立するのか。証拠偽造罪の成立を否定した本判決はリーディングケースとして重要な意義を有する。同罪の成立を否定する根拠としては、①証拠偽造罪にいう「証拠」とは無形の証拠資料を含まず、人証や物証といった証拠方法のみを指す、②参考人は出頭や供述を拒む自由を有するが、このことを踏まえれば虚偽の陳述をすることは許容されている、③参考人にまで真実供述義務を負わせるのは不当である、④偽証罪には自白による刑の減免の規定があるのに対して証拠偽造罪にはかかる規定はない等の四点があるが、これらの根拠にはいずれも充分な理由がある。なお、最1決平成28・3・31裁判所時報一六四九号七頁は、証拠偽造罪の成立を認めているが、当該事案は被告人が警部補・巡査部長らと共同して供述調書一通を作成したもので、本件とは事案を異にするものである。

▼評釈――十河太朗・同志社法学四九巻二号、飯島暢・百選Ⅱ（六版）127

偽証の意義

160 大判大正3・4・29刑録二〇輯六五四頁

関連条文 一六九条

一六九条における「虚偽の陳述」とはいかなる意味か。

事　実　被告人甲は、Aほか数名連署の借用証書の二〇円の記載を三〇円に改変し、三〇円を詐取した嫌疑に関して地方裁判所で審理がなされていたが、共同被告人である乙・丙を介して丁に偽証を教唆した。丁は、授受した金員の額が三〇円であると記憶していたが、一〇円の借用証書を甲に渡したか否か記憶していなかったが、一〇円の借用証書を渡したと公判廷で陳述した。原審は甲に偽証罪の成立を認めた。その後、地方裁判所は詐欺・文書偽造の事実に関しては甲に無罪判決を下したが、甲は偽証罪の成否は前記無罪判決と関連している等の主張を展開して上告した。

裁判所の見解　上告棄却。「証言の内容たる事実が真実に一致し若くは少くとも其不実なることを認むる能はざる場合と雖も苟くも証人が故らに其記憶に反したる陳述を為すに於ては偽証罪を構成すべきは勿論にして即ち偽証罪は証言の不実なることを要件と為すものに非ざるが故に裁判所は一面偽証の犯罪事実を認め他面証言の内容が不実ならざることを認むるも2個の認定は必ずしも相抵触するものと謂ふを得ず」。

解　説　一六九条における「虚偽の陳述」とはどのような意味内容か。一つの考えは、虚偽の陳述とは、証人の記憶に反する陳述を指すとする（本決定が依拠する考え・判例の立場）。もう一つの考えは、虚偽の陳述とは、客観的事実に反する陳述を指すとする。二つの考えの差が生ずるのは次の事例である。例えば、Xの車が前方不注視により交差点に進入する事件が発生し、証人YはXの対面信号は赤であったと記憶していたが、Xは自らの記憶は誤りであって真実は青だったと考えていたという事例を想起してみたい。この事例でYが「事故当時、Xの対面信号は青であった」と陳述し、実際事故当時のXの対面信号は青色であったことが発覚したとすると、判例の立場からは偽証罪が成立するが、判例に反対する立場からは偽証罪は成立しないことになる（判例に反対する立場は、証人が主観的記憶に反して陳述したケースであっても、それが客観的真実に合致している限り不可罰であると考える）。その他、判例に反対する立場からは、証人が客観的真実に合致していると軽率に誤信したケースで故意を阻却するとの帰結が導かれるが（判例の立場は偽証罪が成立する）、こうした解決には問題がある。法廷で証人が尋問者から「この事件の犯人は誰ですか」と聞かれることは考えられないため、本件で偽証罪の成立を認めることは可能であろう。

▼**評釈**――岡本昌子・百選Ⅱ123

犯人による偽証教唆

161 最2決昭和28・10・19刑集七巻一〇号一九四五頁

関連条文 一六九条・六一条

犯人による偽証教唆は可罰的なのか。すなわち、犯人による偽証教唆の事例で「期待可能性が欠如する」と直ちにいえるのか。

事実 被告人甲は、公職選挙法違反事件で訴追されていたが、証人として喚問された乙に対して偽証するよう慫慂し、乙は第二回目の公判で甲の依頼どおり供述した。原審は、甲に偽証教唆罪が成立する旨判示をした。甲側は、黙秘権を定めた憲法三八条等からすれば積極的に自己の利益を図るために虚偽の供述をすることは放任されている、証人を教唆して偽証させることは理論上自己の刑事事件に関する証拠隠滅行為であり本件の場合にも刑法一〇四条は適用されるべきである等の主張を展開し、上告した。

裁判所の見解 上告棄却。「被告人自身に黙秘権があるからといって、他人に虚偽の陳述をするよう教唆したときは偽証教唆の責を免れない……刑法一〇四条の証憑の偽造というのは証拠自体の偽造を指称し証人の偽造を包含しないと解するべきである」。証人乙に「証言拒絶権があるとしても同証人は拒絶権を抛棄し宣誓の上虚偽の証言をしたものであるから偽証罪の成立したものというべく甲が右証人を教唆して偽証させたときは偽証教唆の責を免れない」。

解説 犯人が自己の刑事事件で虚偽の陳述をすることについては、偽証罪は成立しない。それでは、犯人が証人に対して偽証するよう教唆したケースで偽証教唆罪は成立するのか。判例は、本決定も含め、偽証教唆を肯定する立場を採る（大判明治42・8・10刑録一五巻一〇八三頁、最3決昭和32・4・30刑集一一巻四号一五〇二頁）。もっとも、判例に批判的な立場もある。この立場は、犯人のよる偽証教唆も期待可能性が欠如することや正犯に比べて間接的な法益侵害である偽証教唆の可罰性は尚お一層否定されるべきことをその論拠として掲げている。しかし、自己負罪拒否特権も、積極的に虚偽の陳述をしたり他人に虚偽の陳述を慫慂する権利まで保証しているわけではないものと考えられる。また、共犯者の刑事事件で証人である被告人が虚偽の陳述をすれば偽証罪に問擬されることを視野に入れれば、偽証教唆のケースで期待可能性が欠如すると必ずしも断言することもできないように思われる。さらには、裁判官は被告人の陳述よりも証人の陳述を信頼するのが通常であり、犯人による偽証教唆は、犯人自身が単独で虚偽の陳述を行った場合に比べ、審判作用の適正への危険はより大きいとすらいえよう。このように考えれば、本件で甲の所為に偽証教唆罪が認められたことは、むしろ論理的ですらあるように思われるのである。

▼**評釈**――大下英希・判プラⅡ512、高橋各論六五九頁以下

証人等威迫罪における威迫の意義

162　最3決平成19・11・13刑集六一巻八号七四三頁

一〇五条の二にいう「威迫」とは、相手方において、言語、動作・態度によって気勢を示し、不安・困惑の念を生じさせることをいうが、直接相手方に対してなされる必要があるのか。

事　実　被告人甲は、暴行被告事件で起訴されていたが、公判係属中に、当該事件の証人であるA宛てに、「偽証罪で告訴するので其の心算で対処されるがよい」「貴方が何時迄も謝罪も反省もなくば永久に刑事告訴、民事裁判は続くと思います」等と記載された文書の写しをB郵便局に到達させ、B郵便局においてこれをAに閲読させて同人に不安・困惑の念を生じさせた。一審・原審とも証人等威迫罪の成立を認めた。甲側が上告。

裁判所の見解　上告棄却。「刑法一〇五条の二にいう『威迫』には、不安、困惑の念を生じさせる文言を記載した文書を送付して相手にその内容を了知させる方法による場合が含まれ、直接相手と相対する場合に限られるものではない」。

解　説　証人等威迫罪の行為は、面会の強請または強談・威迫の行為である。本件では、本罪の行為のうちの「威迫」が相手方の面前で行われることを要するかが争点になった。「威迫」という文言は、例えば暴力行為等処罰法二条（集団的、常習的面会強請・強談威迫罪）においても用いられているが、そこでの「威迫」は直接相手と対面することが必要条件であると理解されている。しかし、暴力行為等処罰に関する法律二条とは異なり（集団的、常習的面会強請・強談威迫罪は個人的法益に対する罪である）、証人等威迫罪は、専ら国家の司法作用という法益を保護している。従って、証人等威迫罪における「威迫」の意味内容が、暴力行為等処罰に関する法律二条における「威迫」とは異なって解釈されても別段差し支えない。たしかに、個人生活や社会生活上の不安・困惑を感じさせる点で直接的方法と間接的方法との間には重大な相違があるとの主張もみられるが、証人等威迫罪の保護法益は第一次的には国家の刑事司法作用の適正だとみるべきであるから（本罪の保護法益は証人等の私生活の平穏や意思の自由だと把握することもできる。しかし、このような個人的法益は副次的に保護される法益であると理解すべきである）、証人等の私生活の平穏や意思の直接的な侵害が必須の要件になるとも思われない。従って、「威迫」という文言の中に対面性や直接性の要件を読み込む必要はないであろう。手紙・文書の閲覧のように間接的に行われるものでも「威迫」にあたると解釈すべきである。

▼**評釈**――渡邊卓也・立命館法学三四一号、前田雅英『最新重要判例250刑法（九版）』二五三頁

関連条文　一〇五条の二

職権濫用罪の要件……宮本身分帳閲覧事件

163 最2決昭和57・1・28刑集三六巻一号一頁

関連条文 一九三条

職権濫用罪にいう「職権」は法令上明文の根拠を要するか。

事実 東京地裁八王子支部の判事補であった被告人甲は、網走刑務所所長に対し、東京地裁裁判官の肩書きを付した名刺を手渡した上、治安関係事件を研究している、司法研究というものがあるなどと述べて、その許可を得て、Mの身分帳を閲覧、写真撮影するなどした。第一審は甲を無罪としたが、控訴審はこれを破棄し差し戻した。被告人側が上告。

裁判所の見解 上告棄却。刑法一九三条にいう「職権の濫用」とは、公務員が、その一般的職務権限に属する事項につき、職権の行使に仮託して実質的、具体的に違法、不当な行為をすることをいう。一般的職務権限は、必ずしも法律上の強制力を伴うものであることを要せず、それが濫用された場合、相手方をして事実上義務なきことを行わせ又は行うべき権利を妨害するに足りる権限も含まれる。裁判官が刑務所長らに対し資料の閲覧、提供等を求めることは、司法研究ないしはその準備としてする場合を含め、量刑その他執務上の一般的参考に資するためのものである以上、裁判官に特有の職責に由来し監獄法上の巡視権に連なる正当な理由に基づく要求というべきであって、刑務所長らに対し行刑上特段の支障がない限りこれに応ずべき事実上の負担を生ぜしめる効果を有するものであるから、裁判官の一般的職務権限に属する。

本件で問題となったような、公務員の個人的な職務仮装行為が、「職権」の濫用といえるためには、当該具体的行為に含まれる違法な要素を捨象したときに、その行為が当該公務員の一般的職務権限に含まれることを要し、単なる公務員としての地位・威信の悪用ではたりない。

解説 裁判官が現に担当する事件につき、刑務所長に対し、身分帳の提出、閲覧等を求めることについては、民訴法、刑訴法に明文の根拠が存することから、一般的職務権限が認められ、それゆえ、甲が、現に担当する事件の審判に必要であるかのように仮装したのであれば、職権濫用罪が成立することに異論はないであろう。本件では、そのような仮装の事実が立証されなかったことから、第一審判決は同罪の成立を否定したのである。

他方、本決定は、司法研究、量刑その他執務上の一般的参考にする目的の場合についても、刑務所と、その巡視権（旧監獄法四条二項、刑事収容施設及び被収容者等の処遇に関する法律一一条）を有する裁判官との特殊な関係を根拠に、職務権限を認めた。一般的職務権限は、明文の根拠規定がなくとも、法制度を総合的、実質的に観察して認められるものであればよいとする立場と解される（栗本裁判官の補足意見参照）。

▼**評釈**――瀬川晃・昭和57年重判（刑法7）、中森喜彦・同志社法学三四巻六号

職権濫用の意義……盗聴事件

164 最3決平成1・3・14刑集四三巻三号二八三頁

関連条文 一九三条

職権を濫用したというためには、職権行使の仮装が必要か。

事実 警察官である甲、乙は、職務として、他の警察官とも意思を通じたうえ、日本共産党の幹部であるA方の電話を盗聴したが、その全般を通じ、何人に対しても警察官による行為でないことを装う行動をとっていた。Aは職権濫用罪の被疑事実で告訴したが不起訴処分となったため、東京地裁に付審判請求したところ棄却され、東京高裁に抗告したがこれも棄却されたので、さらに特別抗告をした。

裁判所の見解 抗告棄却。職権濫用罪における「職権」とは、職権行使の相手方に対し法律上、事実上の負担ないし不利益を生ぜしめるに足りる特別の職務権限をいい、同罪が成立するには、公務員の不法な行為が右の性質をもつ職務権限を濫用して行われたことを要する。被疑者らは盗聴行為の全般を通じて終始何人に対しても警察官による行為でないことを装う行動をとっていたというのであるから、警察官に認められている職権の濫用があったとみることはできない。

解説 163決定が、職務遂行を仮装した私的行為の事例（職務仮装型）であったのに対して、本件は、盗聴行為が職務の一環として組織的に行われた点に特徴がある（職務遂行型）。本決定は、一方で、相手方が職権の行使と認識しうる外観（第一審）や相手方の意思への働きかけ（控訴審）は職権濫用罪の不可欠の要件ではないとしつつ、他方で、職権濫用の意義に関する163決定を援用し、甲らが何人に対しても警察官による行為でないことを装う行動をとっていたことを根拠に、同罪の成立を否定したのである。

しかし、警察官による行為であることの表示がなければ、職権濫用が認められないとされる根拠は明らかではない。また、確かに、職務仮装型の事例においては、まさに職務の仮装が、負担、不利益を生ぜしめる上で重要な意味を有するが、盗聴による通信の秘密の侵害という負担、不利益の発生は、警察官による行為であることの表示の有無とは無関係である。

さらに、（通信傍受法施行前であったことから）本決定は、本件のような態様での電話盗聴が警察官の一般的職務権限として認められていないことを根拠に、職権濫用を否定したとも解しうる。しかし、職務仮装型の事例においては、当該行為が、単に公務員としての地位・威信を悪用した個人的な違法行為ではなく、まさに公務員の違法な権限行使といえるために、職務権限の存否を慎重に判断する必要があるが、本件においては、警備情報の収集という職務の遂行として、違法な盗聴行為が組織的に行われている以上、職権濫用罪の成立を肯定すべきとする見解が少なくない。

▼**評釈**――中森喜彦・判タ七〇八号、萩原滋・百選Ⅱ111

値上がり確実な未公開株式と賄賂の目的物……殖産住宅事件

165 最2決昭和63・7・18刑集四二巻六号八六一頁

関連条文 一九七条

新規上場に先立ち株式を公開価格で取得した場合、賄賂の内容をなす利益は何か。

事実 S社はその株式を東京証券取引所に新規上場すべく、有価証券届出書を（旧）大蔵省に提出し、その審査を、同省証券局証券監査官であった被告人甲が担当していたところ、同社の常務取締役乙らは、甲に対して、右審査に対する謝礼の趣旨で、新規発行株式のうち一万株を公開価格で提供する旨の申し出をし、甲はこれを了承してその代金を支払った。第一審および控訴審が贈収賄罪の成立を認めたのに対し、被告人側が、賄賂たる利益の存在を争い上告した。

裁判所の見解 上告棄却。右株式は、上場時にはその価格が確実に公開価格を上回ると見込まれるものであり、これを公開価格で取得することは、一般人にとっては、極めて困難であったという本件の事実関係のもとにおいては、右株式を公開価格で取得できる利益は、それ自体が贈収賄罪の客体になる。

解説 賄賂とは、公務員の職務に対する不正な報酬としての利益であり、財物に限らず、また有形・無形を問わず、人の需要・欲望を満たすに足りる一切の利益を含むと解されているが、本件の甲は、適正な価格（公開価格）を支払って株式を取得していることから、いかなる意味で「利益」を得たといえるのかが問題となったのである。

本決定は、ⓐ上場時の価格が公開価格を上回ることの確実性と、ⓑ公開価格で取得することの困難性を根拠に、賄賂たる利益を肯定した。一般論としては、賄賂における利益は経済的なそれに限られないが、株式の取得は経済的な利得を目的として行われるのが通常であるから、その賄賂該当性の判断にとってⓐは重要な考慮要素となる。また、ⓐが認められても、当該株式が誰でも容易に入手可能なものであれば、適正な価格を支払ってそれを取得することは通常の取引の範囲内のものであり、特段利益を得たとはいえないことから、ⓑもまた、本件株式の取得に利益性を肯定するために必要である。さらに、ⓑは、限られた取得の機会が正当な理由なく被告人に優先的に与えられたこと（利益授受の不正性）を基礎づける要素でもあろう。

本決定は、公開価格で株式を取得できる利益が賄賂の内容をなすと判示しており、原判決が、上場直後の値上がりにより公開価格との差額を取得しうる期待的利益を含む、株券交付日にその株主となるべき地位としたのとは異なり、期待的利益に言及していないが、賄賂該当性の判断においてⓐに着目していることからすると、実質的な違いはないものと解される。

▼**評釈**——橋爪隆・金商百98、福田平・判評三六二号、山本雅昭・百選Ⅱ103

社交儀礼と賄賂

166 最1判昭和50・4・24判時七七四号一一九頁

関連条文 一九七条

社交儀礼としての贈答と賄賂とは如何に区別されるか。

事実 国立大学附属中学校の教諭である被告人甲は、①新規に担任になった生徒の母Pから額面五千円の小切手を受け取り、②2年間にわたって学級担任をしてきた生徒の父母から、額面一万円の小切手を受け取った。第一審および控訴審が単純収賄罪の成立を認めたのに対し、被告人側が、本件小切手の供与は社交儀礼の範囲内のもの、あるいは、職務外の私的指導に対する報酬であるなどと主張して上告した。

裁判所の見解 破棄差戻。①については、Pがかねてから子女の教員に対する季節の贈答や学年はじめの挨拶を慣行としていたことから、本件小切手の供与も慣行的社交儀礼として行われたものと考えられること、②については、甲が父兄らの依頼、要望に応えて本来の学習指導時間外の私生活上の時間を割いて熱心に学習面生活面の指導を行っていたことから、本件小切手の供与は、被告人の教諭としての公的職務に関してなされたものではなく、むしろ私的な学習上生活上の指導に対する感謝の趣旨と、甲に対する敬慕の念に発する儀礼の趣旨に出たものと思われる余地があることから、いずれも、教育指導の職務行為そのものに関する対価的給付であるとするには合理的疑いが存する。

解説 従来から、判例は、一般には社交儀礼と認められる程度の贈与であっても、職務との対価関係が認められる限り賄賂にあたるとしており（大判昭和4・12・4刑集八巻六〇九頁）、本決定も職務との対価関係を問題としていることから、これを踏襲するものといえよう。このような判例の立場は、対価関係が認められる限り、職務の公正とそれに対する社会一般の信頼が害されうることに根拠が求められるが、職務に対する謝礼であっても、その遂行を左右する可能性がない程度のものであれば、賄賂性を否定すべきであろう。

本決定は、具体的事案の判断として、職務との対価関係を否定したが、①においては、子弟の教育指導につきよろしく頼むとの趣旨を含むのが通常であるから、それにもかかわらず、慣行的社交儀礼として、職務との対価関係が否定されるためには、金額の多寡、他の父兄による贈答状況、他の教諭の受贈状況等を考慮して、本件贈与が、職務を左右する可能性がない程度のものであったことが必要であろう。他方、②については、勤務時間外だからといって、自己が担当する児童に対する教育指導を、職務行為を離れた私的行為と評価するのは容易でない。本決定が、本件を「極めて特殊な場合」であると慎重な口吻を示すのも、そうした点を含意するものと解される。

▼**評釈**——奥村正雄・百選Ⅱ（五版）102、内藤謙・百選Ⅱ（二版）202、渡邊卓也・百選Ⅱ104

転職前の職務に関する賄賂罪の成否

167 最2決昭和58・3・25刑集三七巻二号一七〇頁

転職前の職務に関する賄賂の供与が贈賄罪に該当するのはいかなる場合か。

事実　被告人甲は、兵庫県建築部建築振興課宅建業係長であった乙が同県住宅供給公社に出向し、地方住宅供給公社法二〇条により公務員とみなされる同公社開発部参事兼開発課長となった後、乙の転職前の職務に関し、五〇万円を乙に供与した。第一審および控訴審が贈賄罪の成立を認めたのに対し、被告人側が上告した。

裁判所の見解　上告棄却。公務員が一般的職務権限を異にする他の職務に転じた後に前の職務に関して賄賂を供与した場合であっても、右供与の当時受供与者が公務員である以上、贈賄罪が成立する。

解説　転職により公務員たる身分を失ったときは、事後収賄罪（一九七条の三第三項）の要件をみたす限りで、賄賂罪が成立する。問題は、本件のように、公務員たる身分を維持したまま、一般的職務権限を異にする他の職務に転じた後に、転職前の職務に関して賄賂の授受があった場合である。転職前の職務は「その職務」とはいえず、かつ、賄賂授受の時点で公務員である以上、「公務員であった者」とはいえないとすれば、処罰できないこととなってしまうのである。

大審院判例は、一方で、転職前後で職務を異にすることを理由に賄賂罪の成立を否定し（大判大正4・7・10刑録二一輯一〇一一頁）、他方で、職務に異同が生じていないことを理由に賄賂罪の成立を肯定しており（大判大正6・6・28刑録二三輯七三七頁、大判昭和11・3・16刑集一五巻二八二頁）、転職前後における職務の同一性を、賄賂罪成立の要件としていた（限定説）。これに対して、最高裁は、「いやしくも収受の当時において公務員である以上」賄賂罪が成立すると判示し（最2決昭和28・4・25刑集七巻四号八八一頁、最2判昭和28・5・1刑集七巻五号九一七頁）、転職前後における職務の異同を問わず賄賂罪の成立を認める立場（非限定説）に転じた。

もっとも、これら最高裁判例の事案は、いずれも、転職前後で一般的職務権限の同一性が認められ、限定説からも賄賂罪の成立を肯定しうるものであったところ、本決定は、一般的職務権限を異にする事案において、非限定説の立場から賄賂罪の成立を肯定した点に意義がある。過去の職務との対価関係が認められる以上、過去の職務の公正に対する信頼だけでなく、現在の職務の公正に対する信頼も害される点に、その根拠が求められている（原判決参照）。これは、賄賂罪の保護法益に関する信頼保護説を前提とするものといえよう。

▼**評釈**——浅田和茂・百選Ⅱ（三版）97、西田典之・警研六〇巻一一号、山本紘之・百選Ⅱ109

関連条文　一九七条

「職務に関し」の意義(1)……大学設置審事件

168　最1決昭和59・5・30刑集三八巻七号二六八二頁

関連条文　一九七条

職務上得た知識を利用して便宜を図る行為は「その職務」に含まれるか。

事実　大学設置審議会およびその歯学専門委員会の委員である被告人甲は、歯科大学設置の認可申請をしていた被告人乙らに対し、①教員予定者の適否を同委員会の審査基準に従って予め判定したり、②同委員会の中間的審査結果をその正式通知前に知らせたりしたうえ、その謝礼の趣旨で供与されるものであることを知りながら、現金合計一五〇万円等を受け取った。第一審および控訴審が贈収賄罪の成立を認めたのに対し、被告人側が上告した。

裁判所の見解　上告棄却。被告人甲の①②の各行為は、大学設置審議会の委員でありかつ歯学専門委員会の委員である者としての職務に密接な関係のある行為というべきであるから、収賄罪にいわゆる職務行為にあたる。

解説　賄賂罪は、あっせん収賄罪（一九七条の四）を除き、公務員が「その職務に関して」不正な利益を得た場合にのみ成立する。ここにいう職務とは、「公務員がその地位に伴い公務として取り扱うべき一切の執務」をいい（最3判昭和28・10・27刑集七巻一〇号一九七一頁）、公務員が法令に基づき現に担当する事務のほか、その一般的職務権限に属する事務もまた含まれる（最3判昭和37・5・29刑集一六巻五号五二八頁、170決定）。さらに判例・通説は、公務員の本来の職務行為でなくとも、それと「密接の関係を有する」行為であれば賄賂罪が成立するとしており（大判大正2・12・9刑録19輯一三九三頁）、本決定は、その一例を加えるものである。

甲が行った①②の行為が、その職務に密接な関係のある行為とされた根拠、基準は、本決定においては明らかにされておらず、谷口裁判官の補足意見によれば、ⓐ当該公務員の職務権限との実質的な結びつきの有無、ⓑ公務を左右する性格の有無、ⓒ公務の公正を疑わせるか否かが基準となるとされているが、ⓐが認められるからこそⓑが肯定されるのであり、ⓑが肯定されれば、そのような行為の対価として不正な利益が授受されることによって、公務の公正が損なわれる危険が認められることとなり、それゆえ、ⓒも認められることとなろう。

①の行為は、歯学専門委員会委員として将来担当する具体的案件につき、同委員会での審査基準に従い判断したものであること、②の行為は、現に同委員会委員として審査中の具体的案件についての中間的な審査結果を正式通知前に知らせることによって、乙らは、申請中の教員予定者を差し替える等、次段階の審査に備えることが可能となることから、甲の本来の職務である以後の審査に影響を及ぼす可能性が認められよう。

▼**評釈**――松浦繁・最判解昭和59年度、松原久利・百選Ⅱ106

「職務に関し」の意義(2)……ロッキード事件丸紅ルート

169 最大判平成7・2・22刑集四九巻二号一頁　　関連条文　一九七条

総理大臣が、民間航空会社に特定機種の航空機の選定購入を勧奨するよう運輸大臣に働きかける行為は、その職務に属するといえるか。

事　実　R社が航空機を航空会社Sに売り込むに際し、Rの販売代理店であるMの社長である被告人甲らが、総理大臣である被告人乙に対し、Sに購入を奨励する行政指導をするよう運輸大臣を指揮することを依頼したところ、乙はそれを承諾し、その後Sが購入を決定したことから、5億円の授受が行われた。第一審および控訴審が受託収賄罪、贈賄罪の成立を認めたのに対し、被告人側が上告した。

裁判所の見解　上告棄却。①運輸省設置法、航空法、同施行規則に規定されている運輸省の所掌事務、運輸大臣の職務権限からすれば、同大臣は、航空会社が新機種の航空機を就航させようとする場合、必要な行政目的があるときには、行政指導として、特定機種の選定購入を勧奨することも許され、それゆえ、右勧奨は、一般的には、その職務権限に属する。②総理大臣は、憲法および内閣法に規定されている地位、権限に照らすと、内閣の明示の意思に反しない限り、行政各部に対し、その所掌事務について、指導、助言等の指示を与える権限を有するものと解され、それゆえ、運輸大臣に対する本件働きかけは、一般的には、その職務権限に属する。

解　説　本判決は、総理大臣の職務権限に関する初めての最高裁の判断であり、ⓐ行政機関が、その任務ないし所掌事務の範囲内において、一定の行政目的を実現するために行う行政指導、および、ⓑ総理大臣が、内閣法六条の閣議決定なしに、行政各部に対し、その所掌事務について指示を与える行為につき、一般的職務権限を肯定した点が重要である。

ⓐは、強制力を伴う権限を背景として、行政目的の円滑な達成のために、権限行使の代替的、前置措置として行われる、強制力を伴わない行政の諸活動が重要な役割を果たすようになっていることからすれば、それ自体公正さが要求される公務員の本来の職務行為といってよく、同様のことは、憲法、内閣法上規定されている内閣の首長としての地位、権限によって、その意向を最終的に実現する方法が保障されている総理大臣の行政各部に対する指示についても妥当しよう（ⓑ）。

なお、本判決は、②を認める前提として、①を認定しているが、「その職務に関し」は、賄賂罪の主体たる公務員の職務との対価性を要求するものであって、働きかけを受ける他の公務員の職務権限は構成要件ではないから、一般的には、後者をそれ自体として認定する必要は必ずしもないことに注意を要する（最1決平成22・9・7刑集六四巻六号八六五頁）。

▼評釈――京藤哲久・百選Ⅱ107、豊田兼彦・判プラⅡ525

「職務に関し」の意義(3)

170 最1決平成17・3・11刑集五九巻二号一頁

関連条文 一九七条

自己が所属するのとは別の警察署が担当する事件につき、職務権限が認められるか。

事実 被告人甲は、警視庁A警察署地域課の交番に勤務していたが、公正証書原本不実記載等の事件につき同庁B警察署長に告発状を提出していた乙から、同事件について、①告発状の検討、助言、②捜査情報の提供、③捜査関係者への働きかけなどの有利かつ便宜な取り計らいを受けたいとの趣旨で、現金二五〇万円の供与を受けた。第一審および控訴審が単純収賄罪の成立を認めたのに対し、被告人側が上告した。

裁判所の見解 上告棄却。警察法六四条等の関係法令によれば、警視庁警察官の犯罪捜査に関する職務権限は、同庁の管轄区域である東京都の全域に及ぶと解されることなどに照らすと、被告人が、A警察署管内の交番に勤務しており、B警察署刑事課の担当する事件の捜査に関与していなかったとしても、被告人の本件行為は、その職務に関し賄賂を収受したものである。

解説 本件においては、ⓐA警察署地域課に勤務する甲が、B警察署刑事課が担当する犯罪捜査について職務権限を有するか、および、ⓐが肯定されたとして、ⓑ①～③の行為が、警察官の職務行為といえるか、が問題となる。

ⓐにつき、第一審判決および原判決が、他署が担当している犯罪捜査について、甲が実際に、情報提供を求めたり担当警察官に働きかけたりする可能性、ないしは、その犯罪捜査に影響を及ぼす可能性を認めて、甲の職務権限を肯定したのに対して、本決定は、警察法六四条等の関係法令を根拠に、甲の職務権限を肯定している。前二者は、一般的職務権限の根拠、限界を、賄賂と対価関係に立つ具体的職務を実際上左右しうる可能性に求める学説に親和的であるのに対して、本決定は、公務員が賄賂と対価関係に立つ具体的職務を担当する実際上の可能性ではなく、その法的可能性に着目するものといえ、前者がなくても、後者があれば、職務の公正に対する社会の信頼が害される点にその根拠が求められている(平木・後掲)。

他方、本決定は、ⓑについては特段判示していないが、①交番勤務の警察官が市民からの刑事告発を受理したり、それに関する相談に応じることは、その本来的職務ということができ、また、②③は、甲が、単なる私的な人脈を利用した影響力ではなく、原判示のように、所属警察署長への報告によって、いわば公的に、捜査に影響を及ぼす可能性、さらに、その過程で捜査情報を得る可能性が認められるのであれば、職務(密接関連)行為と解されることになろう。

▼**評釈**――中森喜彦・刑ジャ3号、橋爪隆・ジュリ一三五二号、平木正洋・最判解平成17年度

再選後の職務と賄賂罪の成否

171 最3決昭和61・6・27刑集四〇巻四号三六九頁

関連条文 一九七条

市長が、任期満了前に、再選後に担当する職務につき請託を受けて賄賂を収受した場合、受託賄賂罪が成立するか。

事実　被告人甲は、M市が発注する各種工事に関し、入札参加者の指名および入札の執行を管理する職務権限をもつ同市市長乙と共謀し、近く施行される同市長選挙に立候補の決意を固めていた乙において、再選された場合に具体的にその職務を執行することが予定されていた市庁舎の建設工事等につき、電気・管工事業者Pから入札参加者の指名、入札の執行等に便宜有利な取計いをされたい旨の請託を受け、現金三千万円を受け取った。第一審および原審が受託収賄罪の成立を認めたのに対し、被告人側が、事前収賄罪が成立するに過ぎないと主張して上告した。

裁判所の見解　上告棄却。市長が、任期満了の前に、現に市長としての一般的職務権限に属する事項に関し、再選された場合に担当すべき具体的職務の執行につき請託を受けて賄賂を収受したときは、受託収賄罪が成立する。

解説　収賄罪にいう「職務」には、公務員が現に担当する事務のほか、その一般的職務権限に属する事務も含まれると解されており（最3判昭和37・5・29刑集一六巻五号五二八頁）、①賄賂と対価関係に立つ具体的職務を内部的な事務分配によって現に担当していない事案（最1判昭和27・4・17刑集六巻四号六六五頁）のほか、②具体的職務の発生が将来の事情にかかっている事案（大判昭和11・2・21刑集一五巻一三六頁）、③将来発生すべき具体的職務を被告人が担当することになるか否かが将来の事情にかかっている事案（最1決昭和36・2・9刑集一五巻二号三〇八頁）につき、収賄罪の成立が認められてきた。

本件は③類型に類似するものの、従来の事案は、被告人が具体的職務を将来担当する蓋然性が高い事案であり、本件第一審および控訴審も、甲の再選の可能性・蓋然性を認定したのに対して、本決定は、その点には触れていない。

もっとも、収賄の時点で、賄賂と対価関係に立つ具体的職務を担当していなくとも賄賂罪が成立する根拠、限界を、当該職務を実際上左右しうる可能性に求める立場にたつとしても、その可能性は抽象的なものでよいとされている（例えば、①類型につき、当該職務を必要に応じて担当することもありうるといった程度で足るとされている）ことからすれば、現市長が立候補の意思を固めていた以上、再選の抽象的可能性は常に存在するともいえ、それを積極的に認定する必要はない（当選の可能性が全くない場合を除外すれば足りる）ともいえよう（池田・後掲）。

▼評釈――池田修・最判解昭和61年度、小野寺一浩・百選Ⅱ108

あっせん収賄罪の成否……ゼネコン汚職政界ルート事件

172 最2決平成15・1・14刑集五七巻一号一頁

関連条文　一九七条の四

裁量の認められる職務につき、「不正な行為をさせる」、「相当の行為をさせない」といえるのはいかなる場合か。

事　実　大手建設会社副社長である被告人甲は、公取委が、C会の会員らによる入札談合の疑いがあるとして調査を続けていたことに関し、衆議院議員である被告人乙に対し、告発をしないよう公取委委員長Xに働きかけてもらいたい旨の請託をし、その報酬として現金一千万円を供与し、乙はこれを収受した。第一審および控訴審があっせん贈収賄罪の成立を認めたのに対し、被告人側が上告した。

裁判所の見解　上告棄却。公務員が、独禁法違反の疑いで公取委が調査中の審査事件について、請託を受けて、同委員会の委員長に対し、告発しないように働きかけることは、同委員会の裁量判断に不当な影響を及ぼし、適正に行使されるべき同委員会の告発及び調査に関する権限の行使をゆがめようとするものであるから、平成七年法律第九一号による改正前の刑法一九七条ノ四にいう「職務上相当ノ行為ヲ為サザラシム可ク」あっせんすることに当たる。

解　説　本決定は、あっせんの内容たる「職務上相当の行為をさせない」の意義につき最高裁としてはじめて判断したものであるが、公取委は、独禁法違反の犯罪があると思慮するとき、検事総長に告発するか否かにつき裁量権を有すると一般に解されていることから、告発しないよう働きかけることが、「職務上相当の行為をさせないようあっせんをする」といえるのか否かが争われたのである。

本決定にいう、委員会の裁量判断に対する「不当な影響」、「適正に行使されるべき……権限行使をゆがめる」の意味するところを如何に理解すべきかについては、文字通り、裁量判断の過程で不公正な配慮が働いた場合と広く捉える立場と、問題の職務行為につき認められる裁量の限界を個別に検討し、その逸脱を要求すべきとする見解（本件の告発に関していえば、悪質かつ重大な事件で証拠が十分揃っているのに告発しない場合には、裁量の逸脱が認められるといった理解）とがある。

なお、本件では、結局は証拠不十分で告発は見送られたという事情が存するが、賄賂行為の時点では、刑事告発を目指して調査が継続中であり、原審の認定によれば、告発しない方向に調査自体を持っていって欲しいとの請託があったというのであるから、右のいずれの理解からも、あっせん収賄罪の成立を否定する理由にはならない。

本決定は、類似の文言を規定する加重収賄罪・事後収賄罪（一九七条の三）についても参考になろう。

▼**評釈**——朝山芳史・最判解平成15年度、髙山佳奈子・ジュリ一三〇一号、三上正隆・百選Ⅱ110

「請託」の意義

173　最3判昭和27・7・22刑集六巻七号九二七頁

関連条文　一九七条

受託収賄罪が成立するためには、①依頼された職務行為の不正性、②職務遂行前における賄賂の収受が必要か。

事実　税務職員である被告人甲は、⑴乙の財産税の査定につき誤りを指摘され、税額修正の請託を受けて修正申告通り決定したが、その後乙から右処分に対する謝礼の趣旨で六千円相当の金品を受け取り、⑵丙の所得税の更正決定に対する再審査請求に基づき調査した際、丙から減軽処分の請託を受けて所得税額を修正したが、その後丙から右修正に対する謝礼の趣旨で現金六千円を受け取った。第一審および控訴審が受託収賄罪の成立を認めたのに対し、被告人側が、公務員に対する正当な依頼の結果一定の職務行為がなされ、その後に報酬が供与された場合は、公務員の職務の公正を害するおそれがないから、同罪は成立しないと主張して上告した。

裁判所の見解　上告棄却。一九七条一項後段の請託とは公務員に対して一定の職務行為を行うことを依頼することであって、①その依頼が不正な職務行為の依頼であると、正当な職務行為の依頼であるとに関係なく、公務員が請託を受けて賄賂を収受すれば受託収賄罪が成立する。②賄賂の収受が事前なると事後なるとは犯罪の成否に影響を有しない。

解説　受託収賄罪では、一定の職務行為の依頼とその承諾が存在することによって、賄賂と職務行為との対価関係がより明白になり、賄賂によって公務が左右される危険が一層高く、公務の公正に対する社会の信頼をより害するといえることから、刑が加重されている。それゆえ、「請託」とは、一般的に好意ある取り扱いを受けたい趣旨のものではたりず具体的に特定された職務行為の依頼であることを要する。このような場合は単純収賄罪（一九七条一項前段）が成立するに過ぎない（最1判昭和30・3・17刑集九巻三号四七七頁）。

このように、「請託を受けた」ことによって賄賂と職務行為との対価関係がより明白になる点に刑の加重根拠が求められるのだとすれば、単純収賄罪において、職務行為の正・不正を問わず、また、過去の職務行為についても成立すると解されているのと同様、受託収賄罪においても、本件のように、①請託の内容が正当な職務行為の依頼であり、また、②請託を受けた職務行為が行われた後に、賄賂の収受等がなされた場合であっても、その成立を否定する理由はないことになる。本罪の加重根拠の関係でむしろ重要なのは、賄賂と職務行為との対価関係が明白であるというために必要な、職務行為の具体性、特定性の程度であるが、本件では、⑴⑵とも具体的に特定された税額修正の依頼であるから、「請託」を肯定することができよう。

▼**評釈**——阿部純二・百選（新版）60、嘉門優・判プラⅡ534

賄賂罪における追徴価額の算定基準時

174 最大判昭和43・9・25刑集二二巻九号八七一頁

関連条文　一九七条の五

没収に代えて追徴すべき価額の算定基準時はいつか。

事実　登記官吏である被告人甲は、不動産業者乙から、登記申請等につき好意ある取り計らいをしてもらいたい趣旨で宅地および現金を受け取り、乙のために内容虚偽の土地実地調査書を作成したが、その後、右宅地を、情を知らない娘に贈与した。第一審および控訴審が追徴価額の算定基準時を没収不能時としたのに対し、被告人側が上告した。

裁判所の見解　破棄自判。収賄者は賄賂たる物を収受することによってその物のその当時の価額に相当する利益を得たものであり、その後の日時の経過等によるその物の価額の増減は右収受とは別個の原因に基づくものにすぎないから、追徴すべき金額はその物の授受当時の価額による。

解説　一九七条の五は、収賄者から不正な利益を剥奪すべく、必要的没収・追徴を定めている。本件では、賄賂たる宅地が情を知らない第三者に贈与され没収不能となったため、その価額が追徴されることとなったのであるが、本件宅地がそうであったように、賄賂目的物の価額が収受後に変動することが少なくないため、追徴すべき価額の算定基準時を如何に解すべきかが問題となる。

これにつき、上告趣意が引用する大判昭和4・11・8刑集八巻六〇一頁は収受時説を採用し、本判決もこれを踏襲したのである。これを支持する学説が有力であるが、収受後に目的物が値上がりした場合、不正な利益が収賄者の手元に残る点が批判されている。

これに対して、追徴の補充的・代替的制度としての性格から、没収不能時説も主張されている（本判決に付された反対意見）。これによれば、賄賂目的物が処分されて没収不能となった場合には、値上がり分の利益も剥奪可能となるが、たとえば、値上がり確実な未公開株を公開価格で取得した場合は、株式自体ではなく、株式を公開価格で取得できる利益が賄賂の内容をなすことから、当初より性質上没収不能な賄賂として追徴の対象となり、値上がりにより収賄者が得た利益の全てを剥奪することはできないことになる（165決定）。

そこで、賄賂は有体物と否とを問わず、そのまま保持されている限り、現に保持されている価値を没収・追徴により剥奪し、賄賂が費消・譲渡等の処分によりその価値が一般財産に繰り込まれた場合は、その価値を追徴により剥奪すべきとの見解が主張されている。これによれば、本件では、贈与時の価額が、本来であれば自己が正当に保有する財産から支出されるべきであったのになお収賄者の一般財産に保持されているとして、追徴されることとなる。

▼**評釈**――荒木伸怡・百選Ⅰ（二版）102

共犯者が共同して収受した賄賂の追徴方法

175 最3決平成16・11・8刑集五八巻八号九〇五頁

関連条文　一九七条の五

複数人が共同して賄賂を収受した場合、各人から追徴すべき金額はどのように算定すべきか。

事実　I市市長である被告人甲と、その支援者である被告人乙（非公務員）が、共謀の上、甲の職務に関連して、ゴルフ場開発業者から一億五千万円を受け取った。第一審および控訴審が、両名間における賄賂の配分、費消等の状況が不明であるとして、両名に各七千五百万円の追徴を命じたのに対し、被告人側が上告した。

裁判所の見解　上告棄却。共同正犯者が共同して収受した賄賂につき没収が不可能な場合、各自に賄賂の価額全部の追徴を命じることができるが、不正な利益の保有を許さないという要請が満たされる限り、不正な利益の共犯者間における帰属、分配が明らかである場合にその分配等の額に応じて各人に追徴を命じるなど、相当と認められる場合には、裁量により、各人にそれぞれ一部の額の追徴を命じ、あるいは一部の者にのみ追徴を科すことも許される。共犯者間における分配、保有及び費消の状況が不明である場合には、収受した賄賂の総額を均分した金額を各人から追徴することには相応の合理性があり、また、各追徴の金額を合算すれば収受された賄賂の総額を満たすから、必要的追徴の趣旨を損なうものでもない。

解説　賄賂が複数人によって共同して収受され、共犯者間におけるその分配が明らかな場合については、各人の分配額に応じて追徴すべきとした大判昭和9・7・16刑集一三巻九七二頁が存在するが、本決定は、分配額が不明の事例につき、各自に収受した賄賂の価額全部の追徴を命じることを原則とする立場を、最高裁としてはじめて明らかにしたものである。これは、共同正犯者の一人が賄賂を受け取れば、その時点で共同正犯者全員が共同して賄賂を収受したことになるのであり、判例は、追徴額の算定につき、賄賂たる物の授受当時の価額を追徴すべきとの立場にたっていること（174判決）とも整合する。

もっとも、不正な利益の剥奪という一九七条の五の趣旨からすれば、実際に、共同正犯者全員から賄賂の価額全部を追徴することは許されず、また、賄賂が分配された場合には、一部の共同正犯者から全額を追徴するよりも、分配額により近いと合理的に判断される額を各人から追徴する方が、規定の趣旨に合致する。それゆえ、本決定は、各人に言い渡された追徴額を合算すれば収受された賄賂の価額を満たす限度で、賄賂の総額を均分した金額を各人から追徴することも、裁量として認められるとして、第一審・控訴審の結論を是認したのである。

▼**評釈**――前田巌・最判解平成16年度、和田俊憲・ジュリ一三五五号

最1決平成20.2.18 刑集62-2-37……………未成年後見人による横領と親族相盗例 98
東京高判平成20.3.19 高刑集61-1-1………暴行後の領得意思(2) 60
最2判平成20.4.11 刑集62-5-1217…………集合住宅の共用部分への立入り(1)〔自衛隊立川宿舎事件〕 27
最1決平成20.10.16 刑集62-9-2797 ………赤色信号を「殊更に無視し」の意 10
東京高判平成21.3.12 判タ1304-302………虚偽の犯罪予告と偽計業務妨害 37
最2決平成21.3.26 刑集63-3-291 …………不実の抵当権設定仮登記と横領罪 93
最1決平成21.6.29 刑集63-5-461 …………窃盗の意義(2) 46
最3決平成21.11.9 刑集63-9-1117…………任務違背行為の意義〔北海道拓殖銀行事件〕 104
東京高判平成21.11.16 判時2103-158 ……暗証番号の聞出し 63
最2判平成21.11.30 刑集63-9-1765 ………集合住宅の共用部分への立入り(2)〔亀有マンション事件〕 28
最1決平成22.7.29 刑集64-5-829 …………搭乗券の取得 75
最3決平成24.1.30 刑集66-1-36……………傷害の意義(2) 6
最2決平成24.2.13 刑集66-4-405 …………医師が鑑定の過程で知り得た秘密 29
最2決平成24.7.24 刑集66-8-709 …………監禁致傷罪の成否 17
最2判平成26.3.28 刑集68-3-582 …………欺く行為の意義 71

最2決平成13.11.5 刑集55-6-546…………横領罪における不法領得の意思〔國際航業事件〕 95
最1決平成14.7.1 刑集56-6-265……………有償処分あっせん罪の成否 111
最1決平成14.9.30 刑集56-7-395…………公務に対する業務妨害(2)〔新宿駅西口「動く歩道」事件〕 35
最2決平成15.1.14 刑集57-1-1……………あっせん収賄罪の成否〔ゼネコン汚職政界ルート事件〕 172
東京地判平成15.1.31 判時1838-158………無効な養子縁組によって得た戸籍上の氏名の使用 133
最3決平成15.2.18 刑集57-2-161…………不正融資の借り手側の責任 108
最3判平成15.3.11 刑集57-3-293…………信用の意義 38
最2決平成15.3.12 刑集57-3-322…………誤振込み 76
最3決平成15.4.14 刑集57-4-445…………公共の危険の意義 119
最大判平成15.4.23 刑集57-4-467…………横領後の横領 96
最1決平成15.6.2 刑集57-6-749……………往来の危険の意義 122
最2決平成15.10.6 刑集57-9-987…………資格の冒用 131
最2決平成15.12.9 刑集57-11-1088………クレジット契約の締結〔釜焚き事件〕 83
最2決平成16.2.9 刑集58-2-89……………他人名義のクレジットカードの不正使用 82
最3決平成16.8.25 刑集58-6-515…………窃盗罪と占有離脱物横領罪の限界 41
最3決平成16.11.8 刑集58-8-905…………共犯者が共同して収受した賄賂の追徴方法 175
最2決平成16.11.30 刑集58-8-1005………毀棄目的と不法領得の意思 50
最2判平成16.12.10 刑集58-9-1047………事後強盗罪における窃盗の機会の継続性 64
最1決平成17.3.11 刑集59-2-1……………「職務に関し」の意義(3) 170
最2決平成17.3.29 刑集59-2-54……………暴行によらない傷害 7
札幌高判平成17.8.18 高刑集58-3-40……犯人の死亡と犯人隠避罪の成否 155
最2決平成17.12.6 刑集59-10-1901………親権者による未成年者略取 19
最3決平成18.1.17 刑集60-1-29……………落書きと建造物損壊罪 114
最1決平成18.2.14 刑集60-2-165…………電子マネーの取得 86
最2決平成18.3.14 刑集60-3-363…………危険運転致死傷罪の成否 9
最3決平成18.5.16 刑集60-5-413…………販売の目的の意義 141
最1決平成19.3.20 刑集61-2-66……………建造物の意義 113
最2決平成19.4.13 刑集61-3-340…………窃盗の意義(1) 45
最1決平成19.7.2 刑集61-5-379……………建造物侵入の意義 26
最3決平成19.7.17 刑集61-5-521…………自己名義の預金通帳の取得 74
最3決平成19.11.13 刑集61-8-743…………証人等威迫罪における威迫の意義 162
最1決平成20.1.22 刑集62-1-1……………強制わいせつ致傷罪の成否 23

最1決昭和62.9.30 刑集41-6-297……………「差押えの表示」の存在 150
東京地判昭和62.10.6 判時1259-137………犯行隠ぺい目的と不法領得の意思 49
最3決昭和63.1.19 刑集42-1-1………………堕胎医の保護責任 14
最3決昭和63.2.29 刑集42-2-314……………胎児性致死傷〔チッソ水俣病事件〕 3
最2決昭和63.7.18 刑集42-6-861……………値上がり確実な未公開株式と賄賂の目的物〔殖産住宅事件〕 165
東京高判平成1.2.27 高刑集42-1-87………被相続人の殺害 62
大阪高判平成1.3.3 判タ712-248……………暴行後の領得意思(1) 59
最1決平成1.3.10 刑集43-3-188……………「職務を執行するに当たり」の意義〔熊本県議会事件〕 145
最3決平成1.3.14 刑集43-3-283……………職権濫用の意義〔盗聴事件〕 164
福岡高宮崎支判平成1.3.24 高刑集42-2-103……自殺関与罪と殺人罪の限界 2
最1決平成1.5.1 刑集43-5-405………………身代わり犯人と犯人隠避罪 154
最3決平成1.7.7 刑集43-7-607……………窃盗罪の保護法益 39
最2決平成1.7.7 判時1326-157………………耐火構造のマンションと放火罪 118
最3決平成1.7.14 刑集43-7-641……………複合建造物における現住建造物の一体性〔平安神宮事件〕 115
東京高判平成4.10.28 判タ823-252…………窃盗罪の既遂時期 52
札幌地判平成4.10.30 判タ817-215…………ひったくりと強盗罪 57
東京高判平成5.6.29 高刑集46-2-189……コンピュータ詐欺(1) 84
最1決平成5.10.5 刑集47-8-7………………同姓同名の使用 128
最2決平成6.7.19 刑集48-5-190……………親族相盗例における身分関係 53
最3決平成6.11.29 刑集48-7-453……………事実証明に関する文書の意義 126
東京地判平成7.2.13 判時1529-158…………コンピュータ詐欺(2) 85
最大判平成7.2.22 刑集49-2-1………………「職務に関し」の意義(2)〔ロッキード事件丸紅ルート〕 169
千葉地判平成7.6.2 判時1535-144…………参考人の虚偽供述と証拠偽造罪 159
大阪地判平成8.7.8 判タ960-293……………偽造の意義 125
最2決平成9.10.21 刑集51-9-755……………建造物の現住性 116
最2決平成10.7.14 刑集52-5-343……………偽計競売入札妨害罪の成否 149
最1決平成10.11.25 刑集52-8-570…………背任罪における図利加害目的〔平和相互銀行事件〕 106
最1決平成11.12.9 刑集53-9-1117…………不動産侵奪罪における占有の意義 54
最1決平成11.12.20 刑集53-9-1495…………架空名義の履歴書作成 129
最2決平成12.2.17 刑集54-2-38……………公務に対する業務妨害(1) 34
最2決平成12.12.15 刑集54-9-1049…………不動産侵奪罪における侵奪の意義 55
最3決平成13.7.16 刑集55-5-317……………わいせつ物の意義〔アルファネット事件〕 140
最1判平成13.7.19 刑集55-5-371……………財産的損害(2) 73

最2決昭和55.10.30 刑集34-5-357…………使用窃盗と不法領得の意思 47
最2判昭和55.11.28 刑集34-6-433…………わいせつの意義〔「四畳半襖の下張」事件〕 139
最3決昭和56.2.20 刑集35-1-15……………逃げた鯉の領得と遺失物横領罪 101
最2決昭和56.4.8 刑集35-3-57……………名義人の承諾 132
最1判昭和56.4.16 刑集35-3-84……………事実の摘示と公共の利害〔月刊ペン事件〕 32
最2決昭和57.1.28 刑集36-1-1……………職権濫用罪の要件〔宮本身分帳閲覧事件〕 163
旭川地判昭和57.9.29 刑月14-9-713………共犯者による犯人蔵匿罪 157
最2決昭和58.3.25 刑集37-2-170…………転職前の職務に関する賄賂罪の成否 167
最2判昭和58.4.8 刑集37-3-215……………住居侵入罪の保護法益 25
最1決昭和58.5.24 刑集37-4-437…………背任罪における財産上の損害〔信用保証協会事件〕 105
最1決昭和58.11.1 刑集37-9-1341…………法人に対する侮辱罪 31
最2判昭和59.2.17 刑集38-3-336…………通称の使用 127
最3決昭和59.4.27 刑集38-6-2584…………マジックホンの設置と偽計業務妨害罪 36
最1決昭和59.5.30 刑集38-7-2682…………「職務に関し」の意義(1)〔大学設置審事件〕 168
東京地判昭和59.6.28 刑月16-5＝6-476……情報の不正入手と窃盗罪〔新薬産業スパイ事件〕 51
東京高判昭和59.10.30 判時1147-160……窃盗罪と委託物横領罪の限界 40
東京高判昭和59.11.19 判タ544-251………自己名義のクレジットカードの不正使用 81
東京地判昭和60.2.13 判時1146-23………情報の不正入手と横領罪〔新潟鉄工事件〕 97
東京地判昭和60.3.6 判時1147-162………コンピューター・プログラムの不正入手〔綜合コンピューター事件〕 107
最1判昭和60.3.28 刑集39-2-75……………公共の危険の認識 120
最3決昭和61.6.27 刑集40-4-369…………再選後の職務と賄賂罪の成否 171
最1決昭和60.7.3 判時1173-151……………犯人に対する犯人隠避教唆 156
最3決昭和61.7.18 刑集40-5-438…………建造物の他人性 112
最1決昭和61.11.18 刑集40-7-523…………財物奪取後の暴行と強盗利得罪 58
最2決昭和62.3.24 刑集41-2-173…………被拐取者の「安否を憂慮する者」の意義 20
最3決昭和62.4.10 刑集41-3-221…………ゴルフのロストボールの占有 42
広島高松江支判昭和62.6.18 判時1234-154…………夫婦間の強姦 21

最2判昭和35.3.18 刑集14-4-416…………脅迫罪における害悪の告知 18
最2判昭和35.6.24 刑集14-8-1103…………強制執行妨害と債務名義の存在 148
最1決昭和36.8.17 刑集15-7-1293…………参考人の隠匿と証拠隠滅罪 158
最3判昭和36.10.10 刑集15-9-1580…………盗品の売却代金の着服 90
最1決昭和38.4.18 刑集17-3-248…………監禁罪の保護法益(2) 16
最3決昭和38.7.9 刑集17-6-608…………「他人の事務」の意義 102
最3決昭和39.1.28 刑集18-1-31…………暴行の意義 4
最1判昭和41.3.24 刑集20-3-129…………公務執行妨害罪における暴行の意義 146
最2判昭和41.4.8 刑集20-4-207…………死者の占有 44
最1決昭和41.4.14 判時449-64…………適法性の判断基準 144
最大判昭和42.5.24 刑集21-4-505…………職務行為の適法性〔佐賀県議会乱闘事件〕 143
最3決昭和43.6.25 刑集22-6-490…………無権限による手形の作成 137
最大判昭和43.9.25 刑集22-9-871…………賄賂罪における追徴価額の算定基準時 174
最2決昭和43.12.11 刑集22-13-1469…………恐喝罪における処分行為・不法の利益 88
最大判昭和44.6.18 刑集23-7-950…………運転免許証の携帯運転と偽造公文書行使罪 136
最大判昭和44.6.25 刑集23-7-975…………真実性の錯誤〔夕刊和歌山時事事件〕 33
大阪高判昭和44.8.7 刑月1-8-795…………キセル乗車 79
最1判昭和45.1.29 刑集24-1-1…………強制わいせつ罪の主観的要件 22
最1判昭和45.3.26 刑集24-3-55…………訴訟詐欺 80
最2決昭和45.9.4 刑集24-10-1319…………代表名義の冒用 130
京都地判昭和45.10.12 刑月2-10-1104…………監禁罪の保護法益(1) 15
最1決昭和45.12.3 刑集24-13-1707…………凶器準備集合罪の罪質〔清水谷公園事件〕 12
最3判昭和47.3.14 刑集26-2-187…………凶器の意義 11
福岡高判昭和47.11.22 刑月4-11-1803…………不動産の二重譲渡と横領罪 92
最1判昭和50.4.24 判時774-119…………社交儀礼と賄賂 166
最1決昭和50.6.12 刑集29-6-365…………盗品等であることの知情の時期 110
広島地判昭和50.6.24 刑月7-6-692…………返還意思と不法領得の意思 48
最1判昭和51.3.4 刑集30-2-79…………囲繞地の意義〔東大地震研事件〕 24
最1決昭和51.4.1 刑集30-3-425…………国家的法益と詐欺罪 69
最2判昭和51.4.30 刑集30-3-453…………写真コピーの文書性 124
最1判昭和51.5.6 刑集30-4-591…………補助公務員の文書作成権限 134
最2決昭和54.10.26 刑集33-6-665…………常習賭博罪における常習性 142
最2決昭和54.11.19 刑集33-7-710…………事後強盗罪の予備 65
最3判昭和54.12.25 刑集33-7-1105…………加重逃走罪の着手時期 152

判例索引

裁判所　裁判年月日　登載判例集	項　目	番　号
大判明治45.6.20 刑録18輯896	傷害の意義(1)	5
大判大正3.4.29 刑録20-654	偽証の意義	160
大判昭和4.5.16 刑集8-251	強盗殺人罪の未遂	67
大判昭和9.7.19 刑集13-983	横領罪と背任罪の区別(1)	99
最2判昭和23.6.5 刑集2-7-641	不法原因給付と横領罪	89
最1判昭和23.11.18 刑集2-12-1614	強盗罪における暴行脅迫の意義	56
最3判昭和24.3.8 刑集3-3-276	横領罪における不法領得の意思	94
最2判昭和24.5.28 刑集3-6-873	強盗致死傷罪の成否	66
最3判昭和24.8.9 刑集3-9-1440	刑法103条にいう「罪を犯した者」の意義	153
最1判昭和24.10.20 刑集3-10-1660	盗品の同一性	109
最1判昭和25.5.25 刑集4-5-854	放火罪の既遂時期	117
最3判昭和25.7.4 刑集4-7-1168	不法原因給付と詐欺罪	68
最2判昭和26.5.25 刑集5-6-1186	使途を定められて寄託された金銭	91
最1判昭和26.9.20 刑集5-10-1937	同時傷害の特例の適用範囲	8
最2判昭和26.12.14 刑集5-13-2518	騙取の意義	70
最3判昭和27.7.22 刑集6-7-927	「請託」の意義	173
最2決昭和28.10.19 刑集7-10-1945	犯人による偽証教唆	161
福岡高判昭和29.1.12 高刑集7-1-1	逃走罪の既遂時期	151
最3判昭和30.1.11 刑集9-1-25	印章と記号の区別	138
最2判昭和30.4.8 刑集9-4-827	債務の履行・弁済の一時猶予	78
最大判昭和30.6.22 刑集9-8-1189	電車転覆致死罪の成否〔三鷹事件〕	121
最1決昭和30.7.7 刑集9-9-1856	無銭飲食・宿泊	77
最2判昭和30.10.14 刑集9-11-2173	権利行使と恐喝罪	87
最2判昭和31.12.7 刑集10-12-1592	二重抵当と背任罪	103
最2判昭和32.9.13 刑集11-9-2263	強盗利得罪における処分行為の要否	61
最1判昭和32.4.25 刑集11-4-1427	封緘物の占有	43
最2判昭和32.10.4 刑集11-10-2464	虚偽公文書作成罪の間接正犯	135
最3判昭和33.9.30 刑集12-13-3151	公務執行妨害罪における暴行の程度〔湊川公園事件〕	147
最2判昭和33.10.10 刑集12-14-3246	横領罪と背任罪の区別	100
最2判昭和33.11.21 刑集12-15-3519	偽装心中と殺人罪	1
最1判昭和34.5.7 刑集13-5-641	公然の意義	30
最3判昭和34.6.30 刑集13-6-985	通貨偽造罪における行使の目的	123
最2判昭和34.7.24 刑集13-8-1163	ひき逃げと遺棄罪	13
最2決昭和34.9.28 刑集13-11-2993	財産的損害(1)	72

■編者紹介

高橋　則夫（たかはし・のりお）	早稲田大学教授	
十河　太朗（そごう・たろう）	同志社大学教授	

■著者紹介（執筆順）

岩間　康夫（いわま・やすお）	愛知大学教授	〔1～14〕
佐藤　陽子（さとう・ようこ）	北海道大学准教授	〔15～28〕
加藤　正明（かとう・まさあき）	神奈川大学准教授	〔29～38〕
田山　聡美（たやま・さとみ）	早稲田大学教授	〔39～53〕
品田　智史（しなだ・さとし）	大阪大学准教授	〔54～67〕
伊藤　　渉（いとう・わたる）	上智大学教授	〔68～88〕
穴沢　大輔（あなざわ・だいすけ）	明治学院大学准教授	〔89～108〕
岡本　昌子（おかもと・あきこ）	京都産業大学教授	〔109～114〕
星　周一郎（ほし・しゅういちろう）	首都大学東京教授	〔115～122〕
成瀬　幸典（なるせ・ゆきのり）	東北大学教授	〔123～138〕
渡邊　卓也（わたなべ・たくや）	筑波大学准教授	〔139～150〕
大山　　徹（おおやま・とおる）	香川大学准教授	〔151～162〕
齋藤　彰子（さいとう・あきこ）	名古屋大学教授	〔163～175〕

※〔　〕内は、執筆担当の番号。

新《しん》・判例《はんれい》ハンドブック 刑法各論《けいほうかくろん》

編者 高橋則夫《たかはしのりお》・十河太朗《そごうたろう》

発行所 株式会社 日本評論社　　発行者 串崎 浩

東京都豊島区南大塚3-12-4 電話 東京(03)3987-8621(販売)

3987-8631(編集)

振替 00100-3-16 〒170-8474

印刷 精文堂印刷株式会社　　製本 株式会社難波製本

Printed in Japan
©N. Takahashi, T. Sogo 2016
2016年9月20日 第1版第1刷発行　　装幀 海保 透

ISBN 978-4-535-00827-4

JCOPY 〈(社)出版者著作権管理機構 委託出版物〉本書の無断複写は著作権法上での例外を除き禁じられています。複写される場合は、そのつど事前に、(社)出版者著作権管理機構（電話03-3513-6969、FAX03-3513-6979、E-mail：info@jcopy.or.jp）の許諾を得てください。

また、本書を代行業者等の第三者に依頼してスキャニング等の行為によりデジタル化することは、個人の家庭内の利用であっても、一切認められておりません。

新・判例ハンドブック **憲法**
高橋和之[編] ◆本体1,400円＋税

新・判例ハンドブック **民法総則**
河上正二・中舎寛樹[編著] ◆本体1,400円＋税

新・判例ハンドブック **物権法**
松岡久和・山野目章夫[編著] ◆本体1,300円＋税

新・判例ハンドブック **親族・相続**
二宮周平・潮見佳男[編著] ◆本体1,400円＋税

新・判例ハンドブック **刑法総論**
高橋則夫・十河太朗[編] ◆本体1,600円＋税

新・判例ハンドブック **刑法各論**
高橋則夫・十河太朗[編] ◆本体1,500円＋税

新・判例ハンドブック
商法総則・商行為法・手形法
鳥山恭一・高田晴仁[編著] ◆本体1,400円＋税

新・判例ハンドブック **会社法**
鳥山恭一・高田晴仁[編著] ◆本体1,400円＋税

日本評論社
https://www.nippyo.co.jp/